첫 딥러닝 실무

첫 딥러닝 실무

초 판 | 1쇄 2020년 11월 11일

지은이 | 권영섭
발행인 | 이민호

발 행 | 남가람북스
등 록 | 2014년 12월 31일 제 2014-000040호
주 소 | 인천광역시 연수구 송도미래로 30, E동 1910호
전 화 | 032 506 3536
팩 스 | 0303 3446 3536
홈페이지 | www.namgarambooks.co.kr
이 메 일 | namgarambooks@naver.com

편 집 | 남가람북스 편집팀
디자인 | 강민정

ISBN | 979-11-89184-06-3

이 책은 저작권법에 따라 보호받는 저작물이므로 무단 전재와 무단 복제를 금지하며, 이 책 내용의 전부 또는 일부를 이용하려면 반드시 저작권자와 남가람북스의 서면 동의를 받아야 합니다. 책값은 표지 뒷면에 있습니다. 잘못된 책은 구입하신 곳에서 바꾸어 드립니다.

첫 딥러닝 실무

권영섭 지음

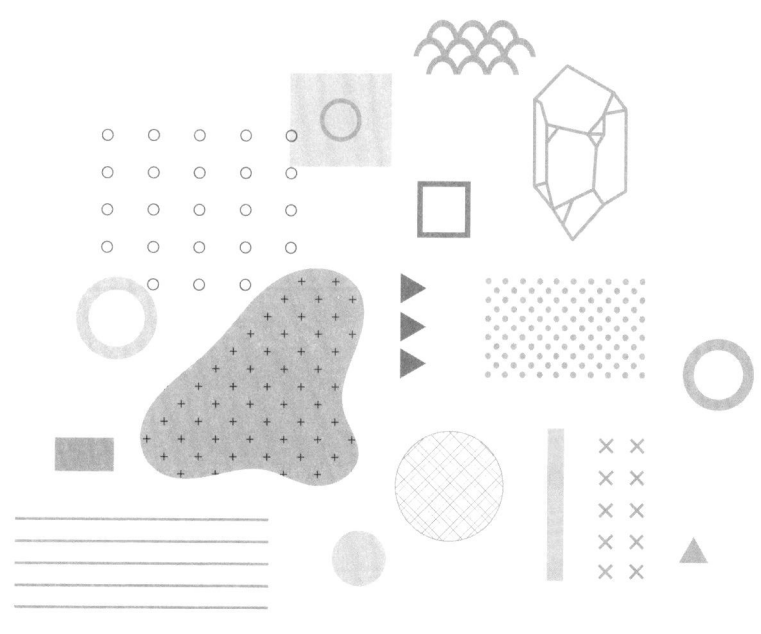

남가람북스

목차

서문   10

들어가면서   12

추천사 1   20

추천사 2   22

1   기초 수학으로 딥러닝 시작하기

1.1 선형대수   25
    스칼라와 벡터   25
    벡터 투영   30
    벡터 노옴과 내적   32

1.2 행렬   38
    블록 행렬   39
    행렬의 합   40
    행렬의 곱   40

1.3 미분   43
    미분   43
    기울기   49
    자코비안 행렬   51

1.4 확률과 통계   52
    확률과 통계가 필요한 이유   52
    확률과 확률 변수   53
    이산 확률 변수   55
    결합 및 조건부 확률   56
    베이즈 정리   57

연속 확률 변수	58
평균과 분산	60
확률 변수의 변환	62
확률 분포	64
이산 변수	64
연속 변수	69

2 유사도 척도로 딥러닝 학습 접근하기

2.1 유클리디안 거리	81
2.2 마할라노비스 거리	82
2.3 코사인 유사도	84
2.4 자카드 유사도	86

3 예측과 최적화 기법으로 딥러닝 학습 이해하기

매개변수 예측	89
선형 회귀 분석	91
정규화	95
3.1 최대 유사도/가능도 추정법	100
3.2 베이지안 추론	103
최대 경사 하강법과 최소 자승법	105
최대 경사 하강법	106
최소 자승법	110

4 데이터 전처리 과정 이해하기

4.1 데이터 전처리　　　　　　　　　　115
　데이터 추출　　　　　　　　　　　　115
　데이터 유형 분석　　　　　　　　　　115
　데이터 정제　　　　　　　　　　　　117
　데이터 변환　　　　　　　　　　　　118
　데이터 정규화　　　　　　　　　　　119
　데이터 익명화　　　　　　　　　　　121
　데이터 확장　　　　　　　　　　　　121
　데이터 표본 추출　　　　　　　　　　123
　데이터 명명　　　　　　　　　　　　126
　수치적으로 묘사된 벡터화 작업　　　126

4.2 데이터 이상치 처리　　　　　　　128
　표준 편차　　　　　　　　　　　　　129
　박스 플롯　　　　　　　　　　　　　130
　DBScan 군집　　　　　　　　　　　132

4.3 시간-주파수 표현 방법　　　　　134
　고속 푸리에 변환의 단점　　　　　　135
　스펙트로그램　　　　　　　　　　　137
　스캘로그램　　　　　　　　　　　　140
　멜 스펙트로그램　　　　　　　　　　143

5 딥러닝 기본기 다지기

5.1 자율 주행 자동차와 딥러닝 학습 개념 이해하기　　　148
5.2 자동 제어 기법을 통한 학습 개념 이해하기　　　153
　비례 제어 동작　　　　　　　　　　　155

적분 제어 동작	156
미분 제어 동작	160
비례 적분 미분 제어 동작	162

5.3 단일 뉴런 모델   166

5.4 다층 신경회로망과 딥러닝   172

5.5 딥러닝 학습 기법   188
초기 가중치 벡터 값 설정	190

5.6 과적합 문제   194
조기 종료	199
조정화	201
드롭아웃과 앙상블	204

5.7 기울기 소실 문제   212
ReLU 활성화 함수	215
배치 정규화	217

5.8 경사 하강법에 기반한 학습 방법   224
확률적 경사 하강법	227
모멘텀	228
NAG 경사 하강법	231
아다그라드 알고리즘	234
RMSProp 알고리즘	235
아다델타 알고리즘	236
아담 알고리즘	237
아다바운드 알고리즘	239
PID 제어 기법 기반 알고리즘	242

5.9 활성화 함수   245
보편적 근사 정리	246
시그모이드 함수	247
하이퍼볼릭 탄젠트 함수	248

ReLU 함수	249
LReLU 함수	250
PReLU 함수	251
Elu 함수	252

6 주요 딥러닝 모델과 응용하기

6.1 합성곱 신경망 — 256
- 합성곱 신경망의 태동 — 257
- 완전 연결 신경망의 문제점 — 258
- 합성곱 신경망의 구조 — 260

6.2 합성곱 신경망의 응용 — 269
- 기계나 설비 이상 상태 판정 — 270
- 상담이나 면접 시 화자의 감정 상태 판단 — 271
- 식물 병충해 및 영양 결핍 진단 — 271
- 지능형 표면 검사 시스템 — 274

6.3 적대적 생성 신경망 — 279

6.4 적대적 생성 신경망의 응용 — 285
- DCGAN — 286
- GAN 기반 데이터 확장 — 292
- GAN 기반 이미지 변환 — 296

7 딥러닝 모델 가속화

7.1 딥러닝 모델 압축 — 301
- 가지치기 — 301

가중치 공유	306
양자화	308
7.2 낮은 차수 행렬 분해	**309**
7.3 지식 증류/전수	**311**
7.4 딥러닝 모델 구조 자동 탐색	**312**
7.5 딥러닝 실행 가속화 플랫폼	**316**
책을 마무리하면서	**319**
참고문헌	**320**
찾아보기	**324**

서문

최근에 인공지능Artificial Intelligence, 기계학습Machine Learning, 딥러닝Deep Learning, 심층학습이라는 용어가 많이 사용되고 있습니다. 딥러닝, 즉 심층학습은 '학습'이라는 의미에서는 기계학습과 비슷하지만, Deep심층이라는 단어를 통해서 학습 능력이나 성능면에서 비교적 더 뛰어나다고 짐작할 수 있을 것입니다. 그럼에도 딥러닝이라는 단어 자체가 막연하게 느껴질 수도 있습니다. 하지만 기본적인 개념만 이해한다면 딥러닝은 쉽게 이해할 수 있는 인공지능의 한 기법입니다.

인공 신경회로망Artificial Neural Networks에서 발전한 딥러닝은, 인간이 외부에서 받은 자극 또는 정보를 뇌에서 처리하는 뉴런Neuron과 비슷한 방법으로 데이터를 통해서 학습합니다. 인공 신경회로망은 일상에서 쉽게 접하는 문제부터 인간이 해결하기 어려운 복잡한 문제까지도 해결해주죠. 하지만 문제가 복잡하면 복잡할수록 인공 신경회로망의 구성도 복잡해질 수밖에 없습니다. 이때 엄청난 양의 컴퓨터 연산을 필요로 합니다. 바로 이 문제 때문에 인공 신경회로망은 몇 번의 빙하기를 겪은 적도 있었습니다. 하지만 지금은 GPUGraphic Processing Unit의 발전과 수많은 연구자의 노력으로 전성기를 맞고 있으며 우리 생활 전반에 걸쳐 다양한 문제를 해결함으로써 영향을 미치고 있습니다.

그래서 저는 수십 년간 산업체에서 축적한 연구생활을 바탕으로 딥러닝을 막 시작하는 분들뿐만 아니라 이것을 현업에 적용하고자 하는 엔지니어에 이르기까지 딥러닝을 쉽게 이해하고 적용할 수 있도록 돕고자 하는 마음에서 이 책을 쓰게 되었습니다.

이 책은 딥러닝에 대한 이론뿐만 아니라 실제로 적용하는 방법도 다루고 있습니다. 따라서 여러분은 이 책을 통해 딥러닝 학습에 필요한 기초 수학과 더불어 딥러닝 모델 학습에 필요한 데이터 준비, 처리 방법도 배울 수 있습니다. 더불어 딥러닝 학습 과정에서 발생하는 문제의 원인과 해결 방법도 다루고 있습니다.

저는 이 책을 통해서 그동안 어렵고 멀게만 느껴졌던 딥러닝에 대한 오해와 편견을 없애고 **딥러닝이 일상생활을 편리하게 만들어주는 훌륭한 도구**라는 사실을 많은 사람이 깨닫길 바랄 뿐입니다. 그래서 **더 많은 사람이 딥러닝을 통해 발전하고 획기적인 응용 제품들을 개발함으로써 세상에 선한 영향력을 끼치길** 간절히 바랍니다.

권영섭

들어가면서

▎4차 산업혁명 시대의 핵심 키워드, 딥러닝

다보스 포럼Davos Forum에선 매년 핵심 주제를 선정하여 포럼을 진행하는데, 2016년 제46회 다보스 포럼에 선정된 핵심 주제는 **4차 산업혁명의 이해**였습니다.

4차 산업혁명은 무無에서 갑자기 나타난 것이 아니라, 증기기관의 발명으로 시작된 1차 산업혁명과 대량생산이라는 생산성 향상을 가져다 준 2차 산업혁명 그리고 디지털이라는 정보기술 시대를 연 3차 산업혁명을 기반으로 등장한 것입니다.

4차 산업혁명은 단순하게 3차 산업혁명의 다음 단계가 아닙니다. 그것은 **사람과 기계의 잠재력을 최대한 끌어올리는 사이버-물리 시스템**CPS, Cyber-Physical Systems으로 정의할 수 있습니다.

사이버 물리 시스템이란,
실제로 보고, 만지고, 느낄 수 있는 물리적 세계와
컴퓨터 시스템 속 사이버 세계가 융합함으로써
높은 수준의 부가 가치를 창출하는 새로운 영역입니다.

4차 산업혁명은 속도와 범위 그리고 영향력 측면에서 3차 산업혁명과 구별됩니다.

먼저 **변화의 속도**Velocity 측면에서는 이제까지 인류가 경험한 적이 없는 빠른 속도로 발전되고 있다는 것입니다.

범위Scope, 영역 측면에서는 특히 놀라운 변화가 일어나고 있는데, 산업 간에 영역 파괴가 일어나고 있다는 것입니다. 이제까지는 산업 간 경쟁이 같은 산업군에서만 벌어졌다면 4차 산업혁명에서는 타 산업군에서도 획기적 기술로 무장한 엄청난 경쟁자가 나타날 수 있다는 것입니다. 무엇보다도 경계해야 할 것은 언제든지 스타트업 기업들이 기존 기업의 새로운 경쟁자로 등장할 수 있다는 것이죠.

마지막으로 **영향력**Impact 측면에서는 산업, 교육, 금융, 정부, 문화 등 모든 영역에서 과히 파괴적Creative & Disruptive으로 영향을 미치고 있습니다. SF 소설이나 영화에서나 등장할 만한 기술들이 이제는 보편적인 기술로 쓰이며 우리의 일상생활에 변화를 가져다 줄 것입니다.

그렇다면 이렇게 창조적 파괴력을 가진 4차 산업혁명의 핵심 기술은 무엇이고, 이 기술이 어떻게 작동하는지 **그림 0-1**을 살펴보겠습니다.

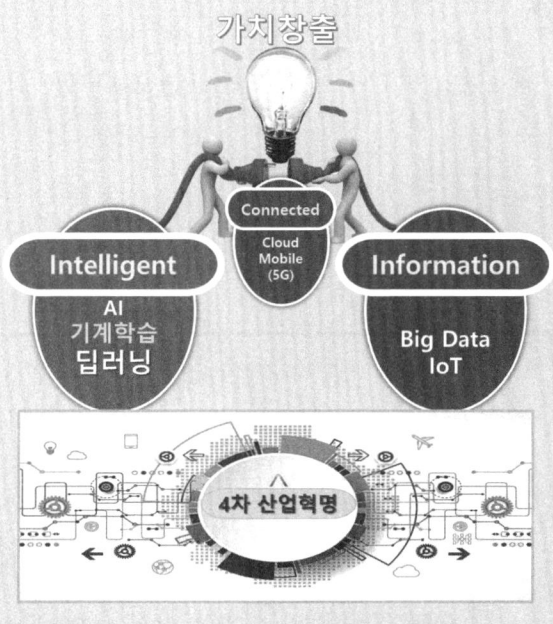

그림 0-1 4차 산업혁명의 핵심 기술과 역할

4차 산업혁명이라는 플랫폼 위에 3가지 꼭지가 있고 그 위에 '가치 창출'이 있습니다. 4차 산업혁명의 본질은 가치 창출이어야 합니다. 그 아래 3 꼭지는 어느 하나 빠지지 않고 연합군을 형성할 때 비로서 그 빛을 발할 수 있습니다. 이 중 하나라도 부족하다면 우리가 목표로 하는 **가치 창출**을 얻을 수 없습니다.

4차 산업혁명의 본질은 가치 창출이어야 합니다.
아무리 획기적인 기술일지라도
인류에게 가치를 제공하지 못한다면 무의미하기 때문입니다.

3 꼭지 중 먼저 **정보**Information에 대해서 알아봅시다. 현대 경영의 대가인 피터 드러커Peter Drucker의 유명한 말이 있습니다.

*"If you can't measure it, you can't manage it.
If you can't manage it, you can't improve it.*

측정할 수 없으면 관리할 수 없다.
관리할 수 없으면 개선할 수 없다."

정보는 각종 센서Sensor나 센서가 장착된 사물인터넷IoT, Internet of Things을 통해 실시간으로 수집되고 저장되는 데이터로, 이 데이터가 차곡차곡 쌓이면 그것이 바로 4차 산업혁명의 '가치 창출'이라는 목표를 달성하기 위한 에너지 원인 **빅 데이터**Big Data가 됩니다. 사물인터넷과 빅 데이터로 구성된 것이 바로 정보라고 볼 수 있죠.

정보는 자산입니다. 4차 산업혁명 시대는 정보를 사고 파는 시대며 그 정보를 가공하고 가치를 이끌어내는 데이터 사이언티스트Data Scientist들의 역할이 클 것입니다.

다음은 **지능**Intelligent 또는 Smart입니다. 지능은 다음 그림과 같이 인공지능, 기계학습 그리고 심층학습(딥러닝)이라는 3개의 영역으로 분류할 수 있습니다.

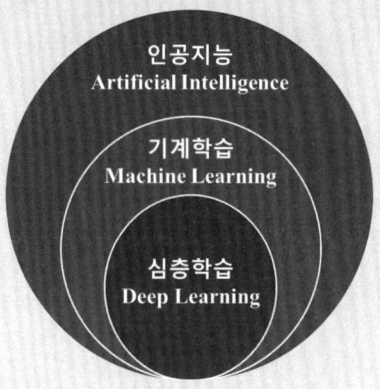

그림 0-2 지능 기법의 종류 및 분류

인공지능Artificial Intelligence은 사람의 지능을 모방하여 사람의 뇌와 같이 복잡한 일까지도 수행할 수 있는 시스템을 말합니다. **기계학습**Machine Learning은 인공지능의 부분 집합으로, 동적으로 동작하며 사람의 개입 없이도 특정 변화를 일으킬 수 있습니다. **딥러닝**Deep Learning은 기계학습의 부분 집합으로, 기존 다층 신경회로망MLNN, Multilayer Neural Networks의 은닉층을 늘려서 망을 깊게 그리고 각 은닉층에 있는 뉴런의 수를 늘림으로써 망을 넓게 한 것을 의미합니다.

인공지능과 기계학습 그리고 딥러닝을 포함하는 지능 영역은
4차 산업혁명을 이끌어가는 '엔진'으로 표현할 수 있습니다.
4차 산업혁명의 엔진인 '지능', 그중에서도 딥러닝은 뛰어난 학습 능력으로
현재 가장 주목 받고 있는 기술입니다.

마지막으로 **연결**Connected에 대해서 알아보죠. 가장 쉬운 예로 페이스북이나 카카오톡 같은 '사회 관계망 서비스'를 들 수 있습니다. 대다수 현대인이 사회 관계망 서비스를 통해 연결되어 있죠. 이 연결 또한 앞에서 언급한 **정보(연료)**와 **지능(엔진)**이 연결되지 않으면 의미가 없게 됩니다. 4차 산업혁명이나 사회 관계망 서비스에서도 서로 연결되는 것이 중요하기에 현대를 **초연결 사회**라고 부르기도 합니다.

이처럼 **4차 산업혁명이라는 플랫폼 위에서 가치를 창출하기 위한 핵심 중의 핵심은 단연코 딥러닝**입니다. 물론 다른 핵심 요소가 하나라도 빠진다면 딥러닝 또한 약할 수밖에 없습니다. 하지만 딥러닝이 다른 핵심 요소들의 지원으로 4차 산업혁명이라는 플랫폼 위에서 가치 창출의 중심에 있는 것은 사실입니다. 그렇다면 딥러닝이 4차 산업혁명의 가치 창출을 위한 엔진 역할을 언제까지 지속할 수 있을까요?

딥러닝의 지속 가능성

많은 사람이 "딥러닝은 지속 성장할 것인가?"라는 의구심을 가지고 있습니다. 왜냐하면 과거에 인공지능은 두 번의 빙하기를 겪었기 때문이죠. 첫 번째는 계산 기능과 논리 체계의 한계로, 두 번째는 데이터 부족과 기술적 한계 때문이었습니다. 이 두 번의 빙하기를 돌파하는 데 아주 오랜 기간이 걸렸기 때문에 언젠가 또 한계에 부딪쳐 급부상하던 최신 기술에서 철지난 기술로 추락하는 것을 우려하는 것도 당연합니다.

그러나 빙하기가 다시 온다면 그 빙하기의 골짜기를 뛰어넘을 수 있는, 아니 날아서 돌파할 수 있는 방법이 이제는 준비되어 있습니다. 따라서 딥러닝의 발전, 지속 가능성은 무궁무진할 것이라 확신합니다. 그 이유는 다음 그림을 통해 살펴보겠습니다.

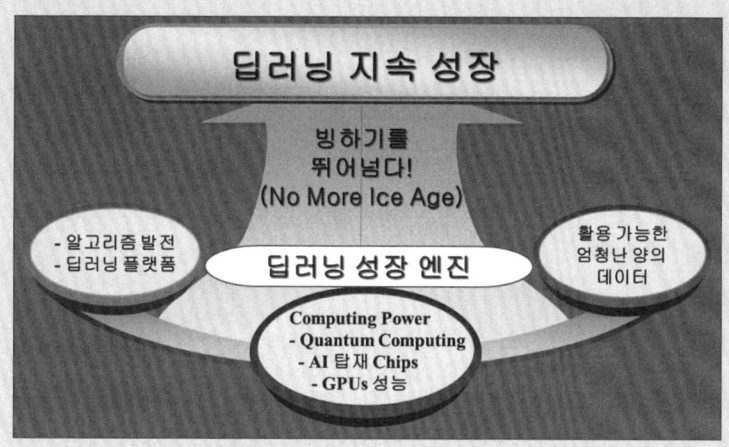

그림 0-3 딥러닝의 지속 성장 가능성

그림 0-3에서 보는 것처럼 딥러닝을 지속적으로 성장시키는 데는 3가지 보조 엔진이 있습니다.

첫 번째 보조 엔진은 **활용 가능한 엄청난 양의 데이터**입니다. 과거에는 데이터 부족으로 첫 번째 빙하기를 겪었지만 지금은 그렇지 않죠. 사물인터넷IoT의 꾸준한 발전과 초연결 사회로 인해 활용 가능한 데이터는 앞으로 기하급수적으로 그리고 지속적으로 늘어날 것입니다. 활용 가능한 엄청난 양의 데이터는 딥러닝의 연료로 부족함이 없어 지속적 성장을 위한 보조 엔진으로서 역할을 충실히 이행할 수 있습니다.

두 번째 보조 엔진은 **컴퓨터의 엄청난 연산 능력**입니다. 인공지능의 두 번째 빙하기를 몰고 온 주범이 연산 능력과 기술의 부족이었습니다. 현재는 AI 탑재 컴퓨터 칩Computer Chips 개발 스타트업 기업들이 늘어나고 있고, GPU의 성능은 빠른 속도로 성장하고 있기 때문에 같은 이유로 세 번째 빙하기를 맞을 확률은 무척 줄어들었습니다. 무엇보다 퀀텀 컴퓨팅은 앞으로 5년 내 광범위하게 보급될 것으로 예상되는데요. 50-qubit 퀀텀 컴퓨터 한 대는 오늘날 최고의 성능을 가지고 있는 500대의 슈퍼 컴퓨터보다 빠른 연산이 가능할 것으로 IBM은 예측하고 있습니다. 이 보조 엔진 덕에 딥러닝의 발전은 지속을 넘어 가속화될 것으로 확신합니다.

세 번째 보조 엔진은 **알고리즘 발전과 딥러닝 플랫폼**입니다. 오랫동안 딥러닝 모델을 적용하면서 쌓은 경험을 통해 알고리즘의 단점을 보완하는 연구가 활발하게 이뤄지고 있습니다. 덕분에 알고리즘은 앞으로 훨씬 더 효율적인 학습이 가능할 뿐만 아니라 기술적 지식이 없어도 쉽게 적용할 수 있는 도구가 될 것입니다. 뿐만 아니라 오픈 플랫폼화를 통해 더욱 빠르게 발전할 여지가 충분합니다.

이와 같은 이유로 앞으로 딥러닝이 세 번째 빙하기를 겪을 확률은 희박합니다. 무엇보다도 이 책을 읽고 있는 독자들이 있기 때문이죠.

딥러닝은 4차 산업혁명의 중추이자 앞으로 지속적으로 성장하고 발전할 가능성이 크기 때문에 딥러닝을 학습하는 것은 무엇보다 중요합니다.

이 책으로 딥러닝을 공부해야하는 이유

첫째, 딥러닝 모델 내부에서 일어나는 흐름을 파악할 수 있도록 **딥러닝의 구조와 연결 관계를 철저하게 분해해서 기능 중심으로 그림과 비유를 곁들였습니다.**

둘째, 딥러닝에 필요한 기초적 수학 지식을 소개하고 있습니다. 기초 수학은 딥러닝 모델을 이해하도록 돕는 훌륭한 도구이자 딥러닝 지식을 한 단계 끌어올릴 수 있는 디딤돌입니다. 딥러닝에 필요한 기초 수학 지식은 결코 어려운 것이 아닙니다.

셋째, 딥러닝 모델을 실제 적용하면서 발생하는 문제점과 주의해야 할 점을 상세하게 그림과 그래프를 통해서 설명하여 이해도를 높였습니다.

넷째, 이 책은 파이썬과 같은 **컴퓨터 언어를 전혀 사용하지 않았습니다.** 이 책은 딥러닝을 철저하게 이해하고 딥러닝을 개선·발전시킬 디딤돌을 놓는 데 중점을 두었기 때문입니다.

이 책으로 공부하다가 이해하기 어려운 부분이나 궁금한 사항이 생기면 필자 블로그를 통해서 검색하거나 질문하여 해결하기 바랍니다. 그리고 이 책은 흑백입니다. 컬러 그림은 저자 블로그에서 확인할 수 있습니다. 필요한 분은 저자 블로그를 참고하세요.

> 저자 블로그: https://blog.naver.com/dancewithdl

아무쪼록 이 책을 읽는 모든 독자 여러분이 딥러닝 분야에서 발전·성장하기를, 4차 산업혁명의 주역이 되기를 바랍니다.

추천사 1

딥러닝을 필두로 인공지능이 활성화되면서 산업체에서 가장 많이 사용되는 용어 중 하나는 스마트 팩토리Smart Factory 일 것입니다. 다른 말로 스마트 생산Smart Manufacturing으로 표현해도 되겠죠.

2019년 세계경제포럼에서 포스코는 세계의 **등대공장**Lighthouse Factory으로 선정되었습니다. 이는 포스코가 딥러닝을 중심으로 한 인공지능 기술 활용의 모범기업 중 하나로 평가되고 있다는 의미로 해석해도 될 것 같습니다. 다시 말해 등대공장으로 선정된 배경에는 기존의 기술로는 도저히 엄두조차 낼 수 없었던 새로운 기술, 새로운 가치를 만들어 낸 딥러닝 중심의 인공지능이 있다고 할 수 있겠습니다.

다른 산업 분야와 마찬가지로 철강업 분야의 글로벌 경쟁은 점점 치열해지고 있습니다. 이러한 환경에서 경쟁우위를 유지하기 위해서는 기술력 강화가 무엇보다도 중요하다고 할 수 있겠으며, 특히 기업에서는 수익성으로 연결되는 실리(實利) 기술의 경쟁력을 높여야 하겠습니다.

포스코는 '실리(實利) 기술의 압도적 우위 달성'이라는 목표를 정하고, 이를 달성하기 위해서 총력을 다하고 있습니다. 우리는 한정된 자원과 인력을 가지고 있기 때문에 이를 효율적으로 활용할 필요가 있습니다. 인공지능, 기계학습 그리고 딥러닝 기술은 포스코 기술 개발의 동력을 발생시키는 엔진 역할을 담당하고 있습니다.

이러한 시점에 우리 회사 기술연구원 공정엔지니어링 연구소에 근무하는 권영섭 박사가 『첫 딥러닝 실무』라는 책을 출간하게 되어서 무엇보다 기쁘고 반갑습니다. 특히 권영섭 박사는 매년 2~3개의 신기술 아이디어를 내며, 지금까지 약 50여 개의 특허를 출원한 '기술연구원 아이디어 맨'이라고 할 수 있습니다.

그동안 딥러닝 기초에서 응용으로 연결하는 책에 대한 아쉬움을 느낀 권영섭 박사는 스스로 책을 쓰기로 결심하고 실행에 옮기게 되었습니다. 기술연구원에서 연구개발로 바쁜 와중에 개인 시간을 쪼개서 이 책을 낸 것은, 딥러닝 모델을 실 적용할 때 본인이 겪었던 문제 해결 과정을 공유함으로써 딥러닝을 이용하는 다른 분들에게 도움을 주고자 했기 때문입니다.

딥러닝 모델을 포스코 철강 공정에 적용하면서 실제로 겪은 문제와 이를 풀어나가는 과정에서 익힌 것들을 이 책에 녹여 냈습니다. 아무쪼록 이 책을 통해서 영감을 얻으시기 바랍니다.

포스코 기술연구원 원장

이덕락 박사

추천사 2

미국 테슬라의 CEO인 일론 머스크Elon Musk는 한 달 이내에 완전 자율주행 자동차를 선 보이 겠다고 했었습니다. 이제 딥러닝을 정점으로 한 인공지능 기술로 세상은 하루가 다르게 급속도로 변화하고 있습니다. 이제까지의 딥러닝을 이용한 적용 사례만 봐도 가히 혁명적이라고 할 수 있는 데 말이죠.

인공지능은 4차 산업혁명의 핵심분야로 전 세계 국가들이 사활을 걸고 기술력 제고 및 인재 확보를 위해 노력하고 있습니다. 그러나 연구를 주도할 인공지능의 핵심 인력은 턱없이 부족한 형편이고 우리나라는 그 상황이 더욱 열악합니다. 그래서 우리 정부에서는 인공지능 분야의 기술력과 인재가 미래 국가경쟁력 제고에 매우 중요한 요소임을 인식하고 인공지능 기술력 및 인재양성을 위해 다양한 지원을 하고 있습니다. 이에 발맞추어, 포항공대는 우리나라가 미래를 선도하고 나아가 앞선 기술력으로 세계에서 주도적인 역할을 수행할 인공지능 분야 석·박사급 고급인재를 육성하기 위해 2019년 정부 지원으로 인공지능 대학원을 설립하였습니다.

우리나라 산업체에서도 인공지능 적용 사례에 대한 반가운 소식들도 들려오고 있습니다. 포스코와 포항공대는 인공지능 분야에서 서로 협력함으로써 인공지능 분야 인재 양성과 더불어 산업체 실제 적용사례를 넓혀 감으로써 인공지능 역량을 강화하고 있습니다.

이러한 시점에 포스코 기술연구원 공정엔지니어링 연구소에서 근무하는 권영섭 박사가 『첫 딥러닝 실무』라는 책을 출간한다는 소식을 듣고 한 편으로 놀랍고 한 편으로는 책의 내용이 궁금해졌습니다. 권영섭 박사는 딥러닝 모델을 산업 현장에 실제 적용하면서 딥러닝 기초에서 응용으로 연결하는 책에 대한 아쉬움을 느꼈다고 합니다. 그래서 딥러닝 모델을 실무에서 적용할 때 본인이 겪었던 문제 해결 과정을 후배 연구원뿐만 아니라 딥러닝을 공부하려는 분들에게 도움을 주고자 하는 마음으로 책을 쓰게 되었다고 합니다.

딥러닝 모델을 실제 공정에 적용하면서 겪은 경험을 기반으로 잘 만들어진 이 책이 딥러닝을 공부하는 독자들에게 매우 좋은 가이드가 될 것으로 믿어 의심치 않습니다.

포스텍 인공지능대학원장

서영주 교수

Chapter 01 기초 수학으로 딥러닝 시작하기

수학은 딥러닝 알고리즘이라는 곳으로 들어가기 위한 출입문에 비유할 수 있습니다. 반드시 그 문을 열고 통과를 해야 딥러닝으로 진입할 수 있죠. 기초 수학이라는 기반이 마련되면 딥러닝 알고리즘을 더 쉽게 이해하고 더 빠르게 적용할 수 있습니다. 시간이 걸리고 지루할지라도 어렵진 않습니다. 고등학교에서 배우는 수학 수준 정도면 충분하기 때문입니다.

이번 장에서는 선형대수, 미적분 그리고 확률 통계에 대해서 다루고자 합니다. 이러한 주제가 딥러닝을 공부하는 데 왜 필요한지 그 이유를 먼저 알아본 후 고등학교 때 공부했던 수학을 되짚어 보면서 이 3가지 주제를 시작해 보도록 하죠.

먼저, **선형대수**는 딥러닝 모델 내부에서 일어나고 있는 관계를 계산하는 유용한 도구며, **미적분**은 딥러닝 모델을 학습할 때 파라미터에 대한 최적의 해Optimal Solution를 찾아가기 위한 길잡이 역할을 합니다. 그리고 **확률 통계**는 딥러닝을 학습하는 방법과 학습을 통해 어떻게 결과를 도출하는지를 이해하도록 돕는 도우미가 되어줍니다.

사실 이 3가지 주제는 학교에선 한 학기에 걸쳐서 배워야 할 정도의 분량입니다. 그래서 이번 장에서는 각 주제에 대한 기초와 딥러닝을 학습하는 데 꼭 필요한 부분만을 다루고자 합니다.

1.1 선형대수

딥러닝을 학습하는 데 선형대수Linear Algebra가 필요한 이유는, 선형대수가 데이터의 표현, 분석 그리고 변환에 많이 활용되는 편리한 도구이기 때문입니다. 또한 선형대수를 학습해 두면 딥러닝에 대한 논문이나 책과 같은 자료를 참고할 때 수학 표기법, 선형대수에 표현된 용어가 통일되어 있어 이해가 빨라지죠.

특히 딥러닝 학습에 필요한 많은 데이터(학습 데이터, 검증 데이터, 정형, 비정형 데이터 등)를 행렬Matrix이라는 언어를 통해 간단하게 표현할 수 있습니다. 쉬운 예로 영상처리에서도 영상 자체를 2차원 행렬로 표현할 수 있습니다.

자, 그럼 본격적으로 선형대수에 대해서 알아보겠습니다. 첫 번째로 선형대수에서 가장 간단한 스칼라와 벡터부터 알아보죠.

스칼라와 벡터

길이나 넓이와 같이 크기나 양으로 표현할 수 있는 물리적인 값을 **스칼라**Scalar라고 합니다. 즉, 55m, 1℃, 10kg 등과 같은 값이 바로 스칼라입니다. 스칼라는 텐서Tensor, 0차원 텐서, 0D 텐서라고 불리기도 하는데, 연산 방법은 사칙연산을 그대로 사용하면 됩니다. 수학적 표기법은 소문자(예, a, b, c, x, y, z 등)를 사용합니다.

벡터Vector는 딥러닝 알고리즘을 유용하게 표현하는 선형대수의 기본 요소 중 하나로, **크기**뿐만 아니라 **방향**까지 지정해야 합니다. 2차원, 3차원 공간에서 화살표를 이용해 벡터를 표현함으로써 쉽게 이해할 수 있습니다. 화살표가 가리키는 곳은 방향을, 길이는 크기를 나타냅니다.

물리학에서 속도와 가속도 그리고 힘을 포함하고 있는 운동 법칙도 벡터로 쉽게 표현할 수 있죠. 일반적으로 벡터는 같은 종류의 다른 개체를 만들기 위해 같은 벡터끼리 더할 수도 있고 벡터에 스칼라를 곱할 수도 있는 특별한 개체입니다. 추상적 수학 관점에서 이 두 속성을 만족하는 모든 개체는 벡터라고 볼 수 있습니다.

그 예로 **기하 벡터**Geometric Vectors를 들 수 있습니다. 기하 벡터는 고등학교 수학과 물리 과목에서 자주 다루는 개념으로, **그림 1-1**에서 보는 것처럼 최소한 2차원 좌표에서 방향성을 가지고 있는 선분이며, 평면 벡터라고 부르기도 합니다.

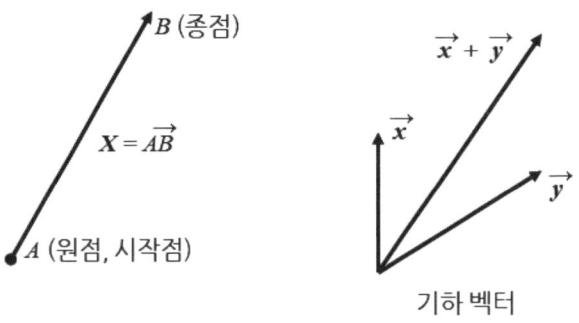

그림 1-1 벡터의 표시

두 개의 기하 벡터 $\vec{x}, \vec{y}$를 더하면 또 다른 기하 벡터 $\vec{x} + \vec{y} = \vec{z}$가 됩니다. 또한 벡터에 스칼라를 곱한 $\lambda\vec{x}, \lambda \in \Re$(실수)도 기하 벡터입니다. 이것은 기존 벡터에 스칼라 값 λ만큼 크기가 조정된 벡터죠. 그러므로 기하 벡터는 우리가 알고 있는 벡터에 대한 또 다른 예이며, 기하 벡터로서 벡터를 해석하면 수학적 연산을 추론하는 데 방향과 크기가 직관적이어서 편리합니다.

곡선도 크기와 방향을 가지고 있기 때문에 벡터입니다. 가령 어떤 물체가 움직인다고 가정했을 때 직선 또는 곡선 운동만 하는 경우도 있지만 대체로 직선과 곡선 운동을 동시에 하는 경우가 많습니다. 즉, 크기와 방향을 가지는 속성이 있죠. 그래서 서로 다른 곡선을 더하거나, 실수인 스칼라 값 $\lambda \in \Re$(실수)을 곱하면 이 또한 곡선이므로 벡터에 속합니다.

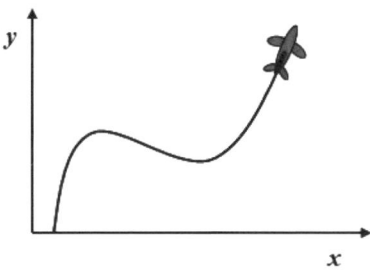

그림 1-2 벡터의 다양한 유형

소리나 진동 신호도 벡터입니다. 소리나 진동 신호도 더할 수 있고 일정한 값 λ로 $\lambda \in \Re$(실수) 감쇄나 증폭시킬 수 있기 때문이죠. 여기서 일정한 값 λ는 $\lambda \in \Re$(실수) 신호 증폭기의 역할을 한다고 보면 됩니다.

$\Re^n$(**n개의 실수 튜플**Tuples, **n차원 벡터**)**의 성분도** 벡터입니다. $\Re^n$은 곡선보다 더 추상적이며 이 개념은 딥러닝에서 매우 중요합니다. 예를 들면, 다음은 3중수A Triplet of Numbers의 한 예입니다.

$$a = \begin{Bmatrix} 3 \\ 4 \\ 5 \end{Bmatrix} \in \Re^3, b = \begin{Bmatrix} 2 \\ 7 \\ 3 \end{Bmatrix} \in \Re^3$$

두 벡터 $a, b \in \Re^n$을 항목별로 더하면 또 다른 벡터 $a + b = c \in \Re^n$이 됩니다. 그리고 벡터 $a \in \Re^n$을 스칼라 $\lambda \in \Re$을 곱하면 크기가 조정된 벡터 $\lambda a \in \Re^n$이 됩니다.

앞서 언급했듯이 $\Re^n$의 요소로서 벡터를 고려하면 컴퓨터에서 실수의 배열Arrays과 어느 정도 대응할 수 있다는 이점을 가지게 됩니다. 많은 프로그래밍 언어가 행렬 연산Martix/Array Operations을 지원하므로 벡터 연산과 관련된 알고리즘을 편리하게 구현할 수 있다는 뜻이죠.

선형대수는 벡터 개념 간의 유사도Similarities에 초점을 맞추고 있습니다. 딥러닝 학습 과정에서 학습의 정확성을 판단하는 데 유사도를 사용하기 때문입니다. 선형대수와 관련된 대부분의 알고리즘이 $\Re^n$으로 표현되기 때문에 $\Re^n$ 공간의 벡터에 주로 초점을 맞출 것입니다.

그렇다면 **벡터의 합**과 **스칼라의 곱**은 어떻게 이뤄질까요? 두 벡터 $\mathbf{x}, \mathbf{y}$와 스칼라 λ에 대하여 두 벡터의 합 $\mathbf{x}+\mathbf{y}$와 λ에 의한 $\mathbf{x}$나 $\mathbf{y}$의 스칼라 곱 $\lambda\mathbf{x}$나 $\lambda\mathbf{y}$를 다음과 같이 정의할 수 있습니다.

$\mathbf{x}+\mathbf{y}$는 $\mathbf{x}, \mathbf{y}$에 의하여 결정이 되는 평행사변형의 대각선으로 표현하는 벡터입니다. 평행사변형의 법칙에서 두 벡터를 합할 때 각 벡터의 크기와 방향이 중요합니다.

스칼라의 곱 $\lambda\mathbf{x}$는 $\lambda>0$이면, 벡터 $\mathbf{x}$와 방향이 같으면서 크기는 λ배만큼 커지는 벡터가 되며, 그 반대도 성립합니다. 또한 λ가 0이면 $\lambda\mathbf{x}$는 크기가 0인 벡터가 됩니다. 여기서 기억할 것은 **벡터는 크기와 방향이 같으면 위치와 상관없이 항상 동일한 것으로 간주해도 된다는 것입니다.**

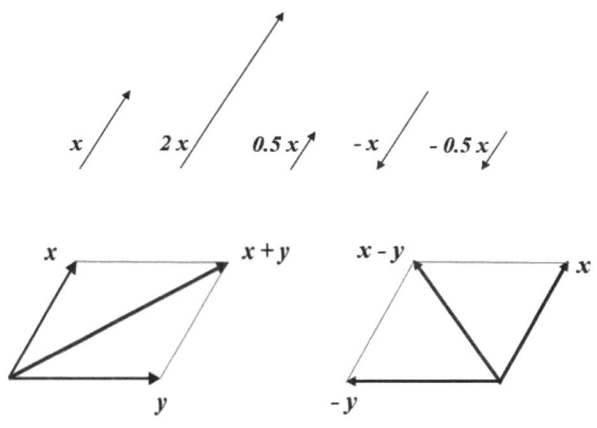

그림 1-3 벡터의 합과 스칼라의 곱

그림에서 표시한 벡터는 2차원 좌표 평면상에서 표시할 수 있으며 두 실수의 성분을 평면 벡터라 하고 $X = \{x_1, x_2\}$ 또는 $X = \begin{bmatrix} x_1 \\ x_2 \end{bmatrix}$로 표현합니다.

여기서 실수 x_1, x_2를 2차원 벡터 X의 **성분**이라고 하며 벡터 X는 2차원 평면에 존재하기 때문에 $X \in \Re^3$로 표기 합니다.

$\Re^2$의 벡터 $X = \begin{bmatrix} x_1 \\ x_2 \end{bmatrix}$와 $Y = \begin{bmatrix} y_1 \\ y_2 \end{bmatrix}$도 앞에서 언급한 벡터의 합과 스칼라의 곱을 통해 또 다른 벡터를 만들 수 있습니다.

여기서 주의해야 할 것은 **각 벡터의 순서에 따른 성분끼리 더하는 것**입니다.

$$X + Y = \begin{bmatrix} x_1 + y_1 \\ x_2 + y_2 \end{bmatrix}, \lambda X = \begin{bmatrix} \lambda x_1 \\ \lambda x_2 \end{bmatrix}$$

이제 **공간 좌표**에서 표현할 수 있는 3차원 벡터인 벡터 X에 대해서 살펴보죠. 세 실수의 성분을 공간 벡터Vector in Space라고 하며, $X = \{x_1, x_2, x_3\}$ 또는 $X = \begin{bmatrix} x_1 \\ x_2 \\ x_3 \end{bmatrix}$로 나타냅니다.

여기서 실수 x_1, x_2, x_3가 3차원 벡터 X의 성분이라고 하며, 벡터 X는 3차원 공간에 존재하기 때문에 $X \in \Re^3$로 표기할 수 있습니다. 그리고 공간 좌표에 존재하는 벡터도 합과 스칼라의 곱을 통해 또 다른 특징을 가진 벡터로 변환할 수 있습니다.

$$X + Y = \begin{bmatrix} x_1 + y_1 \\ x_2 + y_2 \\ x_3 + y_3 \end{bmatrix}, \lambda X = \begin{bmatrix} \lambda x_1 \\ \lambda x_2 \\ \lambda x_3 \end{bmatrix}$$

그럼 여기서 차원을 높여서 생각해 봅시다. 모든 n차원 벡터의 전체 집합을 n-차원 벡터 n-Dimensional Vector라 하고, $\Re^n$으로 표시합니다. 앞에서 언급한 것처럼 딥러닝에서 n-차원 벡터는 매우 중요한 도구입니다.

예를 들면, 300×300 픽셀의 영상 데이터를 딥러닝 모델에 입력한다고 가정해 보죠. 행렬로 표시할 수도 있지만, 90,000개에 달하는 딥러닝 모델의 입력 노드가 필요합니다. 즉, 하나의 영상을 표시하는 데 90,000개의 서로 다른 데이터가 모여야 함을 알 수 있습니다. 따라서 300×300 픽셀을 가지고 있는 영상 데이터는 $\Re^{90,000}$으로 표기하며, 90,000차원의 벡터라고 할 수 있습니다. 또 다른 관점에서는 300차원의 열 벡터(또는 행 벡터)가 300개 모여 있는 것으로 해석할 수도 있죠. 이것은 어떤 관점에서 해석을 하느냐에 따라 그리고 표현 방식에 따라 차원을 다르게 표기할 수 있습니다.

또 다른 예를 들어 보겠습니다. 산업 현장에서 딥러닝 모델을 이용해 어떤 공정을 모사하거나 분석 또는 예측할 때 공정 인자Process Parameters들로 무엇을 선택하느냐에 따라 차원이 다른 벡터가 될 수 있습니다. 이렇게 선택한 데이터의 차원에 따라서 딥러닝 모델로부터 예측된 결과는 분명하게 달라질 수 있죠.

딥러닝 모델을 실제 적용하는 문제에 있어서 입·출력 데이터는 무척 중요합니다. 준비된 데이터를 데이터베이스에서 가져와 고스란히 사용하는 것과 달리 실제 응용 문제에 필요한 학습 데이터를 준비(입·출력 데이터)하기 위해서는 많은 시간과 노력이 필요합니다. 딥러닝 프로젝트를 수행할 때 전체 프로젝트 과정 중 70~80%가 학습 데이터Training Data, 입·출력 데이터를 준비하는 데 사용됩니다(학습 데이터의 중요성과 처리 방법은 **Chapter 4. 딥러닝 학습에 필요한 데이터 전처리**에서 자세히 다루도록 하겠습니다).

벡터 투영

벡터 투영벡터 투사, Vector Projection은 선형 변환의 중요한 도구이자 그래픽, 코딩 이론, 통계와 딥러닝에서 중요한 역할을 합니다.

일반적으로 딥러닝 모델에서는 높은 차원의 데이터를 처리합니다. 이러한 높은 차원의 데이터는 상식적인 관점 밖에 있기 때문에 분석하거나 시각화하기가 어렵죠. 그러나 이러한 높은 차원의 데이터 중 의미 있는 정보가 소수의 차원에만 포함되어 있을 수 있습니다. 그래서 우리는 높은 차원의 데이터를 낮은 차원의 데이터로 압축해서 사용합니다. **데이터 압축 과정에서 압축 손실을 최소화하기 위해 가장 유용한 차원을 찾는 방법 중 하나가 투영 기법입니다.**

딥러닝은 보통 엄청난 양의 연산을 해야 하며 상황에 따라 실시간 처리가 필요한 경우가 많습니다. 이때 유용하게 사용할 수 있는 방법 중 하나가 투영 기법을 이용한 차원 축소Dimensionality Reduction 방법입니다.

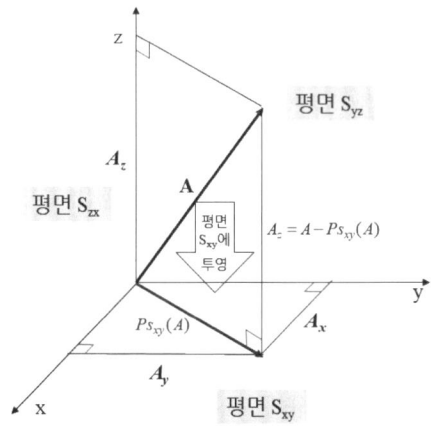

그림 1-4 벡터 투영

그림 1-4를 통해 벡터 투영을 알아보죠. 3차원 벡터 X를 2차원 평면 S_{xy} 위에 투영해 보겠습니다. 직관적으로 3차원이 2차원으로 줄어듦을 알 수 있죠. 투영 $Ps_{xy}(A), A \in \Re^3$ 또 다른 기저 벡터Basis Vector A_x와 A_y의 합으로 표현할 수 있으며, 거리 벡터Displacement Vector $A - Ps_{xy}(A)$는 A_x와 A_y가 만드는 면에 수직이 됨을 알 수 있습니다.

또 다른 예를 들어 보겠습니다. 회귀 분석Regression Analysis이나 주성분 분석Principal Component Analysis 그리고 딥 오토 인코더Deep Auto-encoders, Deng et al., 2010와 같은 딥 신경회로망Deep Neural Networks에서 사용하는 알고리즘들은 차원 축소 개념을 적극적으로 사용합니다.

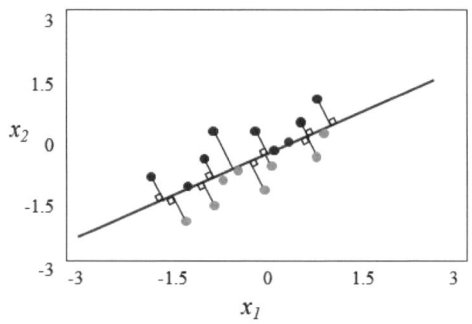

그림 1-5 2차원 데이터 세트에서의 직교 투영

그림 1-5는 2차원 데이터 세트(검은색 점)를 1차원 부분 공간(검은색 직선) 위에 직교 투영(회색 점)한 것을 묘사하고 있습니다. 이 그림에서는 벡터 투영법이 임의의 모든 점을 지나는 가장 근사한 선을 찾을 수 있음을 알 수 있습니다.

그림 1-5를 통해서 1차원 부분 공간 상하에 포진하고 있는 서로 다른 점을 분류하는 방법으로도 사용됩니다. 일일이 모든 점을 만족시킬 수는 없지만, 1차원 부분 공간 상하에 포진하고 있는 점들(검은색 점 : 회색 점)의 세트 측면에서는 가장 근사하게 구분하는 선임을 알 수 있습니다.

벡터 노옴과 내적

벡터 노옴 Vector Norm은 딥러닝에서 많이 사용하는 수학적 표현 기법으로, 이 개념을 직관적으로 익힌다면 딥러닝 알고리즘은 물론 딥러닝이 학습하는 과정을 이해하는 데 도움이 됩니다.

우리가 알고 있는 것처럼 벡터의 크기(또는 길이)는 모든 벡터 요소가 0이 아니라면 항상 양수를 가지고 있습니다. 기하 벡터, 즉 원점에서 시작하는 방향성을 가지고 있는 선분Directed Line Segments을 생각할 때 벡터의 길이는 방향성을 가지고 있는 선분의 '종점'과 '원점' 사이의 거리임을 직관적으로 알 수 있죠.

$\mathfrak{R}^n$의 벡터 $X = (x_1, x_2, \cdots, x_n)$는 다음과 같이 표시하며 **$X$ 의 노옴**이라고 합니다.

$$\|X\|_2 = \sqrt{x_1^2 + x_2^2 + \ldots + x_n^2}$$
$$= \sqrt{\sum_{i=1}^{n} x_i^2}$$

그리고 이것을 구체적으로 X의 ℓ_2 노옴(ℓ_2 Norm)이라 하며 때로는 $\|X\|_2$에서 아래 첨자 2를 빼고 $\|X\|$라고 표기하기도 합니다. 딥러닝에서는 종종 ℓ_2 노옴의 제곱근을 사용하기도 하죠. 이것은 **해당 차원의 좌표평면에서 원점으로부터 벡터 좌표까지의 최단 거리를 의미**합니다.

ℓ_2 노옴에 대응한 또 다른 노옴인 벡터의 각 요소에 대한 절댓값의 합 ℓ_1 노옴은 다음과 같이 표기할 수 있습니다.

$$\|X\|_2 = \sum_{i=1}^{n} |x_i|$$

ℓ_1 노옴과 ℓ_2 노옴은 훨씬 더 일반적인 ℓ_p 노옴의 특별한 경우에 해당합니다. 다음 식과 **그림 1-6**에서처럼 $\|X\|$는 원점에서 어떤 점 $P(x_1, x_2, \cdots, x_n)$까지의 길이 또는 거리를 의미합니다.

$$\|X\|_p = \left(\sum_{i=1}^{n} |x_i|^p \right)^{1/p}$$

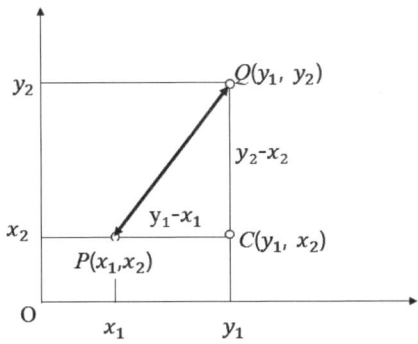

그림 1-6 두 점 P와 Q 사이의 거리

그렇다면 $\Re^n$상의 두 벡터 $X=(x_1, x_2, \cdots, x_n)$와 $Y=(y_1, y_2, \cdots, y_n)$ 그리고 이 두 벡터를 대표하는 두 점 $P(x_1, x_2, \cdots, x_n)$와 $Q(y_1, y_2, \cdots, y_n)$ 사이의 거리는 어떻게 표현할 수 있을까요? 두 점 사이의 거리는 다음 공식과 같이 직관적으로 표현할 수 있습니다.

$$\|X-Y\| = \sqrt{(x_1-y_1)^2 + (x_2-y_2)^2 + \cdots + (x_n-y_n)^2}$$

벡터 내적 Inner Product/Dot Product은 두 벡터 사이의 길이와 각도 또는 거리와 같은 기하학적 개념을 직관적으로 표현하는 방법입니다. 벡터 내적은 두 벡터가 서로 직교하는지를 판단하는 주요 도구입니다.

$\Re^n$의 벡터 $X=(x_1, x_2, \cdots, x_n)$, $Y=(y_1, y_2, \cdots, y_n)$에 대하여 내적Euclidean Inner Product/Dot Product은 다음과 같이 표현할 수 있습니다.

$$(X \bullet Y) = x_1 y_1 + x_2 y_2 + \cdots + x_n y_n$$

$$(X \bullet X) = x_1 x_1 + x_2 x_2 + \cdots + x_n x_n = \|X\|^2$$

더 나아가서 벡터 내적은 두 벡터 사이의 거리뿐만 아니라 두 벡터가 만드는 각도 정보를 알려주기 때문에 벡터 공간에서 기하학적 개념을 제공합니다. 벡터 내적 공간에서 두 벡터 **X**, **Y**가 만드는 각도 θ는 **코시 슈바르츠 부등식**Cauchy-Schwartz Inequality에 따라 다음과 같이 표현할 수 있습니다.

$$|(X \bullet Y)| \le \|X\|\|Y\|$$

단, 등호는 **X**, **Y**중 하나가 다른 것의 실수배일 때만 성립합니다. 이 표현은 $\Re^2$와 $\Re^3$에서 직관적으로 알 수 있습니다. 만약 **X**, **Y**가 0이 아니라고 가정하면 다음과 같이 정의할 수 있습니다.

$$-1 \le \frac{|(X \bullet Y)|}{\|X\|\|Y\|} \le 1$$

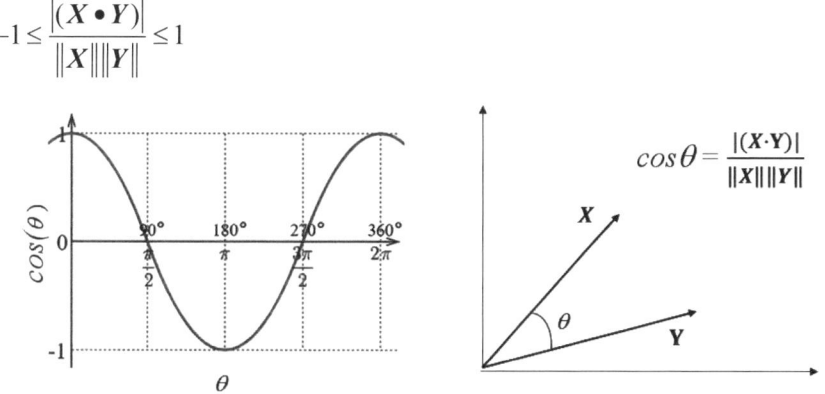

그림 1-7 두 벡터의 내적

따라서 두 벡터 **X**, **Y**가 이루는 각도 θ는 $\theta \in [0, \pi]$에서 다음과 같이 표현할 수 있습니다.

$\theta \in [0, \pi]$에서 [-1, 1] 사이의 유일한 값을 나타냄을 **그림 1-8**을 통해 직관적으로 알 수 있습니다.

$$\cos\theta = \frac{|(X \bullet Y)|}{\|X\|\|Y\|} \Rightarrow |(X \bullet Y)| = \|X\|\|Y\|\cos\theta\theta$$

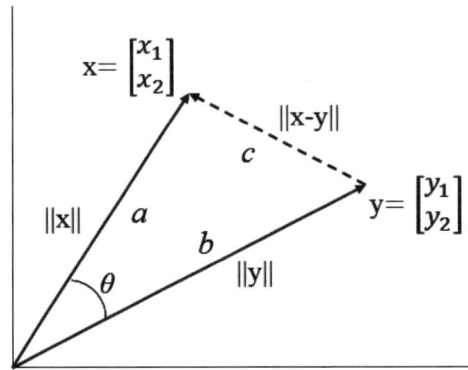

그림 1-8 벡터의 내적에 대한 개념

그림 이해를 돕기 위해서 벡터 내적에 대한 공식을 유도해 보겠습니다. **그림 1-8**로부터 우리가 익히 알고 있는 것을 이용하면 다음 두 식을 쉽게 얻을 수 있습니다.

$$c^2 = a^2 + b^2 - 2ab\cos\theta$$

$$\rightarrow \|x - y\|^2 = \|x\|^2 + \|y\|^2 - 2\|x\|\|y\|\cos\theta$$

각 벡터의 요소를 이용해서 이 식을 풀면 다음과 같습니다.

$$(x_1 - y_1)^2 + (x_2 - y_2)^2 = x_1^2 + x_2^2 + y_1^2 + y_2^2 - 2\|x\|\|y\|\cos\theta$$

$$\rightarrow -2x_1y_1 - 2x_2y_2 = -2\|x\|\|y\|\cos\theta$$

$$\rightarrow x_1y_1 + 2x_2y_2 = \|x\|\|y\|\cos\theta$$

$$\therefore |(X \bullet Y)| = \|X\|\|Y\|\cos\theta$$

벡터 사이의 각도는 두 벡터의 방향이나 크기가 얼마나 비슷한지와 같은 중요한 정보를 직관적으로 알려줍니다. 특히 두 벡터 X, Y가 만드는 각도가 수직일 경우($\pi/2$ 또는 90°), $\cos(90°$ 또는 $\pi/2)$ =0이기 때문에 다음 식이 성립합니다.

$$|(X \bullet Y)| = \|X\|\|Y\|\cos\theta = 0$$

또 다른 특별한 예를 살펴볼까요? 만약 두 벡터 X, Y의 방향이 동일하다면 두 벡터 X, Y가 만드는 각도는 0°이기 때문에 다음과 같이 표현할 수 있습니다.

$$|(X \bullet Y)| = \|X\|\|Y\|$$

이 식에서 만일 두 벡터 X, Y의 방향과 크기가 동일하다면, 즉 $X = Y$라면 $|(X \bullet Y)| = \|X\|^2$이 됨을 알 수 있습니다.

정리하면, 벡터 내적은 두 벡터가 얼마나 유사한지를 알려주는 척도가 됩니다. **두 벡터가 유사하면 유사할수록 두 벡터가 만드는 각도는 작아지고 더 근접해지기 때문**입니다. 이것이 바로 딥러닝 모델을 학습하는 원리이며 더 자세한 내용은 **Chapter 2. 유사도 척도로 딥러닝 학습 접근하기**의 코사인 유사도Cosine Similarity에서 다루도록 하겠습니다.

1.2 행렬

행렬Matrices은 선형대수에서 중심 역할을 합니다. 특히 **선형 방정식이나 딥러닝 관련 이론을 간단하게 표현할 수 있다는 장점**이 있습니다.

행렬은 실수(또는 복소수)를 다음과 같이 행과 열로 배열한 것을 가리키며 각 값을 행렬의 성분Entry 또는 요소Element라고 부릅니다.

$$A \in \Re^{m \times n} = \begin{bmatrix} a_{11} & \cdots & a_{1j} & \cdots & a_{1n} \\ \vdots & & \vdots & & \vdots \\ a_{i1} & \cdots & a_{ij} & \cdots & a_{in} \\ \vdots & & \vdots & & \vdots \\ a_{m1} & \cdots & a_{mj} & \cdots & a_{mn} \end{bmatrix}_{ij}$$

행렬 A에서 $\begin{bmatrix} a_{i1} & \cdots & a_{ij} & \cdots & a_{in} \end{bmatrix}$ $(1 \leq i \leq m)$을 A의 i행ith Row of A이라 하고 $(1, n)$-행렬을 행 벡터Row Vector라고도 합니다. 그리고 $\begin{bmatrix} a_{1j} \\ \vdots \\ a_{ij} \\ \vdots \\ a_{mj} \end{bmatrix}$ $(1 \leq j \leq n)$ 을 A의 j열jth Column of A이라고 하며 $(m, 1)$ 행렬을 열 벡터Column Vector라고도 합니다.

여기서 간단하게 **전치 행렬**Transpose Matrix에 대해서 살펴보도록 하죠. $m \times n$행렬 A의 행과 열을 교환하여 새롭게 얻은 $n \times m$행렬을 행렬 A의 전치 행렬이라 하고 A^T로 표시합니다. 물론 행렬의 성분 $a_{nm} = a_{mn}$이죠.

$$A^T \in \mathfrak{R}^{n \times m} = \begin{bmatrix} a_{11} & \cdots & a_{i1} & \cdots & a_{m1} \\ \vdots & & \vdots & & \vdots \\ a_{1j} & \cdots & a_{ji} & \cdots & a_{mj} \\ \vdots & & \vdots & & \vdots \\ a_{1n} & \cdots & a_{in} & \cdots & a_{nm} \end{bmatrix}_{ji}$$

블록 행렬

어떤 행렬의 성분이 또 다른 행렬로 구성된 것을 블록 행렬Block Matrix이라고 합니다. 예를 들어, 다음 행렬 A는 서로 다른 행렬 B, C, D, E로 구성되어 있으며 이들 B, C, D, E 행렬들을 블록 행렬 A의 블록Block 또는 서브 행렬Submatrix이라고 부릅니다.

$$A = \begin{bmatrix} B & C \\ D & E \end{bmatrix}$$

이때 블록 행렬 A를 구성하는 블록들은 블록 행렬 A에 포함될 수 있도록 위치에 따라 같은 차원을 가져야 합니다. 즉, 같은 행(또는 열)에 있는 블록은 같은 행을 가져야 합니다. 예를 들면, 블록 행렬 A에서 블록 B와 C는 같은 수의 행Rows 그리고 C와 E는 같은 수의 열을Columns 가져야 합니다.

그럼 블록 행렬의 전치 행렬은 어떻게 되는지 알아보겠습니다.

$$A^T = \begin{bmatrix} B & C \\ D & E \end{bmatrix}^T = \begin{bmatrix} B^T & D^T \\ C^T & E^T \end{bmatrix}$$

블록 행렬의 전치 행렬은 블록 행렬 자체를 전치화Transposed할 뿐만 아니라 각 블록 내 성분 또한 전치화함을 알 수 있습니다.

행렬의 합

두 행렬 $A \in \Re^{m \times n}, B \in \Re^{m \times n}$의 합은 두 행렬과 대응하는 성분끼리의 합으로 정의할 수 있습니다. 행과 열의 수가 같은 두 행렬은 서로 더할 수 있고 그 결괏값으로 같은 크기의 또 다른 행렬을 만들 수 있습니다.

$$A + B = \begin{bmatrix} a_{11} & \cdots & a_{1j} & \cdots & a_{1n} \\ \vdots & & \vdots & & \vdots \\ a_{i1} & \cdots & a_{ij} & \cdots & a_{in} \\ \vdots & & \vdots & & \vdots \\ a_{m1} & \cdots & a_{mj} & \cdots & a_{mn} \end{bmatrix} + \begin{bmatrix} b_{11} & \cdots & b_{1j} & \cdots & b_{1n} \\ \vdots & & \vdots & & \vdots \\ b_{i1} & \cdots & b_{ij} & \cdots & b_{in} \\ \vdots & & \vdots & & \vdots \\ b_{m1} & \cdots & b_{mj} & \cdots & b_{mn} \end{bmatrix}$$

$$= \begin{bmatrix} a_{11}+b_{11} & \cdots & a_{1j}+b_{1j} & \cdots & a_{1n}+b_{1n} \\ \vdots & & \vdots & & \vdots \\ a_{i1}+b_{i1} & \cdots & a_{ij}+b_{ij} & \cdots & a_{in}+b_{in} \\ \vdots & & \vdots & & \vdots \\ a_{m1}+b_{m1} & \cdots & a_{mj}+b_{mj} & \cdots & a_{mn}+b_{mn} \end{bmatrix} = C \in \Re^{m \times n}$$

그럼 행렬의 합이 가지는 특징을 알아볼까요? 여기서 A, B, C는 같은 크기의 행렬이고 δ와 λ는 스칼라라고 가정하겠습니다.

$A + B = B + A$ 교환법칙 Commutativity
$(A + B) + C = A + (B + C)$ 결합법칙 Associativity
$(A + B)^T = A^T + B^T$ 합의전치 Transpose of Addition
$\delta(A + B) = \delta A + \delta B,$ $(\delta + \lambda)A = \delta A + \lambda A$

행렬의 곱

두 행렬 $A = [a_{ik}]_{m \times p}, B = [b_{kj}]_{p \times n}$에 대하여 행렬 A와 B의 곱 Multiplication, Product, AB는 다음과 같이 정의할 수 있습니다.

$$AB = C = \left(c_{ij}\right)_{m \times n} \Rightarrow A_{m \times p} \times B_{p \times n} = C_{m \times n}$$

두 행렬의 곱이 성립하기 위한 조건으로 선행하는 행렬 A의 열 수와 후행하는 행렬 B의 행 수가 동일해야 합니다. 이 조건이 성립한다고 가정했을 때 두 행렬 A, B를 곱한 행렬 C의 요소를 구하는 방법은 다음과 같습니다.

$$AB = \begin{bmatrix} a_{11} & \cdots & a_{1k} & \cdots & a_{1p} \\ \vdots & & \vdots & & \vdots \\ a_{i1} & \cdots & a_{ik} & \cdots & a_{ip} \\ \vdots & & \vdots & & \vdots \\ a_{m1} & \cdots & a_{mk} & \cdots & a_{mp} \end{bmatrix} \begin{bmatrix} b_{11} & \cdots & b_{1j} & \cdots & b_{1n} \\ \vdots & & \vdots & & \vdots \\ b_{k1} & \cdots & b_{kj} & \cdots & b_{kn} \\ \vdots & & \vdots & & \vdots \\ b_{p1} & \cdots & b_{pj} & \cdots & b_{pn} \end{bmatrix}$$

$$= \begin{bmatrix} c_{11} & \cdots & c_{1j} & \cdots & c_{1n} \\ \vdots & & \vdots & & \vdots \\ c_{i1} & \cdots & c_{ij} & \cdots & c_{kn} \\ \vdots & & \vdots & & \vdots \\ c_{m1} & \cdots & c_{mj} & \cdots & c_{mn} \end{bmatrix}$$

$$= C_{ij} = \sum_{m=1}^{p} A_{ik} B_k = A_{i1} B_{1j} + \cdots + A_{ip} B_{pi}, \quad i = 1, \cdots, m, \, j = 1, \cdots, n$$

이는 다음과 같이 계산할 수 있습니다.

$$c_{11} = a_{11} \times b_{11} + \cdots + a_{1k} \times b_{k1} + \cdots + a_{1p} \times b_{p1}$$

$$c_{ij} = a_{i1} \times b_{1j} + \cdots + a_{ik} \times b_{kj} + \cdots + a_{ip} \times b_{pj}$$

$$c_{mn} = a_{m1} \times b_{1n} + \cdots + a_{mk} \times b_{kn} + \cdots + a_{mp} \times b_{pn}$$

그럼 행렬의 곱이 가지는 특징을 알아보도록 하죠. λ를 스칼라라고 가정합시다.

$$A(BC) = (AB)C$$
$$\lambda(AB) = (\lambda A)B$$
— 결합법칙 Associativity

$$A(B+C) = AB + AC$$ — 분배법칙 Distributivity

$$(AB)^T = B^T A^T$$ — 곱의 전치 Transpose of Product

행렬의 곱을 이용하면 선형 연립 방정식Linear Equations을 쉽게 표현할 수 있습니다. 이 표현은 인공 신경회로망에서 입·출력 신호와 각 노드의 가중치를 표현하는 방식과 유사합니다.

$$a_{11}x_1 + a_{12}x_2 + \cdots + a_{1n}x_n = b_1$$

$$a_{21}x_1 + a_{22}x_2 + \cdots + a_{2n}x_n = b_2$$

$$\vdots$$

$$a_{m1}x_1 + a_{m2}x_2 + \cdots + a_{mn}x_n = b_m$$

이 선형 연립 방정식에서 계수와 미지수 그리고 상수항이 다음과 같다면,

$$A = \begin{bmatrix} a_{ij} \end{bmatrix}_{m \times n}, X = \begin{bmatrix} x_1 \\ x_2 \\ \vdots \\ x_n \end{bmatrix}, b = \begin{bmatrix} b_1 \\ b_2 \\ \vdots \\ b_n \end{bmatrix}$$

이는 다음과 같이 표현할 수 있습니다.

$$\mathbf{A}x = \begin{bmatrix} a_{11} & a_{12} & \cdots & a_{1n} \\ a_{21} & a_{22} & \cdots & a_{2n} \\ \vdots & \vdots & & \vdots \\ a_{m1} & a_{m2} & \cdots & a_{mn} \end{bmatrix} \begin{bmatrix} x_1 \\ x_2 \\ \vdots \\ x_n \end{bmatrix} = \begin{bmatrix} b_1 \\ b_2 \\ \vdots \\ b_n \end{bmatrix} = \mathbf{b}$$

여기까지 딥러닝에 필요한 기본 선형대수에 대해 알아보았습니다. 다음으로 딥러닝 모델이 어느 정도 학습을 했는지 그리고 학습이 부족하다면 어떤 방향으로 얼마나 더 학습을 진행해야 하는지 알기 위한 기초 지식, 미분을 살펴보겠습니다.

1.3 미분

▍미분

학창 시절에는 미분과 적분이 어렵게 느껴졌겠지만 이제는 성적과 관계없으니 편안한 마음으로 미분을 살펴보죠. 미분(또는 도함수)은 딥러닝 모델의 학습을 이해하는 데 필요한 기초 지식입니다.

먼저 우리 일상에서 익숙하고 또 중고등학교 수학 과목에서 자주 등장하는 '속도'를 살펴보죠. 속도를 구하는 공식은 다음과 같습니다.

$$속도(V) = \frac{거리(L)}{시간(t)}$$

즉, 속도 V는 일정한 거리 L을 움직이는 데 걸리는 시간인 t로 나눠주면 쉽게 구할 수 있죠. 이것은 단순히 산술적인 계산 방법입니다. 하지만 움직인 거리 L이 시간에 관한 함수라고 생각한다면 미분을 이해하는 게 좀 더 수월할 것입니다. 즉, 거리 L은 $L = f(t)$로, 시간에 대한 함수로 표현합니다.

그럼 속도 V를 다시 계산해 보겠습니다. 일정한 시간 δt 동안 움직인 일정한 거리를 δL이라고 하면, 속도 $V(t)$는 $V(t) = \dfrac{\delta L}{\delta t} = L'(t)$로 표시할 수 있고 바로 이것이 거리 함수 $L(t)$를 미분한 것이며 속도 $V(t)$가 됩니다.

기준 방향에 따라 $V(t)$가 +면 속도가 증가한 것이고 -면 그 반대로 속도가 감소한 것입니다. 초등학교 산수 시간에 많이 풀었던 거리와 속도에 대한 문제가 알고 보면 미분의 기초였던 것입니다. 그 연장선상에서 속도를 미분하면 가속도가 되는 것도 쉽게 이해할 수 있죠.

앞서 언급한 것이 1차원적 관점이라면 이번엔 좀 더 확장해 2차원 평면에 있는 한 점 $P(x, y)$의 움직임을 알아보겠습니다.

시간 t에서의 위치 벡터 $P(x, y)$에 대해 $x = f(t), y = g(t)$라고 하면 움직인 거리 함수 $L(t) = (x, y) = (f(t), g(t))$가 됨을 알 수 있습니다.

그럼 2차원 평면에서 속도는 어떻게 계산할 수 있을까요? $L(t)$가 x, y 위치를 가지고 있기 때문에 $f(t)$와 $g(t)$를 시간 t에 대해서 미분을 하면 됩니다. 즉, 다음과 같이 표현할 수 있습니다.

$$V(t) = \left(\dfrac{\delta x}{\delta t}, \dfrac{\delta y}{\delta t}\right) = (f'(t), g'(t)) = L'(t)$$

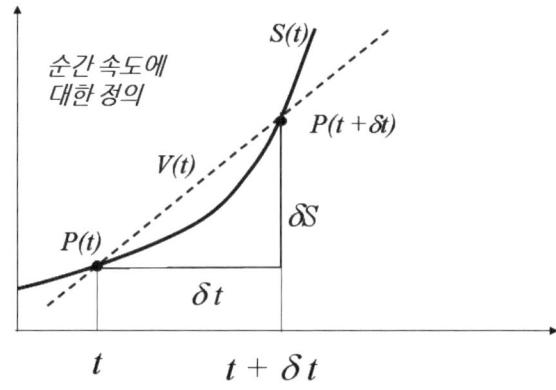

그림 1-9 순간 속도에 대한 정의 및 도함수에 대한 개념

이 그래프에서 보는 것처럼 속도는 $V(t) = \dfrac{\delta S}{\delta t}$, 즉 기울기임을 알 수 있습니다.

여기서 δt가 충분히 작은 시간이라고 가정하면, 어떤 한 순간(시간)에서의 속도를 표현할 수 있고 그 순간에서의 기울기, 즉 속도를 구할 수 있겠죠. 그럼 δt가 충분히 작은 시간일 때 **그림 1-9**를 다음 **그림 1-10**과 같이 변화시킬 수 있습니다.

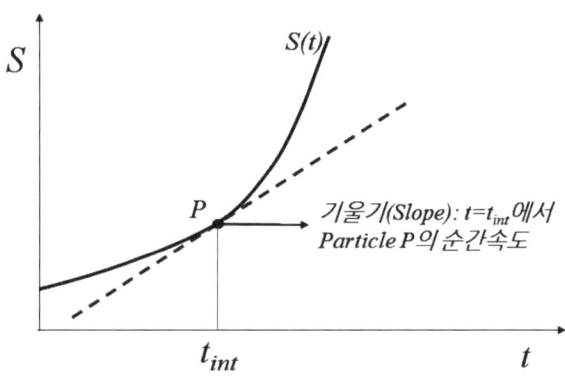

그림 1-10 기울기(미분)에 대한 개념

이제 수학에서 말하는 일반적인 미분에 대해 알아보겠습니다. 먼저 함수 f를 정의해 보죠(이 책에서 함수는 특별히 언급하지 않는다면 미분 가능한 함수로 간주하겠습니다).

다음 그림에서 보는 것처럼 함수(또는 매핑)는 첫 번째 집합의 임의의 한 원소를 두 번째 집합의 오직 한 원소에 대응시키는 **일대일 이항 관계** 또는 **매핑**Mapping **관계**임을 알 수 있습니다.

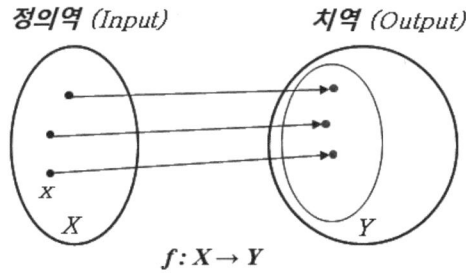

그림 1-11 함수의 개념 또는 매핑

함수는 정의역Domain/Input의 각 원소를 정확히 하나의 공역Codomain 원소에 대응시킵니다. 이러한 y를 $f(x)$라고 표현하며 y들의 집합을 치역Range/Target/Output이라고 합니다. 치역은 공역의 부분 집합이지만 공역보다 작을 수 있습니다.

이를 식으로 표현하면 다음과 같습니다.

$$f : \Re^D \to \Re$$

$$X \to f(X)$$

위 식은 함수 f가 $\Re^D$ 영역으로부터 $\Re$ 영역으로 대응시키는 매핑을, 아래 식은 함수 값 $f(X)$에 입력 X를 분명하게 지정해 주는 것을 의미합니다.

앞서 학습한 벡터의 내적을 이용해 예를 들어보겠습니다. 함수 $f(X) = X^T X, X \in \Re^2$인 경우 다음의 관계가 됨을 알 수 있습니다.

$$f : \Re^2 \to \Re$$

$$X \to f(X) \to x_1^2 + x_2^2$$

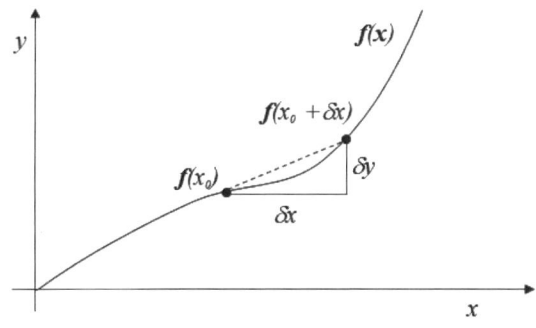

그림 1-12 변화율에 대한 개념

하나의 변수를 가지는 함수 $y = f(x), x, y \in \Re$에 대한 변화율(또는 차분율)로부터 시작해 보죠. **그림 1-12**로부터 변화율Difference Quotient은 다음과 같이 식으로 표현할 수 있습니다.

$$\frac{\delta y}{\delta x} := \frac{f(x + \delta x) - f(x)}{\delta x}$$

이 식은 f가 그래프상에서 두 점 사이를 연결하는 구간선(또는 활선)의 기울기를 계산해 줍니다.

만약 함수 f가 선형함수라면 변화율은 x와 $x + \delta x$ 사이의 평균 기울기 또는 평균 변화율이라고도 말할 수도 있겠죠.

앞의 식에서 $\delta x \to 0$에 접근하는, 즉 아주 작은 값으로 근접할 때를 $\lim\limits_{\delta x \to 0}$이라고 하며 이를 **극한**이라고 합니다.

만약 $\delta x \to 0$일 때 변화율 $\dfrac{\delta y}{\delta x}$에 극한이 존재한다면 그 극한을 함수 $y = f(x)$의 미분 또는 도함수라고 합니다. 여기서 미분 또는 도함수란 **순간 변화율**Instantaneous Rate of Change을 의미합니다.

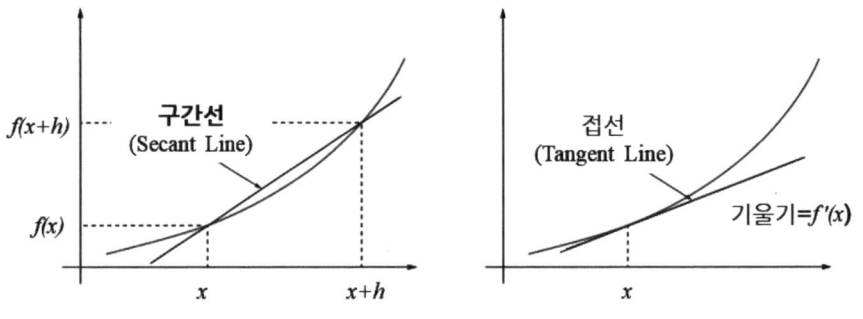

그림 1-13 접선/기울기에 대한 개념

일반적으로 표현하자면 $h > 0$일 때 x에서 함수 f의 미분(또는 도함수)은 극한으로 표현할 수 있고, 이때 구간선Secant Line은 접선Tangent Line이 됩니다.

$$\frac{dy}{dx} := \lim_{h \to 0} \frac{f(x+h) - f(x)}{h}$$

함수 f의 미분(또는 도함수)은 함수 f의 방향이 가장 가파른 상승 방향Steepest Ascent임을 말해줍니다.

끝으로 **미분 규칙**Differentiation Rules을 알아보겠습니다. 이 규칙은 변수가 2개 이상인 함수를 하나의 변수에 대해서 미분을 취하는 편미분에도 동일하게 적용됩니다.

상수	$c \to 0$
스칼라곱	$cf \to c\dfrac{dy}{dx}$
N승(Power Rule)	$x^n \to nx^{n-1}$
덧셈법칙	$f + g \to \dfrac{df}{dx} + \dfrac{dg}{dx}$
곱셈법칙	$fg \to f\dfrac{dg}{dx} + \dfrac{df}{dx}g$
연쇄법칙(Chain Rule)	$f(g(x)) \to \dfrac{df(g(x))}{dg(x)}\dfrac{dg(x)}{dx}$

기울기

이어서 함수 f가 하나 이상의 변수에 $x \in \Re^2$ 의존하는 경우를 살펴보겠습니다. 여러 개의 변수를 가진 함수의 미분에 대한 일반화가 바로 **기울기**Gradient입니다. 즉, 다음 식과 같이 각 변수에 따라 일차 편미분 값으로 구성되는 벡터임을 알 수 있습니다. 이 벡터는 함수 f의 값이 가장 가파르게 증가하는 방향을 나타내며 이 벡터의 크기는 **증가하는 벡터의 가파른 정도**기울기를 나타냅니다.

다른 변수들은 고정한 채로 한 번에 하나의 변수에 대해서만 미분을 취함으로써 함수 f의 기울기를 구하는 것입니다. 이 기울기가 바로 편미분한 값들의 집합입니다. 함수 $f : \Re^n \to \Re, x \to f(x)$는 n개의 변수 $x_1, x_2, \cdots, x_n$을 가진 $x \in \Re^2$에 대해서 다음과 같이 편미분을 정의합니다.

$$\frac{\partial f}{\partial x_1} := \lim_{h \to 0} \frac{f(x_1+h, x_2, ..., x_n) - f(x)}{h}$$

$$\frac{\partial f}{\partial x_2} := \lim_{h \to 0} \frac{f(x_1, x_2+h, ..., x_n) - f(x)}{h}$$

$$\vdots$$

$$\frac{\partial f}{\partial x_n} := \lim_{h \to 0} \frac{f(x_1, x_2, ..., x_n+h) - f(x)}{h}$$

이 편미분 항목을 하나의 행 벡터로 묶을 수 있고 이것을 기울기라고 부릅니다.

$$\nabla_x f = grad\ f = \frac{df}{dx} = \left[\frac{\partial f(x)}{\partial x_1} \frac{\partial f(x)}{\partial x_2} \cdots \frac{\partial f(x)}{\partial x_n} \right] \in \Re^{1 \times n}$$

이해를 돕기 위해 함수 $f(x_1, x_2) = 3\sin(x_1)x_2^2 + 5x_1^2 \cos(x_2) \in \Re$ 에서 x_1과 x_2에 대한 함수 f의 미분인 편미분을 계산해 보겠습니다.

$$\frac{\partial f(x_1, x_2)}{\partial x_1} = 3\cos(x_1)x_2^2 + 10x_1 \cos(x_2)$$

$$\frac{\partial f(x_1, x_2)}{\partial x_2} = 6\sin(x_1)x_2 - 5x_1^2 \sin(x_2)$$

그렇게 되면 함수 f에 대한 기울기는 다음과 같습니다.

$$\frac{df}{dx} = \left[\frac{\partial f(x_1, x_2)}{\partial x_1} \quad \frac{\partial f(x_1, x_2)}{\partial x_2} \right]$$
$$= \left[3\cos(x_1)x_2^2 + 10x_1 \cos(x_2) \quad 6\sin(x_1)x_2 - 5x_1^2 \sin(x_2) \right] \in \Re^{1 \times 2}$$

자코비안 행렬

자코비안 행렬Jacobian Matrix은 벡터 함수의 일차 편미분한 기울기 벡터Gradient Vector의 집합체로, 딥러닝 모델의 입·출력 동작을 분석하는 유용한 도구입니다.

여기서 모든 벡터는 $n \times 1$ 열 벡터라고 가정해 보겠습니다.

$$X = \begin{bmatrix} x_1 \\ x_2 \\ \vdots \\ x_n \end{bmatrix}$$

그리고 $y = f(X)$는 m개의 스칼라 함수로 구성된 벡터고 각 벡터는 n개의 벡터를 가지고 있다고 가정하겠습니다.

$$y_1 = f_1(X)$$
$$y_2 = f_2(X)$$
$$\vdots$$
$$y_m = f_m(X)$$

앞에서도 언급했지만, 자코비안 행렬은 $m \times n$ 편미분들의 집합체(m개의 행과 n개의 열)입니다. 즉, 벡터 X에 관한 m개의 기울기를 쌓은 것으로 보면 됩니다.

$$\frac{\partial y}{\partial x} = \begin{bmatrix} \nabla f_1(X) \\ \nabla f_2(X) \\ \vdots \\ \nabla f_m(X) \end{bmatrix} = \begin{bmatrix} \frac{\partial}{\partial X} f_1(X) \\ \frac{\partial}{\partial X} f_2(X) \\ \vdots \\ \frac{\partial}{\partial X} f_m(X) \end{bmatrix} = \begin{bmatrix} \frac{\partial}{\partial x_1} f_1(X) & \frac{\partial}{\partial x_2} f_1(X) & \cdots & \frac{\partial}{\partial x_n} f_1(X) \\ \frac{\partial}{\partial x_1} f_2(X) & \frac{\partial}{\partial x_2} f_2(X) & \cdots & \frac{\partial}{\partial x_n} f_2(X) \\ \vdots & \vdots & & \vdots \\ \frac{\partial}{\partial x_1} f_m(X) & \frac{\partial}{\partial x_2} f_m(X) & \cdots & \frac{\partial}{\partial x_n} f_m(X) \end{bmatrix} \in \Re^{m \times n}$$

각 $\frac{\partial f_i(X)}{\partial x}$는 길이가 $n = |X|$인 벡터 X에 관해서 편미분한 것으로 n개의 수평 벡터입니다.

신경회로망에서 Neural Networks 자코비안 행렬은 $n \times w$ 행렬로 구성되어 있으며 n은 학습 데이터 세트의 수이며, w는 신경회로망의 인자 수입니다. 여기서 신경회로망의 인자는 가중치 Weights 와 편향 Biases 를 의미합니다. 자코비안 행렬은 각 가중치에 대해 각각의 출력을 편미분함으로써 얻을 수 있습니다.

이제까지 미분과 기울기 등에 대해서 배웠습니다. 이제 확률과 통계의 장으로 넘어갈 텐데요. 사실 최근에는 잘 만들어진 딥러닝 프레임워크 Framework 가 많을 뿐만 아니라 소스 코드까지 공개되어 있어 딥러닝을 잘 몰라도 누군가 만들어 둔 데이터와 소스 코드를 이용해 재미있는 결과를 만들 수 있습니다.

그런데도 굳이 확률과 통계를 알아야 한다는 게 불필요하게 느껴질 수 있습니다. 하지만 딥러닝 학습 알고리즘이 데이터의 확률론적 가정에 기초하기 때문에 데이터의 기본인 확률과 통계에 대한 지식은 필요합니다. 또 확률과 통계에 대한 표기법을 알면 딥러닝 관련 논문과 같은 자료를 읽고 새로운 딥러닝 기법을 익히는 데도 많은 도움이 되죠. 그럼 본격적으로 확률과 통계로 넘어가 보겠습니다.

1.4 확률과 통계

확률과 통계가 필요한 이유

딥러닝의 가장 큰 목적 중 하나는 입력 데이터를 사용해 통계학적 연산을 함으로써 어떤 '추론' 이나 '예측'을 하고 어떤 로직에 따라 확률을 계산하고 또 분류하는 것입니다.

우리는 불확실한 세상에 살고 있습니다. 확률 이론은 이러한 불확실성을 다루고 정량화하는 규칙을 제공합니다. 비록 정보가 불완전하거나 모호할지라도 주어진 정보 안에서 최적의 '추론'이나 '예측'을 가능하게 하죠. 심지어 사건의 불확실한 사실에서, 불확실한 정도에 대한 값도 제공합니다.

이것이 우리가 확률과 통계를 배워야 하는 이유입니다. **딥러닝 학습 알고리즘이 데이터의 확률론적 가정에 기초**하기 때문이죠.

쉽게 말해, 딥러닝이 스스로 생각해서 문제의 해결책을 제시하는 것이 아니라 학습을 통해 결과를 도출할 때 '확률적으로 가장 근사한 값'을 제시한다고 보면 됩니다. 즉, **불확실함 속에서 확률적으로 가장 유사한 것을 예측하는 것**이죠.

그래서 딥러닝을 학습하는 방법이나 학습을 통해 어떻게 결과가 도출되는가를 이해하기 위해서는 확률과 통계에 대한 기본 지식이 필요합니다. 자, 이제 확률과 통계가 왜 중요한지를 알았으니 확률과 통계에 대해 하나씩 살펴보겠습니다.

▎확률과 확률 변수

확률은 개연성Probability을 의미하기도 하지만 때로는 무작위우연성, Randomness를 의미하기도 합니다. 확률, 확률 분포, 확률 함수에서의 '확률'은 개연성을 의미하고, 확률적 혹은 확률 변수에서의 '확률'은 무작위를 의미합니다.

'개연성'을 뜻하는 확률은 어떤 현상이나 사건이 발생할 가능성을 표현한 수치고 '무작위'를 뜻하는 확률은 우연적 혹은 무작위적으로 어떤 현상이나 결과가 일어난다는 뜻입니다. 한마디로 불확실성 그 자체죠. 그래서 확률 변수에서 확률이란 우연히 나타나는 결과이지 의도적으로 발생시킨 결과가 아닙니다.

확률은 어떤 사건 또는 결과가 일어날 가능성을 의미하며 확률 변수 x는 발생할 수 있는 모든 결과/사건의 집합인 **표본 공간**Sample Space의 각 원소에 하나의 실수 값을 대응시키는 함수를 의미합니다. 예를 들어, 동전을 던져 앞면 또는 뒷면이 얼마나 나오는가를 측정하는 실험에서 '앞면'이 나왔을 때 해당하는 확률 변수 x는 $x_1 = 0$의 값을 가정하고 '뒷면'이 나왔을 때 해당하는 확률 변수는 $x_2 = 1$의 값을 가정할 수 있습니다. 물론 그 반대도 가능합니다.

확률 변수는 그 값이 이산Discrete 특성이면 **확률의 집합**으로 나타내고, 그 값이 실수의 일정 범위 내에 있다면 **확률 밀도 함수**pdf, Probability Density Function로 나타냅니다.

그럼 **상대 빈도**Relative Frequency**에 따른 확률 정의**를 알아보겠습니다. 어떤 사건 A에 대한 확률 $P(A)$는 다음과 같이 극한으로 표시합니다.

$$P(A) = \lim_{n \to \infty} \frac{n_A}{n}$$

여기서 n은 총 시도한 횟수를, n_A는 사건 A가 일어나는 횟수를 나타냅니다. 하지만, 실제로 n이나 n_A를 무한대로 할 수 없으므로 다음과 같이 표기하기도 합니다.

$$P(A) \approx \frac{n_A}{n}$$

물론 여기서 n이나 n_A는 충분히 큰 수라고 가정합니다. n이나 n_A가 매우 작을 때에는 주의해서 적용해야 합니다.

이어서 **공리적**Axiomatic **확률 정의**, 즉 어떤 증명을 할 필요 없이 올바른 확률 정의를 알아보겠습니다. 어떤 사건 A에 대한 확률 $P(A)$는 그 사건에서 음수가 아닌 양의 값이 됩니다.

$$P(A) \geq 0$$

어떤 사건 **C**가 확실하게 발생하는 경우의 확률 **P(C)**는 1입니다. 일어날 확률이 100%라는 뜻이죠.

$$P(A) = 1$$

만일 두 사건 **A**와 **B**가 동시에 발생하지 않는다면 **A**나 **B**가 일어날 수 있는 확률 **A∪B**는 다음과 같습니다.

$$P(A \cup B) = P(A) + P(B)$$

여기서는 몇 가지 확률의 정의를 살펴봤지만, 이외에도 다른 수많은 정의가 있습니다. 이후에 살펴볼 베이지안 학습Bayesian Learning에서는 확률을 사건에 대한 불확실성의 척도로 간주한 상태에서 시작됩니다.

이산 확률 변수

이산 확률 변수Discrete Random Variables **x**는 유한 집합이거나 셀 수 있는 무한 집합 X로부터 어떤 값이든 취할 수 있습니다. 예를 들어, $\mathrm{x} = x \in X$인 사건에 대한 확률은 다음과 같이 표현합니다.

$$P(\mathrm{x} = x) \text{ 또는 } P(x)$$

여기서 확률 **P(·)**은 **확률질량함수**Probability Mass Function, pmf라고 알려져 있습니다. 이때 확률이 성립하기 위해서는 첫 번째 공리인 $P(A) \geq 0$을 만족해야 합니다. X로부터 2개의 값이 동시에 일어나지 않고 어떤 시도 후에는 하나의 값만 발생한다면, 두 번째와 세 번째 공리는 다음과 같이 하나로 표현할 수 있습니다.

$$\sum_{x \in X} P(x) = 1$$

여기서 집합 X는 표본Sample이나 상태 공간State Space이라고 할 수 있습니다.

결합 및 조건부 확률

결합 확률 Joint Probabilities이란, 두 사건이 동시에 발생할 확률을 뜻합니다. 두 사건 A와 B의 결합 확률이 이뤄질 경우 $P(A, B)$로 표시합니다.

여기서 표본 공간 $X = \{x_1, x_2, \cdots, x_{nx}\}$과 $Y = \{y_1, y_2, \cdots, y_{ny}\}$을 가지고 있는 두 확률 변수 x, y를 예로 살펴보겠습니다.

그리고 상대 빈도에 따른 확률 정의와 n번의 시도를 수행한다고 가정했을 때 X의 각 값은 $n_1^x, n_2^x, \cdots, n_{nx}^x$ 회 발생하고 Y의 각 값은 $n_1^y, n_2^y, \cdots, n_{ny}^y$ 회 발생한다고 가정해 봅시다. 이 경우 다음의 식을 얻을 수 있습니다.

$$P(x_i) \approx \frac{n_i^x}{n}, i = 1, 2, \cdots, n_x, \quad P(y_j) \approx \frac{n_j^y}{n}, j = 1, 2, \cdots, n_y$$

이제 x_i와 y_j가 동시에 일어나는 값들의 횟수를 n_{ij}라고 하면 $P(x_i, y_j)$는 다음과 같이 표현할 수 있습니다.

$$P(x_i, y_j) \approx \frac{n_{ij}}{n}$$

x_i가 일어나는 전체 횟수 n_i^x는 $n_i^x = \sum_{j=1}^{n_y} n_{ij}$이기 때문에 다음 결합 법칙이 성립하게 됩니다.

$$P(x) = \sum_{y \in Y} P(x, y)$$

어떤 사건 **B**가 일어났을 때 사건 **A**가 일어날 확률인 **조건부 확률**Conditional Probability $P(A|B)$는 다음과 같이 표현할 수 있습니다.

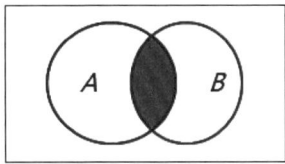

$$P(A|B) = \frac{P(A,B)}{P(B)}, \ P(B) > 0$$

만약 **n**번의 실험/시도 중 두 사건이 동시에 발생한 횟수를 n_{AB} 사건 **B**가 발생한 횟수를 n_B라고 했을 때 이 식을 다시 표현하면 다음과 같습니다.

$$P(A|B) = \frac{n_{AB}}{n} \frac{n}{n_B} = \frac{n_{AB}}{n_B}$$

즉, 사건 **B**가 일어났을 때 사건 **A**의 조건부 확률은 수행된 총 실험 횟수가 아니라 사건 **B**가 발생한 횟수에 대한 사건 **A**가 발생한 횟수의 비를 뜻하는 **상대 도수**Relative Frequency가 됩니다.

조건부 확률에 대한 또 다른 정의로는 **확률에 대한 곱의 법칙**이 있으며 다음과 같이 표현합니다.

$$P(x,y) = P(x|y)P(y) : Product\ Rule$$

이를 결합 및 조건부 확률과 구별하기 위해 확률 $P(\mathbf{x})$와 $P(\mathbf{y})$ **주변 확률**Marginal Probabilities이라고 합니다. 결합 확률을 각 주변 확률의 곱으로 표현할 때를 가리켜 **통계적으로 독립적**Statistically Independent이라고 합니다.

베이즈 정리

최근에 딥러닝의 새로운 강자로 등장하고 있는 것이 베이즈 정리Bayes' Theorem를 바탕으로 한 베이지안 딥러닝Bayesian Deep Learning입니다. 불확실성을 다루는 유일한 딥러닝 기법이라고 해도 과언이 아니죠.

베이즈 정리는 곱의 법칙과 결합 확률에 대한 대칭성Symmetry Property인 $P(x, y) = P(y, x)$와 직접적으로 관련이 있으며 다음과 같이 표현합니다.

$$P(x|y) = \frac{P(x|y)P(y)}{P(x)}, \quad Bayes'Theorem$$

여기서 주변 확률 $P(x)$는 다음과 같이 표현할 수 있습니다.

$$P(x) = \sum_{y \in Y} P(x, y) = \sum_{y \in Y} P(x|y)P(y)$$

$P(x)$는 베이즈 정리의 오른쪽에 있는 분자의 정규화 상수로 생각할 수 있습니다. 즉, $y \in Y$의 모든 가능한 값에 대한 $P(y|x)$의 합은 1이 된다는 것을 뜻합니다.

앞에서도 언급했지만 베이즈 정리는 딥러닝에서 중요한 역할을 하고 있으며 미지의 모수 Unknown Parameters에 대한 값을 예측하기 위해 베이지안 기법을 사용하고 있습니다.

연속 확률 변수

이제 실수 영역 $\Re$에서 값을 취하는 확률 변수를 살펴보도록 하겠습니다. 확률 변수 X가 취할 수 있는 값이 어떤 범위($x_1 < X \leq x_2$) 내에 있는 모든 실수이기 때문에 이 변수는 셀 수 없는 확률 변수가 됩니다.

두 사건 $X \leq x_1$과 $x_1 < X \leq x_2$가 동시에 일어날 수 없는 상호 배타적Mutually Exclusive 관계이기 때문에 다음 식이 성립합니다.

$$P(X \leq x_1) + P(x_1 < X \leq x_2) = P(X \leq x_2)$$

X에 대한 **누적 분포 함수**cdf, Cumulative Distribution Function는 다음과 같이 표현합니다.

$$F_x(x) := P(x \leq X)$$

두 사건은 동시에 일어날 수 없는 상호 배타적 관계이기 때문에 이 두 식으로부터 다음과 같은 식을 얻을 수 있습니다.

$$P(x_1 < X \leq x_2) = F_x(x_2) - F_x(x_1)$$

여기서 F_x는 정의된 구간에서 감소하지 않는 **단조 증가 함수**Monotonically Increasing Function입니다. 또한 이 식은 미분이 가능하기 때문에 X에 대한 **확률 밀도 함수**pdf, Probability Density Function라고 정의할 수 있습니다.

$$P_x(X) := \frac{dF_x(x)}{dx} : pdf, F_x(x) = \int_{-\infty}^{x} P_x(z)dz$$

$$P_x(x_1 < X \leq x_2) = \int_{x_1}^{x_2} P_x(x)dx, F_x(x) = \int_{-\infty}^{x} P_x(z)dz$$

미적분에 익숙한 로직을 사용하면 확률 밀도 함수pdf는 다음과 같이 해석할 수 있습니다. 이 경우 $\Delta x \to 0$이면 확률 또한 0이 됩니다.

$$\Delta P(x < X \leq x + \Delta x) \approx P_x(x)\Delta x$$

$P(-\infty < X < +\infty) = 1$이기 때문에 다음과 같이 표현할 수 있습니다.

$$\int_{-\infty}^{+\infty} P_x(x)dx = 1$$

딥러닝뿐만 아니라 우리 일상에서도 많이 접하고 있는 통계 용어가 있죠. 바로 평균과 분산입니다. 이번엔 평균과 분산에 대해서 알아보도록 하겠습니다.

평균과 분산

확률 변수에서 가장 널리 그리고 가장 유용하게 사용하는 값이 **평균**Mean과 **분산**Variance입니다. 기댓값Expected Value이라고도 부르는 평균값Mean Value은 다음과 같이 표현합니다.

$$\mathbb{E}[x] := \int_{-\infty}^{+\infty} x P(x) dx \quad : 평균값$$

기댓값은 특히 딥러닝 관련 논문과 자료에서 자주 접하게 되므로 평균과 분산의 개념을 명확히 짚고 넘어가는 것이 중요합니다.

이산 확률 변수에서는 적분 기호가 총합의 기호로 대체되어서 기댓값은 다음과 같이 계산할 수 있습니다.

$$\mathbb{E}[x] = m = x_1 p_1 + x_2 p_2 + \cdots + x_n p_n = \sum_{x \in X} x P(x)$$

분산에 대해서 알아보기 전에 먼저 **편차**Deviation를 정의해 보죠. 편차는 어떤 데이터 값과 전체 데이터의 평균과의 차이, 즉 **편차 = 데이터 값 - 평균**입니다. 편차를 단순히 평균으로 취하면 양수와 음수가 혼재하기 때문에 평균은 0이 됩니다. 그래서 분산은 편차를 제곱한 다음에 평균을 취한 것입니다. 분산Variance은 σ_x^2로 표기하고 다음과 같이 식을 세워 계산합니다.

$$\sigma_x^2 := \int_{-\infty}^{+\infty} (x - \mathbb{E}[x])^2 P(x) dx \quad : 분산$$

분산은 하나의 확률 변수에 대해 평균값 주위에서
확률 변수 값들이 퍼진 정도를 나타내는 것입니다.

자, 그럼 평균값을 어떤 함수 $f(x)$에 대해서 정의를 해 보죠.

$$\mathbb{E}[f(x)] := \int_{-\infty}^{+\infty} f(x) P(x) dx$$

2개의 확률 변수 y와 x에 대한 평균값은 어떻게 표현할 수 있을까요? **평균값에 대한 정의와 확률의 곱의 법칙**으로부터 다음 식을 쉽게 얻을 수 있습니다.

$$\mathbb{E}_{x,y}[f(x,y)] = \mathbb{E}_x[\mathbb{E}_{y|x}[f(x,y)]]$$

이어서 확률 변수 x와 y에 대한 **공분산**Covariance과 **상관관계**Correlation에 대해 알아보겠습니다. 확률 변수 x가 변할 때 확률 변수 y는 어떻게 변할까요? 간단합니다. 두 변수 간의 변동을 공분산으로 이해하면 됩니다.

그리고 공분산에 표준 편차를 나누어 주면 그 값이 −1과 +1 사이에 있게 되는데 이것이 바로 **상관계수**Correlation Coefficient가 됩니다. 이를 식으로 표기하면 다음과 같습니다.

$$\text{cov}(x, y) := \mathbb{E}\big[(x - \mathbb{E}[x])(y - \mathbb{E}[y])\big]$$
$$r_{xy} := [xy] = \text{cov}(x, y) + \mathbb{E}[x]\mathbb{E}[y]$$

만약 공분산이 0보다 크면 두 변수는 같은 방향으로 움직이고, 0보다 작으면 서로 다른 방향으로 움직입니다. 만약 공분산이 0이라면 어떤 관계를 가질까요? 공분산이 0이라는 것은 두 확률 변수는 아무 관계가 없는 독립적인 관계라는 뜻입니다.

요약하자면, **공분산은 x의 편차와 y의 편차를 곱한 값의 평균**입니다.

확률 벡터 Random Vector는 요소들이 확률 변수 $X = [x_1, x_2, \cdots, x_l]^T$인 벡터입니다. 결합 **pdf**는 $p(X) = p(x_1, x_2, \cdots, x_l)$ 입니다. 확률 벡터 X의 공분산 행렬Covariance Matrix은 다음과 같이 표현할 수 있습니다.

$$Cov(X) := \mathbb{E}[(X-E[X])(X-E[X])^T]$$

또는

$$Cov(X) = \begin{pmatrix} cov(x_1, x_1) & \cdots & cov(x_1, x_l) \\ \vdots & \ddots & \vdots \\ cov(x_l, x_1) & \cdots & cov(x_l, x_l) \end{pmatrix}$$

마찬가지로 확률 변수 X에 대한 상관관계 행렬Correlation Matrix은 다음과 같이 표현할 수 있습니다.

$$R_x := \mathbb{E}[(XX^T)] : \text{상관관계 행렬}$$

또는

$$R_x = \begin{pmatrix} \mathbb{E}[x_1, x_1] & \cdots & \mathbb{E}[x_1, x_l] \\ \vdots & \ddots & \vdots \\ \mathbb{E}[x_l, x_1] & \cdots & \mathbb{E}[x_l, x_l] \end{pmatrix} = Cov(X) + \mathbb{E}[X]\mathbb{E}[X^T]$$

지금까지 평균과 분산 그리고 공분산과 상관관계의 개념을 알아보았습니다. 다음에는 확률 변수가 함수 형태로 주어졌을 때 어떻게 변환하는지 알아보도록 하겠습니다.

확률 변수의 변환

벡터 변환 $y = f(x)$를 통해 관련된 두 확률 벡터를 x와 y라 가정해 보겠습니다. 그리고 $f : \Re^l \to \Re^l$는 주어진 y에 대해서 $x = f^{-1}(y)$가 유일하게 계산되는 **가역 변환**Invertible Transformation입니다. 예를 들면 $y = f(x) = x^2$이고 $x > 0$이라면 가역 변환 $x = f^{-1}(y) = \sqrt{y}$가 존재함을 알 수 있죠.

x에 대한 결합 **pdf**인 $P_x(x)$가 주어진다면 y에 대한 결합 **pdf**인 $P_y(y)$를 구할 수 있습니다. 변환에 대한 자코비안 행렬은 다음과 같이 정의합니다.

$$J(y;x) = \frac{\partial(y_1, y_2, \cdots, y_l)}{\partial(x_1, x_2, \cdots, x_l)} := \begin{bmatrix} \frac{\partial y_1}{\partial x_1} & \cdots & \frac{\partial y_1}{\partial x_l} \\ \vdots & \ddots & \vdots \\ \frac{\partial y_l}{\partial x_1} & \cdots & \frac{\partial y_l}{\partial x_l} \end{bmatrix}$$

$$P_y(y) := \frac{p_x(x)}{|det(J(y;x))|}\Bigg|_{x=f^{-1}(y)}$$

여기서 $|det(\cdot)|$는 행렬의 판별식Determinant에 대한 절댓값을 나타냅니다. $y = f(x)$와 같이 실수의 확률 변수에 대해서 결합 **pdf**인 $P_y(y)$는 다음과 같이 더 간단하게 정의할 수 있습니다.

$$P_y(y) := \frac{p_x(x)}{\left|\frac{dy}{dx}\right|}\Bigg|_{x=f^{-1}(y)}$$

이 식을 그래프로 그려 보면 더욱 쉽게 이해할 수 있겠죠.

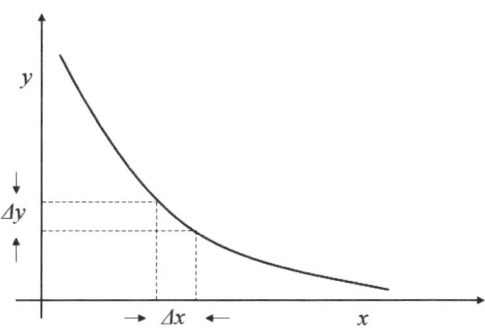

그림 1-14 $\Delta x \,\&\, \Delta y \to 0$

이는 다음의 두 사건이 같은 확률을 가지고 있음을 나타냅니다.

$$P(x < X \leq x + \Delta x) = P(y + \Delta y < Y \leq y), \Delta x > 0, \Delta y < 0$$

그러면 **pdf**에 대한 정의에 따라 다음 식이 성립이 되고 결과적으로 이 식의 변형된 모습임을 알 수 있죠.

$$Py(y)|\Delta y| = Px(x)|\Delta x|$$

이제까지 확률 변수의 변환에 대해 알아보았습니다. 다음은 확률 통계에서 평균과 분산만큼 중요할 뿐만 아니라 딥러닝에서 가장 많이 다루는 확률 분포에 대해서 알아보겠습니다.

확률 분포

확률 분포Probability Distributions는 확률 변수가 취할 수 있는 모든 요소와 그에 대한 확률 값이 어떻게 분포되어 있는지를 알려줍니다. 입·출력 데이터를 이용해 어떤 물리적 특성을 예측하기 위해서 확률을 계산하는데 바로 이 과정에 확률 분포가 필요합니다.

예를 들면, 딥러닝 학습 시 모델에 대한 입·출력과 변수 분포 그리고 모델에 의한 오차 분포에서 확률 분포를 많이 접하게 됩니다. 일반적으로 연속 확률 분포는 수많은 학습 모델을 통해 밀도Density 및 모수 추정Parameter Estimation에 사용합니다.

이산 변수

이산 변수Discrete Variables는 확률 변수 X가 취할 수 있는 값이 유한하기 때문에 **셀 수 있는 확률 변수**라고도 합니다. 예를 들면, 하나의 동전을 두 번 던질 때 앞면이 나오는 횟수처럼 경우의 수가 한정되어 있는 변수로, 여기서는 3가지 분포, 베르누이 분포, 이항 분포 그리고 다항 분포를 하나씩 살펴보겠습니다.

베르누이 분포

어떤 시행이 성공이면 확률 변수 X는 1이 되고 실패하면 확률 변수 X는 0이 되는, 즉 $X = \{0, 1\}$일 때 이 확률 변수를 **베르누이 확률 변수**Bernoulli Random Variable라고 합니다. 딥러닝 학습 시 과적합Overfitting을 방지하기 위해 드롭아웃Dropout 기법을 사용하는데, 이것이 베르누이 분포와 밀접한 관련이 있습니다(과적합에 대해서는 **Chapter 5. 딥러닝 기본기 다지기**에서 자세히 다루도록 하겠습니다).

베르누이 확률 변수로 이뤄진 확률 분포를 **베르누이 분포**Bernoulli Distribution라 하고 그 확률 질량 함수Probability Mass Function, $Bern(x|p)$는 다음과 같습니다.

$$P(x=1) = p,\ P(x=0) = 1-p$$

또는

$$P(x) = Bern(x|p) := p^x (1-p)^{1-x}$$

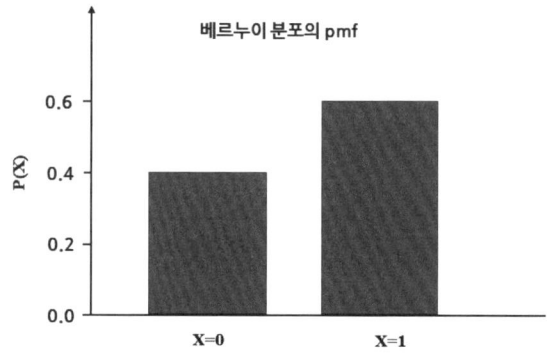

그림 1-15 베르누이 분포의 확률 질량 함수

베르누이 분포에 대한 평균값, $\mathbb{E}[\mathbf{x}]$와 분산 σ_x^2은 다음과 같이 표현할 수 있습니다.

$$\mathbb{E}[\mathbf{x}] = 1 \times p + 0 \times (1-p) = p$$

$$\sigma_x^2 = (1-p)^2 p + p^2(1-p) = p(1-p)$$

이항 분포

성공 확률이 p인 베르누이 시행을 n번 반복했을 때 성공 횟수를 나타내는 확률 변수 $X = \{0, 1, \cdots, n\}$의 분포를 **이항 분포**Binomial Distribution라고 합니다. 이항 분포의 확률 질량 함수, $Bin(k \mid n, p)$는 다음과 같이 표현합니다.

$$P(x=k) := Bin(k \mid n, p) = \binom{n}{k} p^k (1-p)^{n-k}, k = 0, 1, \ldots, n$$

여기서

$$\binom{n}{k} := \frac{n!}{(n-k)!k!}$$

$Bin(k \mid n, p)$를 좀 더 자세히 살펴보죠. $n=1$일 때 $Bin(k \mid n, p)$가 $Bern(x \mid p)$이 되는, 즉 $Bin(k \mid n, p)$는 베르누이 분포 $Bern(x \mid p)$의 일반화된 표현임을 알 수 있죠.

이항 분포에서 확률 질량 함수를 정의할 때 경우의 수를 곱합니다. 그 이유는 베르누이를 여러 번 시행하기 때문입니다. 그래서 각각 해당하는 확률은 독립 시행이기 때문에 서로 연관성이 없으며 모든 경우에 같은 확률을 가지므로 해당되는 모든 확률은 더해야 합니다. 그래서 경우의 수를 곱해주는 것이죠.

이항 분포에서 평균값 $\mathbb{E}[\mathbf{x}]$와 분산 σ_x^2은 다음과 같습니다.

$$\mathbb{E}[\mathbf{x}] = np$$

$$\sigma_x^2 = np(1-p)$$

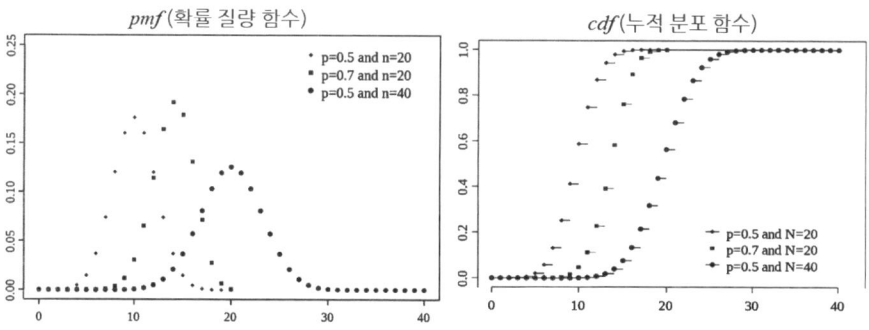

그림 1-16 이항 분포, **pmf** and **cdf** (출처 : Tayste, Wikipedia)

다항 분포

다항 분포 The Multinomial Distribution는 이항 분포를 일반화한 것으로, 3가지 이상의 결과를 가지는 사건의 반복 시행에서 발생하는 확률 분포입니다. 그래서 다항 분포에서 차원이 2인 경우에 이항 분포가 됩니다.

다항 분포는 여러 개의 값을 가질 수 있는 독립 확률 변수들에 대한 확률 분포로, 여러 번의 독립적 시행에서 각 값이 특정 횟수 만큼 나타날 확률을 정의합니다.

어떤 시행에서 **K**가지의 값이 나타날 수 있고 그 값들이 나타날 확률을 각각 $p_1, p_2, \cdots, p_k$라고 할 때 **n**번의 시행에서 **i**번째 값이 x_i회 나타날 확률 밀도 함수 $X \sim Mult(X|n, p)$는 다음과 같습니다.

$$P(\mathrm{x}) = Mult(x|n, P) := \binom{n}{x_1, x_2, \ldots, x_k} \prod_{k=1}^{K} P_k^{x_k}$$

여기서

$$\binom{n}{x_1, x_2, \ldots, x_k} := \frac{n!}{x_1! x_2! \ldots x_k!}$$

변수 $x_1, x_2, \cdots, x_k$ 는 다음의 2가지 제약 조건이 적용됩니다.

$$\sum_{k=1}^{K} X_k = n \text{ and } \sum_{k=1}^{K} P_k = 1$$

다항 분포에서 평균값 $\mathbb{E}[\mathbf{x}]$와 분산 σ_x^2 그리고 공분산 $\mathrm{cov}(x_i, x_j)$는 다음과 같이 표현합니다.

$$\mathbb{E}[\mathbf{X}] = nP$$

$$\sigma_x^2 = nP_k(1 - P_k), k = 1, 2, \cdots, k$$

$$\mathrm{cov}(x_i, x_j) = -nP_i P_j, i \neq j$$

다항 분포와 이항 분포의 공통점은 독립적으로 시행된다는 것이며, 차이점은 베르누이 시행이 아니라는 것입니다. 다항 분포에서는 베르누이 시행 대신 다항 시행을 다룹니다. 즉, 베르누이 시행처럼 시행 결과가 2가지 중 하나가 아니라 K개 중의 하나라는 뜻입니다. 따라서 원하는 범주에 대한 확률을 계산할 때 다항 분포를 이용합니다.

지금까지 이산 변수에 대한 3가지 분포(베르누이 분포, 이항 분포, 다항 분포)를 살펴보았습니다. 이산 변수는 그야말로 동전을 던지는 것처럼 경우의 수가 한정되어 있는 것을 의미하는 반면 연속 변수는 정해진 구간 내에서 연속적인 경우의 값을 가진다는 점이 다릅니다. 그럼 연속 변수에 해당하는 분포에 대해 살펴보겠습니다.

연속 변수

연속 변수Continuous Variables는 확률 변수 X가 취할 수 있는 값이 정해진 구간에서 모든 실수로 무한하기 때문에 **셀 수 없는 확률 변수**라고도 합니다. 예를 들면, 자동차의 수명을 시간으로 나타내는 변수를 들 수 있습니다. 자동차의 수명을 나타낼 때 '12년에서 16년 사이'라는 식으로 연속된 구간 내에 있다고 표현합니다. 이와 같이 연속 변수는 연속적으로 경우의 값을 가지는 변수로, 균일 분포, 감마 분포, 지수 분포 등 다양한 분포가 있는데요. 하나씩 자세히 살펴보겠습니다.

균일 분포

균등 분포라고도 불리는 **균일 분포**Uniform Distribution는 말 그대로 균일함을 뜻합니다. 가령 폐구간 $[a, b]$ 내의 모든 구간에서 같은(균등한) 크기의 확률을 가질 때 균일 확률 변수 x의 확률 밀도 함수는 다음과 같이 표현할 수 있습니다.

$$p(x) = \begin{cases} \dfrac{1}{b-a}, & \text{if } a \leq x \leq b \\ 0, & \text{elsewhere} \end{cases}$$

균일 분포에서 평균값 $\mathbb{E}[\mathbf{x}]$와 분산 σ_x^2은 다음과 같습니다.

$$\mathbb{E}[\mathbf{x}] := \frac{a+b}{2}, \sigma_x^2 := \frac{1}{12}(b-a)^2$$

참고로 균일 분포는 이산 변수에서도 가능합니다. 균일 분포에서 모든 확률의 합은 1이므로 폐구간 $[a,b]$ 사이의 모든 확률의 합은 1이 되어야 합니다. 다음 그림에서 보는 것처럼 **x**선 위에 있는 사각형의 가로 세로 길이는 각각 $b-a$와 $\frac{1}{b-a}$가 되기 때문입니다.

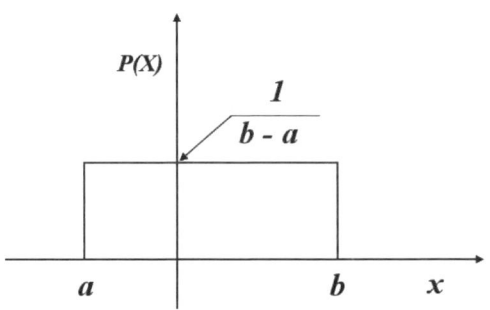

그림 1-17 균일 분포에서의 pdf

가우시안/정규/표준 분포

평균이 μ이고 표준 편차가 σ^2인 연속확률 단일 변수 **x**를 다음 확률 밀도 함수 $\mathbf{x} \sim N(\mu, \sigma^2)$로 표현하는 것을 가리켜 **가우시안 분포**Gaussian/Standard 또는 **정규 분포**Normal Distribution라고 합니다.

가우시안 분포는 연속 변수 분포 중 가장 널리 알려진 분포로, 변수의 엔트로피Entropy를 최대화하는 분포입니다.

$$p(\mathbf{x}) = \frac{1}{\sqrt{2\pi}\sigma} \exp\left(-\frac{(\mathbf{x}-\mu)^2}{2\sigma^2}\right)$$

이 식에서 해당되는 평균과 분산은 다음과 같습니다.

$$\mathbb{E}[\mathbf{x}] = \frac{1}{\sqrt{2\pi}\sigma} \int_{-\infty}^{+\infty} \mathbf{x}.\exp\left(-\frac{(\mathbf{x}-\mu)^2}{2\sigma^2}\right)d\mathbf{x}$$

$$= \frac{1}{\sqrt{2\pi}\sigma} \int_{-\infty}^{+\infty} (y+\mu).\exp\left(-\frac{y^2}{2\sigma^2}\right) dy = \mu$$

$$\sigma_x^2 = \sigma^2$$

벡터 변수 $X \in \Re^l$인 가우시안 분포의 일반적인 형태인 **다변량 가우시안 분포** $x \sim N(x|\mu,\Sigma)$는 다음과 같습니다.

$$p(\mathbf{x}) = \frac{1}{\sqrt{2\pi|\Sigma|}} \exp\left(-\frac{1}{2}(\mathbf{x}\text{-}\mu)^T \Sigma^{-1}(\mathbf{x}-\mu)\right)$$

여기서 $\mathbb{E}[\mathbf{x}] = \mu$, $Cov(\mathbf{x}) = \Sigma$ 그리고 $|\cdot|$는 행렬의 판별식입니다. 한 가지 특이한 점은 공분산 행렬이 대각 행렬Diagonal Matrix이라면 다변량 가우시안 분포는 다음과 같이 표현할 수 있다는 것입니다.

$$p(\mathbf{x}) = \prod_{i=1}^{l} \frac{1}{\sqrt{2\pi}\sigma_i} \exp\left(-\frac{1}{2}\frac{(x_i - \mu_i)^2}{\sigma_i^2}\right) = \prod_{i=1}^{l} p(x_i)$$

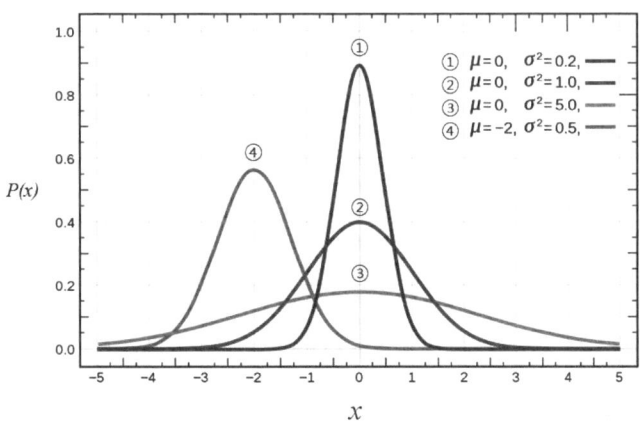

그림 1-18 가우시안 pdf (출처 : Wikipedia)

가우시안 분포의 중요한 특징 중 하나가 바로 **중심 극한 정리**Central Limit Theorem입니다. 이것은 확률 이론과 통계학에서 가장 기본적인 원리 중에 하나이며, 가우시안 분포가 얼마나 큰 역할을 하는지를 알 수 있는 부분이죠.

이는 **표본의 크기가 커질수록 표본 평균의 분포는 모집단의 분포 모양과 관계없이 정규 분포에 가까워진다**는 것이죠. 이때 표본 평균의 평균은 모집단의 모 평균과 같고, 표준 편차는 모집단의 모 표준 편차를 표본 크기의 제곱근으로 나눈 것과 같습니다.

또한 평균값 μ_i, 분산 σ_i^2, $i=1, 2, \cdots, N$을 가지는 자체 분포를 따르며 N개의 상호 독립적인 확률 변수가 있다면, 이에 대한 합으로 확률 변수를 생각할 수 있습니다.

$$x = \sum_{i=1}^{N} x_i$$

그렇다면 새로운 변수에 대해서 평균값과 분산은 다음과 같이 정의할 수 있겠죠.

$$\mu = \sum_{i=1}^{N} \mu_i, \text{ and } \sigma^2 = \sum_{i=1}^{N} \sigma_i^2$$

만약 $N \to \infty$ 일 때 정규화된 변수의 분포는 다음과 같고 **표준 정규 분포**Standard Normal Distribution를 따르며 *pdf*는 다음과 같습니다.

$$z = \frac{x - \mu}{\sigma} = p(z) \underset{N \to \infty}{\to} \mathcal{N}(z \mid 0, 1)$$

중심 극한 정리를 좀 더 쉽게 이해할 수 있도록 **그림 1-19**를 통해 동전을 던진 횟수에 따라 표준 정규 분포가 어떻게 변하는지 살펴보겠습니다.

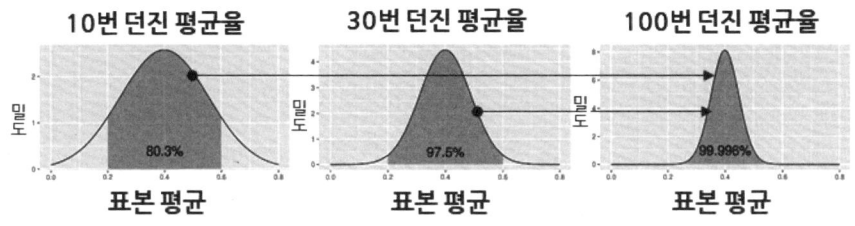

그림 1-19 동전을 던지는 횟수를 늘릴수록 표준 정규 분포가 되는 모습 (출처 : bookdown.org)

동전을 던지는 횟수가 늘어날수록 분포가 표준 정규 분포에 점점 가까워지고 있음을 알 수 있죠.

정리하자면, 중심 극한 정리는 표본 평균들이 이루는 표본 분포와 모집단 간의 관계를 증명할 수 있으며 수집한 표본의 통계량을 이용해 모집단의 모수를 추정하기 위한 확률적 근거를 제공합니다. 무척 중요한 역할을 하고 있죠.

감마 분포

감마 분포Gamma Distribution는 연속 확률 분포로, 2개의 매개변수를 가집니다. 만약 확률 밀도 함수 $x \sim Gamma(x|a,b)$가 다음과 같고 2개의 양수인 파라미터 a, b라면 확률 변수는 감마 분포라고 할 수 있습니다.

총 a번의 사건이 발생할 때까지 걸리는 시간에 대한 확률 분포로 더 자세히 살펴보겠습니다. 여기서 b는 **포아송 분포**Poisson Distribution의 모수와 비슷한 역할을 합니다.

$$p(x) = \begin{cases} \dfrac{b^a}{\Gamma(a)} x^{a-1} e^{bx}, & if\ x > 0 \\ 0, & otherwise \end{cases}$$

이 식에서 *a*는 **형태 모수**Shape Parameter, *b*는 **척도 모수**Scale Parameter입니다. 0부터 1까지 모수를 가지는 베이지안 방법으로 추정하는 베타 분포와 달리 감마 분포는 0부터 ∞ 사이의 양수 값을 추정합니다. 감마 분포의 평균과 분산은 다음과 같이 표현할 수 있습니다.

$$\mathbb{E}[\mathbf{x}] = \frac{a}{b}, \quad \sigma_x^2 = \frac{ab}{b^2}$$

모수를 변화시킴으로써 다양한 모양의 감마 분포를 얻을 수 있죠. 만약 $a < 1$ 이면 이는 분명하게 감소함을 알 수 있고 만약 $x \to 0$ 이면 $p(x) \to \infty$ 그리고 $x \to \infty$ 이면 $p(x) \to 0$ 이 됩니다. 그림 1-20을 보면 a가 1일 때 지수 분포가 됨을 알 수 있습니다.

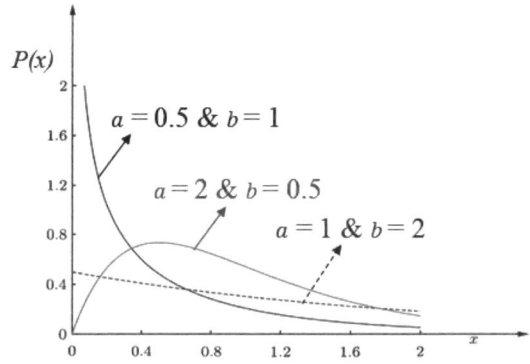

그림 1-20 감마 분포

그외 일정한 강도의 방사능에 노출된 생물체의 생존 기간이 한 달 이상일 확률을 구하려는 문제를 감마 분포의 예로 들 수 있습니다.

지수 분포

지수 분포 Exponential Distribution는 연속 확률 분포 중 하나로, 사건이 서로 독립적일 때 정해진 시간 동안 발생하는 사건의 횟수가 포아송 분포를 따른다면, 다음 사건이 일어날 때까지 대기 시간은 지수 분포를 따릅니다. 즉, 확률 밀도 함수가 다음과 같이 정의되고, 빈도를 나타내는 모수인 λ가 $\lambda > 0$일 때 확률 변수는 지수 분포가 됩니다.

$$p(x) = \begin{cases} \lambda \exp(-\lambda x), & if\ x \geq 0 \\ 0, & otherwise \end{cases}$$

여기에 대한 평균값과 분산은 다음과 같이 정의할 수 있습니다.

$$\mathbb{E}[\mathbf{x}] = \frac{1}{\lambda},\ \sigma_x^2 = \frac{1}{\lambda^2}$$

지수 분포는 감마 분포에서 $a = 1$일 때와 같이 특수한 경우에 해당됩니다. 다음 그림은 빈도를 나타내는 모수인 λ값에 따른 지수 분포에 대한 그래프를 보여주고 있습니다.

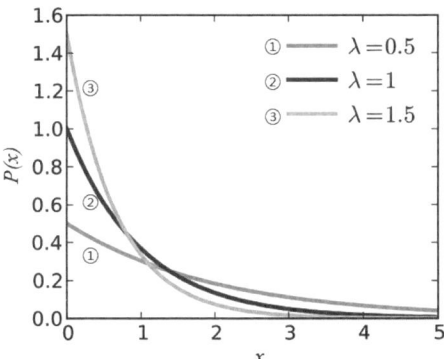

그림 1-21 지수 분포 (출처 : Wikipedia)

여기서 확률 변수 *x*가 커질수록 그 확률은 점점 작아지고 있음을 알 수 있습니다. 시간이 지날수록 확률이 작아진다는 뜻이죠. 이런 경우는 시간이 흐를수록 고장나지 않을 확률이 줄어드는 전자제품이나 자동차 등을 예로 들 수 있겠죠.

베타분포

만약 확률 밀도 함수 $x \sim Beta(x|a,b)$가 다음과 같고 2개의 양수인 파라미터 a, b라면 확률 변수 $x \in [0,1]$은 베타 분포Beta Distribution라고 할 수 있습니다. 여기서는 a, b 두 변수를 자유롭게 변경함으로써 다양한 분포를 얻을 수 있습니다.

$$p(x) = \begin{cases} \frac{1}{B(a,b)} x^{a-1}(1-x)^{b-1}, & if\ 0 \leq x \leq 1 \\ 0, & otherwise \end{cases}$$

베타 함수 $B(a, b)$와 베타 분포에 대한 평균값과 분산은 다음과 같습니다.

$$B(a,b) = \int_0^1 x^{a-1}(1-x)^{b-1} dx$$

$$\mathbb{E}[\mathbf{x}] = \frac{a}{a+b}, \quad \sigma_x^2 = \frac{ab}{(a+b)^2(a+b+1)}$$

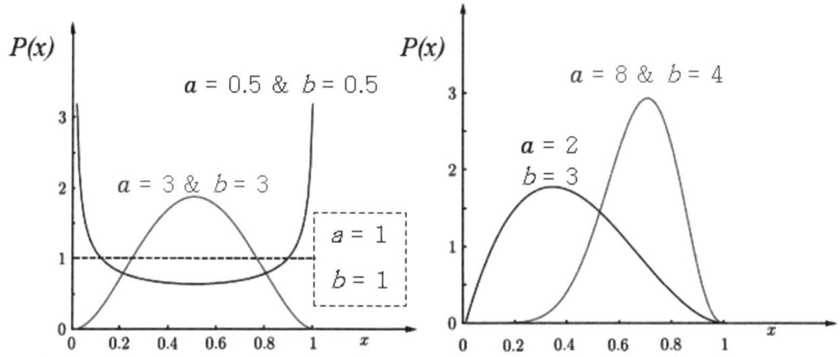

그림 1-22 베타 분포

더 나아가 베타 함수 $B(a, b)$와 감마 함수 $\Gamma(\cdot)$는 다음과 같이 정의할 수 있습니다.

$$B(a,b) = \frac{\Gamma(a)\Gamma(b)}{\Gamma(a+b)}, \quad \Gamma(a) = \int_0^\infty x^{a-1}e^{-x}dx$$

연속 변수에서의 확률 분포 중 하나인 베타 분포의 가장 큰 특징은 앞서 설명한 것처럼 확률 변수의 값이 [0, 1] 사이의 값을 가진다는 것입니다. 확률 밀도 함수에서 [0, 1] 사이의 임의의 값을 가지고 나머지는 0을 취하는 것을 알 수 있습니다.

이와 같은 분포 중 가장 잘 알려진 것이 0과 1 사이의 값을 동일한 확률로 갖는 균일 분포균등 분포입니다. 베타 분포는 균일 분포를 일반화해 해석하면 됩니다.

다리클레 분포

연속 확률 분포의 하나인 **다리클레 분포**Dirichlet Distribution는 연속 확률 분포의 하나로, 0과 1 사이의 값을 가지는 다변수 확률 변수의 베이지안 모형에 사용됩니다. 다리클레 분포는 k차원의 실수 벡터 중 벡터의 요소는 양수며, 모든 요소를 더한 값이 1인 경우 확률값이 정의되는 분포입니다.

$\boldsymbol{x} = \{x_1, x_2, \cdots, x_k\}^T$를 다음과 같은 요소들을 가지는 확률 벡터라 가정해 보죠.

$$0 \le x_k \le 1, k = 1, 2, ..., K, \quad and \quad \sum_{k=1}^{K} x_k = 1$$

만약 확률 밀도 함수 $\boldsymbol{x} \sim Dir(x|a)$가 다음과 같고 파라미터 $\boldsymbol{a} = \{a_1, a_2, \cdots, a_k\}^T$이면 확률 벡터 x를 다리클레 분포라고 합니다.

$$p(x) = \mathrm{Dir}(x|a) := \frac{\Gamma(\bar{a})}{\Gamma(a_1)...\Gamma(a_k)} = \prod_{k=1}^{K} x_k^{a_k - 1}$$

여기서 $\bar{a}$는 다음과 같이 표현합니다.

$$\bar{a} = \sum_{k=1}^{K} a_k$$

여기에 포함된 확률 변수에 대한 평균값, 분산 그리고 공분산은 다음과 같습니다.

$$\mathbb{E}[\mathbf{x}] = \frac{b}{\bar{a}}a, \quad \sigma_x^2 = \frac{a_k(\bar{a}-a_k)}{\bar{a}^2(\bar{a}+1)}, \quad cov(x_i, x_j) = -\frac{a_i a_j}{\bar{a}^2(\bar{a}+1)}$$

다음 **그림 1-23**에서 첫 번째 (a)를 예로 들어 보겠습니다.

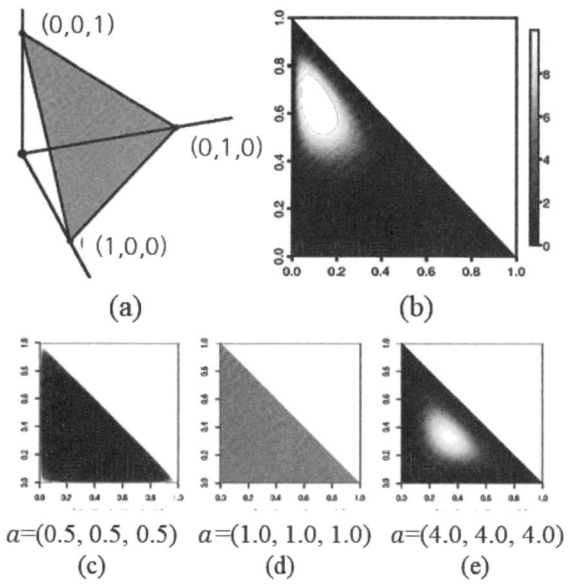

Support of the Dirichlet Distribution, (b) 확률 분포, (c, d, e) 서로 다른 a 값에 따른 전형적인 확률 분포

그림 1-23 3D 다리클레 분포 (출처 : 츠바사 히라카와 외 7명, Researchgate.net, 2016)

x, y, z가 양의 무작위 수일 때 항상 $x + y + z = 1$을 만족하려면 모든 경우가 균등하게 나와야겠죠. 이 문제는 K가 3이고 $a_1 = a_2 = a_3$인 디리클레 분포의 특수한 경우입니다. 따라서 3차원 공간에서 (1, 0, 0), (0, 1, 0), (0, 0, 1) 의 세 점을 연결하는 정삼각형 면 위의 점을 생성하는 문제라고 할 수 있습니다.

디리클레 분포는 주로 주문 통계의 분포 기능을 도출하거나 생물학에서 여러 개별 집단의 법의학적 일치 확률을 계산하는 데 사용됩니다. 또 미국의 메이저 리그 야구 선수의 기량이나 소비자 구매 행동을 모델링하는 데도 사용됩니다.

Chapter 02 유사도 척도로 딥러닝 학습 접근하기

유사도 척도Similarity Measures란 말 그대로 두 가지 이상의 데이터가 얼마나 유사한지, 즉 얼마나 같은지를 보여주는 척도라고 보면 됩니다. 어느 분야든 데이터 간 유사도를 측정하는 것은 중요하지만, 딥러닝에서는 특히 중요도가 높고 꼭 거쳐야 하는 과정 중 하나입니다. 군집화Clustering나 분류Classification의 기초가 되기 때문이죠.

예를 들어, 받은 메일함에서 광고 메일을 스팸으로 분류하고자 할 때 어떻게 서버에 도착한 메일을 자동으로 분류할 수 있을까요? 이때 쓰이는 것이 바로 유사도입니다. 사용자가 특정 메일을 스팸으로 지정하면 그 메일들과 유사도가 높은 메일을 스팸으로 분류하는 것입니다.

최근 우리 일상 생활에서 많이 접하고 있는 스트리밍 서비스 중 영상 추천 엔진Recommendation Engines도 유사도 척도에 기초를 두고 있습니다.

4차 산업혁명 시대에 접어든 요즘 산업체에서 각광받고 있는 분야 중 하나가 설비 예지 보수/보전이나 고장 예측 진단입니다. 정상 상태와 이상 상태 데이터 간의 유사도를 측정하는 방식으로 말이죠. 데이터로부터 비정상 상태를 측정하는 기초 기술이 유사도 측정이기 때문입니다.

이 유사도 측정은 주관적이기 때문에 적용하고자 하는 응용 분야의 지식인 **도메인 지식**Domain Knowledge에 의존적입니다. 도메인 지식이 없다면 유사도 측정 결과가 의미하는 것을 해석하는 데 어려움이 있기 때문이죠.

일반적으로 유사도는 0과 1 사이, 즉 [0, 1] 범위 내에서 측정되며 때로는 각 측정 요소 간에 상대적인 측정치를 정규화(또는 일반화)하는 과정이 필요할 수 있습니다. 여기에 대한 자세한 내용은 **Chapter 4. 딥러닝 학습에 필요한 데이터 전처리**에서 다루고 이번 장에서는 유사도 척도에 대해 자세히 살펴보겠습니다.

2.1 유클리디안 거리

유클리디안 거리Euclidean Distance는 쉽게 설명하면 점과 점 사이의 거리를 구하는 공식입니다. 이를 이용해 유사도를 측정하기 때문에 **유클리디안 유사도**Euclidean Similarity라고도 부르죠.

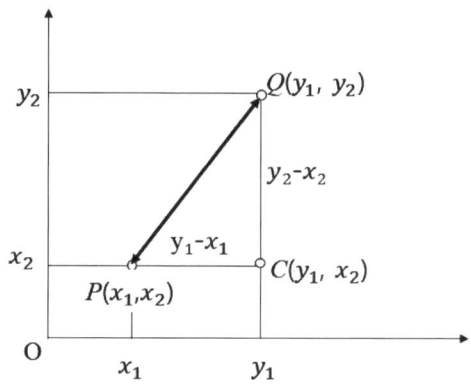

그림 2-1 두 점 P와 Q 사이의 거리

그림 2-1에서 2차원 공간에서의 두 점 $P(x_1, x_2)$과 $Q(y_1, y_2)$사이의 거리, 즉 유클리디안 거리 d는 다음 식으로 계산할 수 있습니다.

$$d_2 = \sqrt{(x_1 - y_1)^2 + (x_2 - y_2)^2}$$

유클리디안 거리는 피타고라스 정리Pythagorean Theorem로 쉽게 구할 수 있겠죠. 이것을 정규화(일반화)해서 n-차원 공간에서의 두 점 사이의 거리를 구한다면 다음과 같이 구할 수 있습니다.

$$d_n = \sqrt{(x_1 - y_1)^2 + (x_2 - y_2)^2 + \ldots + (x_n - y_n)^2}$$

유클리디안 거리는 단순히 주어진 거리만 계산하기 때문에 쉽게 적용할 수 있다는 장점이 있는 반면, **데이터 내에 가장 큰 값을 가진 변수에 크게 좌우된다는 단점**이 있습니다. 이는 어떤 한 측정값이 데이터 군집에 대한 분포와 얼마나 가까운지 설명하기가 어려워지기 때문입니다.

또 유클리디안 거리는 거리 기반 유사도 측정 방식이므로 DNA나 건강 심리학 분석에는 유용하지만, 영상 데이터 처리에는 비효율적입니다. 이처럼 여러 유사도 척도 기법에 따라 각각의 장단점이 있으므로 적용하고자 하는 응용 분야에 어떤 기법이 적합한지 분석하는 것도 매우 중요합니다.

2.2 마할라노비스 거리

앞서 살펴본 유클리디안 거리로 다음 그림과 같은 문제를 해결한다고 가정해 보죠. 평균인 A와 두 점 B, C 중 어느 점이 A와 더 가까울까요? 이때 한 가지 문제점을 발견할 수 있을 것입니다.

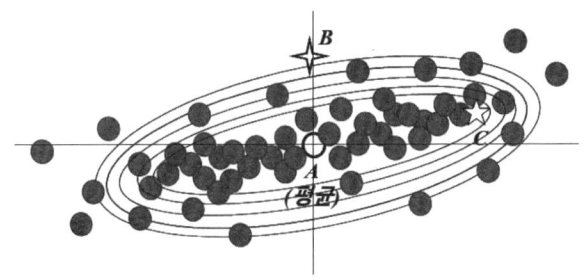

그림 2-2 데이터의 분포와 평균에 대한 개념도 (출처 : SAS)

유클리디안 거리(파란 원)만으로 문제에 접근하면 B가 더 가깝습니다. 그러나 확률 분포를 살펴보면 C가 평균 A에 더 가까이 있을 확률이 높습니다. 유클리디안 거리가 가지고 있는 이 문제점을 어떻게 해결할 수 있을까요?

인도의 수학자 마할라노비스Mahalanobis는 이 문제를 해결하기 위해 두 벡터 x와 y 사이의 거리를 구하는 공식을 다음과 같이 세웠습니다.

$$d_M(x, y) = \sqrt{(x-y)^T \Sigma^{-1} (x-y)}$$

이를 가리켜 마할라노비스 거리Mahalanobis Distance라고 합니다. 이 식에서 Σ는 공분산 행렬을 의미합니다. 산포도의 하나인 표준 편차는 데이터가 평균을 중심으로 얼마나 퍼져 있는지를 나타내는 지표이기 때문에 평균으로부터 멀리 떨어져 있으면 표준 편차는 커지고 0에 가까워집니다. 그 이유는 **그림 2-2**와 **그림 2-3**에서 보다시피 확률 밀도Probability Density는 평균 근처에서 가장 높기 때문입니다. 역으로 표준 편차가 크면 평균으로부터 멀리 떨어지기 때문에 0에 가까워지죠.

물론 마할라노비스 거리는 공분산이 1인 단위 행렬이 되면 유클리디안 거리와 동일한 값을 가지게 됩니다.

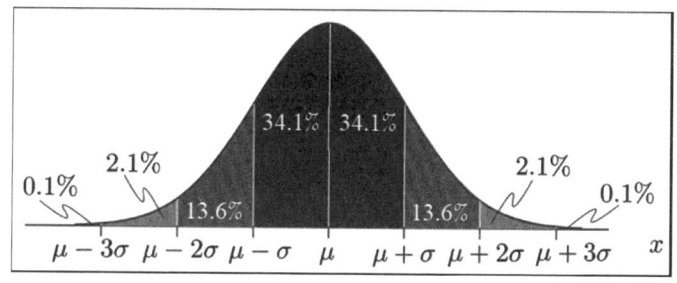

그림 2-3 표준 편차와 확률 분포 (출처 : Naver)

마할라노비스 거리를 구하는 또 다른 방법이 있습니다. 측정치 벡터 $x = \{x_1, x_2, \cdots, x_n\}^T$, $x_n \in \Re$, $n = 1, 2, ..., N$이고 평균값 $\mu = (\mu_1, \mu_2, ..., \mu_n)^T$일 때 다음과 같이 마할라노비스 거리를 구할 수 있습니다. 물론 여기서 Σ는 공분산 행렬을 의미합니다.

$$d_M(x) = \sqrt{(x-\mu)^T \Sigma^{-1} (x-\mu)}$$

앞서 마할라노비스 거리를 구하는 두 식을 살펴보면 공통적으로 공분산으로 나누는 항이 있습니다. 공분산이 어떤 역할을 하는 것일까요? 예를 들어 만약 변수 간 상관관계가 강하다면 공분산 값은 커지고, 거리는 상대적으로 가깝다는 것을 보여 줍니다. 반대로 두 변수 간 상관관계가 낮다면 작은 공분산 값으로 나눈 거리는 많이 줄어들지 않고 상대적으로 더 멀다는 것을 나타내겠죠. 이로써 유클리디안 거리의 단순하다는 단점을 간단하게 해결하고 더 강인한 유사도 측정 방법을 얻은 것입니다.

> 마할라노비스 거리는 평균과의 거리가 표준 편차의 몇 배인지를 나타내
> 값의 이상치를 수치화해서 표현하는 방법입니다.

비록 공분산 값을 구해야 한다는 번거로움이 있긴 하지만, 다변량 이상치 Multivariate Outlier를 찾는 데 탁월한 효과가 있습니다. 덕분에 앞서 언급했듯이 산업체의 설비 예지 보수/보전이나 고장 예측 진단 분야에서 마할라노비스 거리를 많이 이용하고 있습니다. 또한 분류에 기초한 판별이나 패턴 분석에도 많이 적용되고 있습니다. 마할라노비스 거리와 딥러닝이 만나면 훨씬 강력한 도구가 될 것입니다.

2.3 코사인 유사도

Chapter 1. 기초 수학으로 딥러닝 시작하기에서 우리는 두 벡터 X와 Y가 이루는 각도 θ는 $\theta \in [0, \pi]$에서 다음과 같이 표현할 수 있음을 살펴보았습니다.

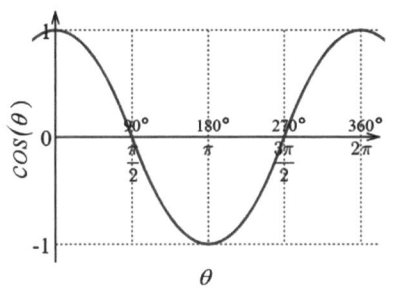 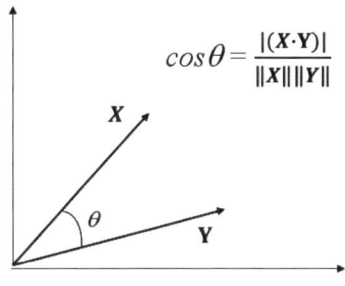

그림 2-4 두 벡터가 이루는 각도

$$\cos\theta = \frac{|(X \bullet Y)|}{\|X\|\|Y\|} \Rightarrow |(X \bullet Y)| = \|X\|\|Y\|\cos\theta$$

즉, 두 벡터 간의 코사인 각도를 이용해 두 벡터 사이의 유사도를 구할 수 있습니다. 두 벡터의 방향이 일치한다면 값으로 1을 갖게 되고 반대 방향(180°)이면 -1을 갖게 되는데 만약 두 벡터가 직각을 이룬다면 0을 가지게 되죠.

코사인 유사도 Cosine Similarity**는 두 벡터 간의 정규화된 내적을 찾아줍니다.** 덕분에 **그림 2-4**에서처럼 두 벡터 사이의 각도에 대한 코사인 값을 계산하여 유사성을 평가할 수 있습니다. 따라서 코사인 유사도는 -1에서 1 사이의 값을 갖게 되는데 1에 가까울수록 유사도가 높다는 것을 뜻합니다. 즉, 두 벡터가 가리키는 방향이 얼마나 유사한가를 보여 주죠. 코사인 유사도는 주로 양의 공간에서 사용되며 그 결과는 [0, 1] 사이에 한정되어 있습니다.

코사인 유사도는 추천 시스템이나 검색 엔진에서 유사도가 높은 것부터 나열해 주는 랭킹 알고리즘과 같은 텍스트 마이닝Text Mining에 강점을 가지고 있습니다.

TF-IDF_{Term Frequency-Inverse Document Frequency}는 정보 검색과 텍스트 마이닝에서 이용하는 가중치로, 문서 내에 수많은 단어 중 특정 단어가 문서나 문장 내에서 얼마나 중요한지를 나타내는 통계적 수치를 나타낼 때도 코사인 유사도를 활용하고 있습니다. TF-IDF라는 글자 순서대로 한 문장이나 문서에 각 단어가 나타나는 빈도/횟수를 나타낸 후_{TF} 각 단어에 대한 가중치를 부여합니다_{IDF}. 그런 다음 마지막으로 코사인 유사도를 이용해 평가하는 방식입니다(참고로 방향성에 대한 개념을 딥러닝에 도입한 제프리 힌턴 교수_{Geoffrey Hinton}의 논문을 이해하는 데도 코사인 유사도가 도움이 됩니다).

2.4 자카드 유사도

자카드 유사도_{Jaccard Similarity}는 비교 대상인 두 객체를 특징들의 집합_{Sets of characteristics}으로 간주하고 시작합니다. 기본 개념이나 표기법이 집합론_{Set Theory}에 기반을 두고 있으며 자카드 계수_{Jaccard Index} 또는 자카드 지수_{Jaccard Coefficient}라 부르기도 합니다.

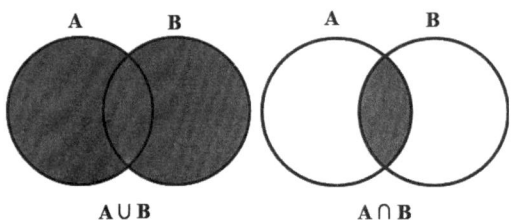

그림 2-5 합집합과 교집합

기본적으로 자카드 유사도는 두 데이터 집합의 교집합을 합집합으로 나눈 것으로, 다음과 같은 식으로 정의할 수 있습니다.

$$J(A,B) = \frac{|A \cap B|}{|A \cup B|} = \frac{|A \cap B|}{|A| + |B| - |A \cap B|}, \quad 0 \leq (A,B) \leq 1$$

자카드 인덱스Jaccard Index는 두 객체 간 유사성의 척도이며, 1에서 자카드 인덱스 값을 뺀 자카드 거리JD, Jaccard Distance는 비유사성 척도로, 다음과 같이 식으로 표현할 수 있습니다(집합에서 | |는 원소의 개수를 나타내는 표기법입니다).

$$JD(A,B) = 1 - J(A,B) = \frac{|A \cup B| - |A \cap B|}{|A \cup B|}, \quad 0 \leq JD(A,B)$$

만약 두 집합의 합집합과 교집합이 서로 비슷하다면 자카드 유사도는 1에 가깝기 때문에 '매우 유사'하다고 말할 수 있겠죠. 그럼 반대로 자카드 거리는 거의 0에 근접하기 때문에 거리가 매우 가깝죠, 즉 두 집합은 매우 유사하다고 할 수 있습니다.

앞서 설명한 내용을 집합 이론의 관점에서 해석해 보죠. **자카드 거리는 두 집합 간에 교집합이 크면, 즉 공유한 항목이 많으면 많을수록 중요하고 그 반대는 크게 의미가 없다**고 생각해도 됩니다.

자카드 유사도는 명목 데이터Norminal Data에는 큰 효용성이 없지만, 문서 분류와 같은 응용 분야에 많이 사용되고 있습니다. 또한 자카드 유사도는 합집합 분의 교집합, 즉 IoUIntersection over Union로도 불리며 이미지 간의 유사도를 측정하는 기준으로도 사용됩니다.

여기서 언급한 유사도 측정 방법 외에도 민코프스키 거리Minkowskin Distance, 피어슨 상관 계수Pearson Correlation Coefficient, 해밍 거리Hamming Distance, 맨해튼 거리Manhattan Distance, 체비쇼프 거리Chebyshev Distance 등이 있습니다. 각 기법의 장단점을 살펴보고 응용 분야에 따라 적용하면 되겠습니다.

Chapter 03 예측과 최적화 기법으로 딥러닝 학습 이해하기

딥러닝 모델은 준비된 데이터 세트Data Set로 파라미터를 튜닝함으로써 학습을 합니다. 이렇게 학습한 파라미터는 새로운 입력 데이터에 대해서 **확률적으로 가장 근사한 결과**를 출력합니다. 이것을 우리는 **매개변수 학습**Parametric Learning이라고 부릅니다.

딥러닝 문제들은 복잡한 함수를 예측Estimation하거나 근사화Approximation하는 일련의 과정이라고 볼 수 있습니다. 이처럼 복잡한 함수는 학습 데이터 세트에서 필요한 정보를 끄집어내 학습 단계에서 근사화 또는 예측이 이뤄집니다. 우리가 익히 알고 있는 것처럼 함수는 종속 및 대응 관계를 가지고 있기 때문에 입력과 출력 변수와 밀접한 관련이 있죠. 학습을 통해서 함수 관계가 모델로 만들어지면 이전엔 경험하지 못한 새로운 입력값에 대응하는 출력값을 예측하는 데 사용됩니다.

매개변수 모델링에서는 딥러닝 학습의 근간이 되는 회귀 분석과 분류를 중심으로 파라미터를 예측하는 방법을 다루겠습니다.

여러분이 이 장을 통해 딥러닝이 막연하고 어렵고 낯선 지식이 아닌 이제까지 배운 수학 지식의 연장선상에 있음을 알게 되길 바랍니다. 결국 딥러닝은 기초 수학과 통계를 정보 컴퓨터 공학의 영역에서 체계화한 것에 불과합니다.

이 장에서는 매개변수 모델링과 최대 유사도 추정법을 비롯해 최대 경사 하강법에 의한 최적화에 대해서 학습하도록 하겠습니다.

매개변수 예측

오랫동안 여러 분야의 많은 전문가가 알 수 없는 파라미터 벡터 값을 예측하기 위해 고군분투해왔습니다. 주어진 데이터 세트로 곡선이나 함수를 찾기도 하고, 찾은 함수가 데이터 세트에 얼마나 근접한지 평가하는 방식으로 말이죠.

그림 3-1에서와 같이 2차원 공간, $\Re^2$에서의 주어진 데이터 세트 $(x_n, y_n), n=1, 2, ..., N$을 이용해서 이에 대응하는 가장 적합한 함수, 즉 다음과 같은 1차, 2차 함수를 찾아 보겠습니다.

$$y_1 = f_\theta(x) = \theta_0 + \theta_1 x$$

$$y_2 = f_\theta(x) = \theta_0 + \theta_1 x + \theta_2 x^2$$

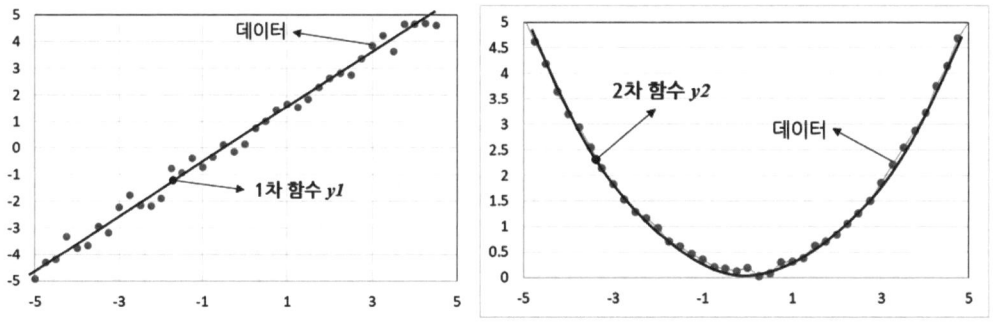

그림 3-1 커브 피팅(Curve Fitting)의 예

주어진 데이터 세트에 가장 적합한 y_1과 y_2 함수를 찾기 위해 미지의 파라미터 벡터 $\theta = [\theta_0, \theta_1]^T$와 $\theta = [\theta_0, \theta_1, \theta_2]^T$를 예측하고자 합니다.

이것을 일반적인 형태로 표현해 보겠습니다. 데이터 세트 $(x_n, y_n), x_n \in \Re^1, y_n \in \Re, n=1, 2, ..., N$ 함수에 대한 매개변수 세트 Parametric Set가 주어졌습니다. 그림 $x \in \Re^1$의 값이 주어졌

을 때 대응하는 값 $y \in \Re$에 가장 근접한 $f(x)$를 $f(\cdot) := f_{\theta^*}(\cdot)$로 표시될 함수를 f 내에서 찾아 보겠습니다.

그림 3-1에서처럼 낮은 차원에서는 직관적으로 원하는 답을 찾을 수 있지만, 고차원의 영역으로 넘어가면 우리가 원하는 답을 찾는 것이 그만큼 어려워질 것입니다. 이럴 때 우리가 다루고자 하는 영역Domain의 물리적인 메커니즘Physical Mechanism을 이해하는 도메인 지식Domain Knowledge이 필요할 수 있습니다. 이러한 도메인 지식을 **사전 정보**Priori Information라고도 합니다.

자, 그럼 다음과 같이 음수가 아닌 함수를 사용해 보겠습니다.

$$\mathcal{L}(\cdot,\cdot) : \Re \times \Re \mapsto [0, \infty)$$

여기서 우리가 찾고자 하는 것은 **모든 데이터에 걸쳐서 총 손실 또는 비용을 최소화하도록 θ를 계산하는 것**입니다. 이것을 수학적으로 간단히 표현하자면 **arg min**이라고 합니다. arg min은 'the argument of the minimum'의 약자로, 함수 값Function Values이 최소가 되도록 만드는 함수 영역에서의 요소나 점들을 가리킵니다. 수식으로 표현하면 다음과 같습니다.

$$f(\cdot) := f_{\theta^*}(\cdot) : \theta_* = \arg\min_{\theta \in \mathcal{A}} J(\theta)$$

그리고 최솟값이 존재하는 $J(\theta)$는 다음과 같습니다.

$$J(\theta) := \sum_{n=1}^{N} \mathcal{L}(y_n, f_\theta(x_n))$$

여기서 우리가 알아야 할 것은 최적값 θ_*는 하나 이상이 존재할 수 있다는 거죠(물론 $J(\theta)$에 따라 달라질 수 있습니다). 이는 마치 등산을 할 때 비슷한 여러 개의 골짜기와 마주치는 것과 같습니다. 만약 이 산을 잘 안다면 마주치는 골짜기마다 자신이 지금 어디쯤에 있고 이 골짜기의 명칭이 무엇인지 파악할 수 있듯이 딥러닝을 이용해 어떤 문제를 풀고자 한다면 그 문제와 관련된 도메인 지식을 아는 것이 무엇보다 중요합니다.

최근 딥러닝 관련 기술개발 동향을 보면 딥러닝 모델의 성능을 높이기 위해 도메인에 적응하는 신경회로망Domain Adapted Neural Networks과 같은 하이브리드 딥러닝 모델Hybrid Deep Learning Model이 출현하고 있습니다.

딥러닝 학습을 위한 가중치 수정은 거의 대부분 최소 자승법에 의한 손실 함수 또는 이와 유사한 함수를 사용하고 있죠. 자, 그럼 여기서 **최소 자승법에 대한 손실 함수**Least Squares Loss Function를 다음과 같이 정의해 보겠습니다.

$$\mathcal{L}(y, f_\theta(x)) = (y - f_\theta(x))^2$$

일반적으로 최적의 매개변수Optimal Parameter를 찾기 위해 $f_\theta(x)$처럼 측정값 y 그리고 이와 관련된 측정 벡터 x를 사용해 출력한 예측값 사이의 차이Deviation/Error를 정량화한 손실 함수를 사용합니다. 손실 함수는 논문이나 교과서의 표기에 따라 **비용 함수**Cost Function나 **목적 함수**Objective Function 또는 **에러 함수**Error Function로 표기하기도 합니다.

손실 함수는 최적의 매개변수를 찾을 때
전체 과정에 대한 성능을 평가하는 것이 아니라
손실 함수의 값을 줄임으로써 매개변수를 찾는 방향을 제시합니다.

선형 회귀 분석

회귀! 쉽게 와닿지 않는 용어죠. 회귀는 쉽게 말해 '되돌아간다'는 뜻입니다. 이 표현은 19세기 영국의 우생학자였던 프랜시스 갤튼Francis Galton의 연구에서 유래된 말로, 키가 평균보다 큰 부모의 자식들의 키는 평균보단 크지만, 무한대로 커지기만 하는 것이 아니라 결국엔 평균에 가깝게 되돌아간다는 데서 발견했죠.

이를 통계에서 **평균으로의 회귀**Regression toward Mean라 부르고 있습니다. 평균으로의 회귀는 산포를 줄이는 자연 현상을 의미하며 통계적인 의미의 회귀는 그 관계를 설명하는 함수로, 다양한 해석을 할 수 있습니다.

회귀를 수학적으로 표현한다면, 종속 확률 변수 y의 관계를 모델링하기 위한 것으로, 이는 등가의 확률 벡터 x의 성분으로 표현되는 확률 변수, $x_1, x_2, \cdots, x_n$ 가 활성화될 때 시스템의 응답이라고 말할 수 있습니다.

이때 우리는 외란Disturbance이나 잡음 항Noise Term η도 고려해야 합니다. 보통 모든 시스템에는 외란이나 잡음이 존재하기 때문이죠. 종종 필요에 따라 시스템의 반응을 관찰하기 위해 외란이나 잡음을 의도적으로 시스템에 인가하기도 합니다. 이해를 돕기 위해 이를 **그림 3-2**와 같이 블록 다이어그램으로 표현해 보았습니다.

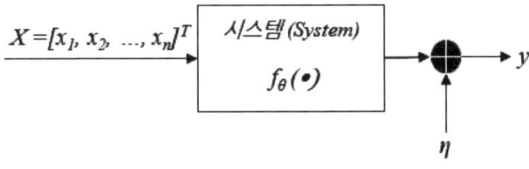

그림 3-2 블록 다이어그램(시스템+잡음)

회귀 분석의 목적은 주어진 측정값 세트 $(x_n, y_n), n = 1, 2, \cdots, N$에 대해서 매개변수 벡터 θ를 예측하는 것입니다. 딥러닝에서도 자주 사용하는 용어로, 우리는 이 측정값 세트를 **학습 데이터**라고 부릅니다. 그리고 종속 변수를 출력 변수라 하고 벡터 x는 입력 벡터 또는 회귀 변수Regressor라고 부릅니다. 이러한 관계를 수식으로 표현하면 다음과 같습니다.

$$y = \theta_0 + \theta_1 x_1 + \cdots + \theta_l x_l + \eta = \theta_0 + \boldsymbol{\theta}^T \boldsymbol{x} + \eta$$

파라미터 θ_0를 편향Bias이라 부르고, 입력 벡터 x가 고차원이 되면 파라미터 벡터 θ에 흡수되기 때문에 때로는 상수 1을 마지막 값으로 추가해서 표현하기도 합니다. 그렇게 되면 앞의 식을 다음과 같이 표현할 수 있겠죠.

$$\theta_0 + \theta^T x + \eta = \begin{bmatrix} \theta^T, \theta_0 \end{bmatrix} \begin{bmatrix} x \\ 1 \end{bmatrix} + \eta$$

더 나아가서 편향은 파라미터 θ에, 상수 1은 x에 추가하면 다음과 같이 간단하게 표현할 수 있습니다.

$$y = \theta^T x + \eta$$

잡음이 관찰되지 않는다면 주어진 벡터 x에 대해서 출력값 y를 예측하는 모델이 필요합니다. 선형 회귀 분석Linear Regression에서 예측되는 출력값 $\hat{y}$, 즉 예측 모델을 다음과 같이 표현하겠습니다.

$$\hat{y} = \hat{\theta}_0 + \hat{\theta}_1 x_1 + \cdots + \hat{\theta}_\ell x_\ell := \hat{\theta}^T x$$

최소 자승법에 의한 손실 함수를 사용해 예측값 $\hat{\theta}$을 가능한 모든 데이터에 걸쳐서 $\hat{y}_n$과 y_n의 차를 제곱한 값을 최소화하는 θ_*을 찾는 과정이 바로 우리가 할 일입니다. 즉, θ에 대해서 다음 손실 함수를 최소화함으로써 이 재미있는 작업이 가능합니다.

$$J(\theta) = \sum_{n=1}^{N} \left(y_n - \theta^T x_n \right)^2$$

이 식의 오른쪽 항을 제곱한 후 θ에 대해서 미분을 취하고 영Zero 벡터인 $\mathbf{0}$과 같게 하면 다음 식을 얻게 됩니다.

$$\frac{dJ(\boldsymbol{\theta})}{d\boldsymbol{\theta}} = \frac{d}{d\boldsymbol{\theta}}\left(\sum_{n=1}^{N}\left\{(y_n)^2 - 2y_n\boldsymbol{\theta}^T\boldsymbol{x}_n + (\boldsymbol{\theta}^T\boldsymbol{x}_n)^2\right\}\right)$$

$$= \left(\sum_{n=1}^{N}\left\{0 - 2y_n\boldsymbol{x}_n + 2\boldsymbol{\theta}^T(\boldsymbol{x}_n)^2\right\}\right) = 0$$

$$\left(\sum_{n=1}^{N}\boldsymbol{x}_n\boldsymbol{x}_n^T\right)\hat{\boldsymbol{\theta}} = \sum_{n=1}^{N}\boldsymbol{x}_n y_n$$

이 식을 좀 더 간단하게 정리해 보겠습니다.

$$\boldsymbol{X}^T\boldsymbol{X}\hat{\boldsymbol{\theta}} = \boldsymbol{X}^T\boldsymbol{y}$$

여기서

$$\boldsymbol{y} := \{y_1, y_2, \cdots, y_N\}^T$$

이고 $N \times (l+1)$ 행렬 X는 다음과 같습니다.

$$\boldsymbol{X} := \begin{bmatrix} \boldsymbol{x}_1^T \\ \boldsymbol{x}_2^T \\ \vdots \\ \boldsymbol{x}_N^T \end{bmatrix} = \begin{bmatrix} x_{11} & \cdots & x_{1l} & 1 \\ x_{21} & \cdots & x_{2l} & 1 \\ \vdots & \ddots & \vdots & \vdots \\ x_{N1} & \cdots & x_{Nl} & 1 \end{bmatrix}$$

여기서 $(\boldsymbol{X}^T\boldsymbol{X})^{-1}$가 존재한다고 가정했을 때 최소 자승법에 의한 추정치는 다음과 같이 표현할 수 있습니다.

$$\hat{\boldsymbol{\theta}} = (\boldsymbol{X}^T\boldsymbol{X})^{-1}\boldsymbol{X}^T\boldsymbol{y}$$

기억해 둬야 할 것은 $(l+1) \times (l+1)$ 행렬인 $X^T X$가 가역Invertible이면 최소 자승법에 의한 추정치는 유일한 해를 가진다는 것입니다. 그 이유는 최소 자승법에 의한 비용 함수는 다음 그림과 같이 포물선 형태를 띠고 있기 때문입니다.

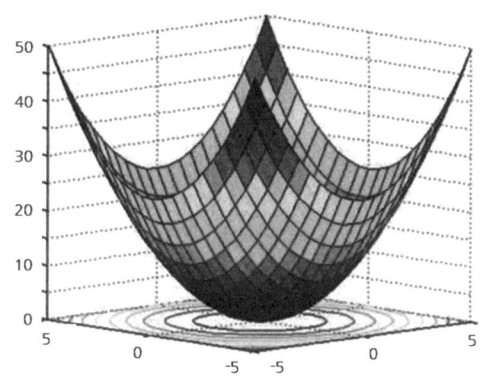

그림 3-3 최솟값을 가지는 비용 함수

정규화

정규화Regularization를 하는 목적은 과적합을 방지하기 위함입니다. 실제로 우리가 문제를 풀다 보면 독립 변수 중 하나 이상이 다른 독립 변수의 선형 조합으로 표현되는 다중 공선성 Multicollinearity이 존재하거나, 독립 변수의 수가 관측치의 수보다 많아서 무한한 해답이 존재하는 경우와 직면하곤 합니다.

이러한 문제를 해결하기 위해 정규화라는 하나의 과정을 추가하는데 그중 한 가지 방법이 손실 함수에 제약 조건Constraint을 추가하는 것입니다.

정규화한 손실 함수 = 손실 함수 + 제약 조건

주어진 $J(\theta)$를 다음과 같이 다시 규정해 보겠습니다.

$\theta^2 \leq \rho$을 만족하도록 $J(\boldsymbol{\theta}) = \sum_{n=1}^{N}(y_n - \boldsymbol{\theta}^T \boldsymbol{x}_n)^2$를 최소화하는 것입니다.

여기서 $\|\cdot\|$는 벡터의 유클리디안 노옴입니다.

> 정규화는 최적화 단계에서 도출된 해답의 구조에
> 사전 정보를 부여하는 수학적인 도구입니다.

이 식에서 보는 것과 같이 벡터의 유클리디안 노옴을 일정한 범위 내로 제한하는 제약 조건이 추가된 것을 알 수 있습니다.

능형 회귀

능형 회귀Ridge Regression는 우리가 찾고자 하는 공간을 줄이는 방법Shrinkage Method 중 하나로, 예측한 벡터 노옴을 줄임과 동시에 제곱 오차의 합을 작게 유지하는 것입니다. 즉, 능형 회귀는 다음과 같이 표현할 수 있습니다.

$$\text{최소화}: \mathcal{L}(\boldsymbol{\theta}, \lambda) = \sum_{n=1}^{N}(y_n - \boldsymbol{\theta}^T \boldsymbol{x}_n)^2 + \lambda \|\boldsymbol{\theta}\|^2$$

이렇게 되면 정규화된 최소 자승법에 대한 해는 다음과 같이 구할 수 있겠죠.

$$\left(\sum_{n=1}^{N} \boldsymbol{x}_n \boldsymbol{x}_n^T + \lambda I\right) \hat{\boldsymbol{\theta}} = \sum_{n=1}^{N} y_n \boldsymbol{x}_n$$

앞에서도 언급했지만, 능형 회귀는 다중 공선성이 있는 다중 회귀 데이터를 분석하는 기술로, 다중 공선성이 발생할 때 최소 제곱 추정값은 편차가 없지만 분산이 크므로 실제 값과 거리가 멀 수 있죠. **능형 회귀는 회귀 추정치에 편향 정도를 추가하여 표준 오차를 줄이는 역할**을 합니다.

평균 제곱 오차 예측/추정

먼저 가장 일반적인 회귀 분석을 살펴보겠습니다. 회귀 분석을 통해 회귀 벡터 $\mathbf{x} = x$가 주어지면 추정치 y값을 얻게 됩니다.

$$y = g(\mathbf{x}) + \eta$$

여기서 모르는 함수 $g(\mathbf{x})$의 예측치(추정치) $\hat{g}(\mathbf{x})$를 구하고자 하며 y와 $\mathbf{x}$는 결합 분포된 확률변수입니다. 또한 관측치 집합 $\mathbf{x} \in \Re^l$이 주어진다면 $\hat{y} := \hat{g}(\mathbf{x}) \in \Re$가 되는 함수는 다음과 같이 구할 수 있습니다.

$$\hat{g}(\mathbf{x}) = \arg\min_{f:\Re^l \to \Re} \mathbb{E}\left[(y - f(\mathbf{x}))^2\right]$$

$$= \mathbb{E}[y|\mathbf{x}] := \int_{-\infty}^{+\infty} y p(y|\mathbf{x}) dy$$

기댓값은 $\mathbf{x}$가 주어졌을 때 y의 조건 확률 $p(y|\mathbf{x})$를 구하는 것이며 최적의 예측값은 y의 평균값이라는 것을 알 수 있습니다.

이제 평균 제곱오차 예측 Mean-Square Error Estimation에 대해서 자세하게 알아보도록 하겠습니다. 평균 제곱 오차 예측은 딥러닝에서 비용 함수(또는 손실 함수)로 사용합니다. 이것은 예측값에 대한 정확성 측정 방법으로, 글자 그대로 **오차에 대한 제곱의 평균**을 의미합니다

값 $\mathbf{x} = x$가 주어졌을 때 y의 최적 평균 제곱 오차 예측은 다음과 같은 비선형 함수로 표시할 수 있습니다.

$$\hat{y} = \mathbb{E}[y|x]$$

여기서 $(y, \mathbf{x}) \in \Re \times \Re^l$는 평균값이 0인 결합 분포된 임의의 값이라고 가정해 보죠. 선형 예측치 모델Linear Estimator Model $\hat{y} = \boldsymbol{\theta}^T \mathbf{x}$로부터 다음 비용 함수가 최소가 되도록 $\boldsymbol{\theta} \in \Re^l$의 예측치를 구해 보겠습니다.

$$J(\boldsymbol{\theta}) == \mathbb{E}\left[(y - \hat{y})^2\right]$$

이 식은 다음과 같이 간단하게 표시할 수 있습니다.

$$\boldsymbol{\theta}_* := \arg\min_{\boldsymbol{\theta}} J(\boldsymbol{\theta})$$

최적의 예측치는 오차 확률 변수 $e = y - \hat{y}$를 최소화함으로써 얻을 수 있습니다. 비용 함수 $J(\boldsymbol{\theta})$를 최소화하는 것은 $\boldsymbol{\theta}$에 대한 기울기를 0으로 설정함으로써 구할 수 있습니다.

$$\nabla J(\boldsymbol{\theta}) = \nabla \mathbb{E}\left[(y - \boldsymbol{\theta}^T \mathbf{x})(y - \mathbf{x}^T \boldsymbol{\theta})\right]$$

$$= \nabla \left\{\mathbb{E}\left[y^2\right] - 2\boldsymbol{\theta}^T \mathbb{E}[\mathbf{x}y] + \boldsymbol{\theta}^T \mathbb{E}\left[\mathbf{x}\mathbf{x}^T\right]\boldsymbol{\theta}\right\}$$

$$= -2\mathbf{p} + 2\sum_x \boldsymbol{\theta} = \mathbf{0}$$

여기서 $\sum_x \boldsymbol{\theta}_* = \mathbf{p}$는 **정규방정식**Normal Equation이며 입·출력 교차 상관 벡터Cross-correlation Vector $\mathbf{p} = [\mathbb{E}[x_1 y], .., \mathbb{E}[x_l y]]^T = \mathbb{E}[\mathbf{x}y]$로, 각각에 대한 공분산 행렬은 $\sum_x = \mathbb{E}\left[\mathbf{x}\mathbf{x}^T\right]$로 주어집니다.

이때 만약 공분산 행렬이 정부호Positive Definite이고 역행렬이 존재한다면 최적의 선형 예측치에 대한 가중치는 선형 시스템 방정식Linear System of Equations을 통해 얻을 수 있으며 그 값은 고유한 값이 됩니다. 하지만 특이 행렬Singular Matrix이고 비가역이면 유일한 해를 구할 수 없습니다.

그럼 비용 함수로부터 다음과 같은 식을 얻을 수 있습니다.

$$J(\boldsymbol{\theta}) = \sigma_y^2 - 2\boldsymbol{\theta}^T \boldsymbol{p} + \boldsymbol{\theta}^T \sum_x \boldsymbol{\theta}$$

여기서 찾고자 하는 최적의 해Optimal Solution에서 얻을 수 있는 $J(\boldsymbol{\theta}_*)$를 다음과 같이 정의해 보겠습니다. 먼저 $\boldsymbol{\theta}_*^T \sum_x \boldsymbol{\theta}_*$을 정리하면 다음과 같습니다.

$$J(\boldsymbol{\theta}_*) = \sigma_y^2 - \boldsymbol{p}^T \sum_x{}^{-1} \boldsymbol{p} = \sigma_y^2 - \boldsymbol{\theta}_*^T \sum_x \boldsymbol{\theta}_* = \sigma_y^2 - \boldsymbol{p}^T \boldsymbol{\theta}_*$$

이제 이 식과 함께 $\boldsymbol{\theta}_*^T \sum_x \boldsymbol{\theta}_*$를 사용하면 다음과 같은 비용 함수를 얻게 됩니다.

$$J(\boldsymbol{\theta}) = J(\boldsymbol{\theta}_*) + (\boldsymbol{\theta} - \boldsymbol{\theta}_*)^T \sum_x (\boldsymbol{\theta} - \boldsymbol{\theta}_*)$$

최적의 값 $\boldsymbol{\theta}_*$에서의 비용 함수 값은 출력 변수의 분산 $\mathbb{E}[y^2]$보다는 항상 작습니다. 다음 **그림 3-4**는 이 비용 함수에 의해 만들어진 비용 함수 곡면Cost Function Surface을 보여주고 있습니다.

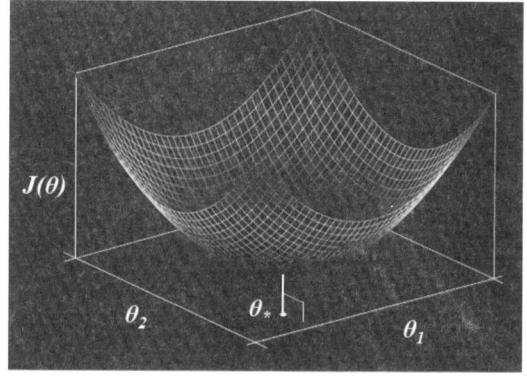

그림 3-4 비용 함수 곡면

3.1 최대 유사도/가능도 추정법

'Likelihood'라는 단어는 '가능도'나 '유사도' 또는 '우도'라고도 번역하는데, 통계적 관점에서는 'Probable'이란 의미로, '가능도'가 가장 근접한 해석이죠. 하지만 딥러닝 모델의 학습 과정에서 가장 근접한 해석으로는 '유사도'를 꼽을 수 있습니다.

유사도는 주어진 표본에서 파라미터와 가장 가까운 값을 추정하는 척도가 됩니다. 확률 Probability은 파라미터가 특정값Fixed Value으로 정의될 경우 파라미터를 구하는 함수를 찾는 것입니다. 파라미터는 우리가 '모르는 값'이자 궁극적으로 '알고자 하는 값'이죠. 이때 최대 유사도 추정법/예측법Maximum Likelihood Estimation을 이용하는데, 쉽게 말하면 파라미터와 가장 가까운 값을 구하는 방법입니다.

통계적 관점에서 확률은 총합이 1이 되는, 즉 모수에서 나온 값인 반면 유사도는 모수를 모르는 상태에서 관측값으로 추정하는 것이기 때문에 총합이 1이 아닐 수도 있습니다. 다시 말해 파라미터가 미지의 θ인 확률 분포에서 뽑은 표본인 관측값 x를 바탕으로 θ를 추정/예측한다는 뜻이죠.

유사도란 이미 주어진 관측값 x를 통해 모집단의 파라미터 벡터 θ를 예측하는 정도를 말합니다. 예를 들어 N개의 데이터 세트 $\mathcal{X} = \{x_1, x_2, ..., x_N\}$, $\mathcal{Y} = \{y_1, y_2, ..., y_N\}$를 가지고 있다고 가정해 보겠습니다. 그리고 $\mathbf{x}_n \in \Re^K$, $y_n \in \Re$이며 N개의 관측값에 대한 결합 **pdf**를 $p(\mathcal{Y}|\mathcal{X};\theta)$이라 가정하겠습니다. 여기서 파라미터 벡터 $\theta \in \Re^K$는 모르는 상태로, 그 값을 예측/추정해야 합니다.

이런 경우 유사도는 다음과 같이 분해할 수 있겠죠.

$$p(\mathcal{Y}|\mathcal{X};\boldsymbol{\theta}) = p(y_1, y_2, ..., y_N | \boldsymbol{x}_1, \boldsymbol{x}_2, ..., \boldsymbol{x}_N, \boldsymbol{\theta})$$
$$= \prod_{n=1}^{N} p(y_n | \boldsymbol{x}_n, \boldsymbol{\theta}) = \prod_{n=1}^{N} \mathcal{N}(y_n | \boldsymbol{x}_n^T \boldsymbol{\theta}, \sigma^2)$$

원하는 파라미터 $\hat{\boldsymbol{\theta}}_{ML}$을 찾기 위해 가장 많이 사용하는 방법 중 하나가 최대 유사도 추정법/예측법입니다. 여기서 유사도 식을 최대화하기 위해 파라미터 $\hat{\boldsymbol{\theta}}_{ML}$을 찾아보겠습니다.

$$\hat{\boldsymbol{\theta}}_{ML} = \arg max_{\theta \in A \subset \Re^K} \mathcal{P}(\mathcal{Y}|\mathcal{X};\boldsymbol{\theta})$$

유사도 $p(\mathcal{Y}|\mathcal{X};\boldsymbol{\theta})$는 $\boldsymbol{\theta}$에 관한 확률 분포가 아니라 파라미터 $\boldsymbol{\theta}$에 대한 단순한 함수 값이며 $\boldsymbol{\theta}$에 관해서 적분이 되지 않을 수 있습니다.

실제로 유사도를 직접적으로 최대화하는 것보다 유사도에 로그 변환Log Transformation을 하고 음수를 취한 다음 이를 최소화하는 방법을 사용하기도 합니다. 이를 **로그 유사도**Log-Likelihood라고 부릅니다. **로그 변환을 하면 수치적 언더플로**Numerical Underflow**로부터 자유로울 수 있으며 미분한 결괏값을 쉽게 취할 수 있다는 장점**이 있기 때문입니다.

자, 이제 최적의 파라미터 $\hat{\boldsymbol{\theta}}_{ML}$를 찾기 위해 로그 유사도에 음수를 취해 최소화시켜 보겠습니다.

$$-\log p(\mathcal{Y}|\mathcal{X};\boldsymbol{\theta}) = -\log \prod_{n=1}^{N} p(y_n|\boldsymbol{x}_n, \boldsymbol{\theta}) = -\prod_{n=1}^{N} \log p(y_n|\boldsymbol{x}_n, \boldsymbol{\theta})$$

로그 유사도는 가우시안 가산 잡음Gaussian Additive Noise Term으로 인해 가우시안 분포가 되기 때문에 이 식은 다음과 같이 표현할 수 있습니다.

$$\log \mathcal{P}(y_n | \boldsymbol{x}_n, \boldsymbol{\theta}) = -\frac{1}{2\sigma^2}(y_n - \boldsymbol{x}_n^T \boldsymbol{\theta})^2 + Noise(Constant)$$

여기서 잡음은 θ와 독립적인 모든 항목을 포함한다고 가정하겠습니다. 그렇게 되면 이 식으로부터 우리는 다음 식을 얻을 수 있습니다.

$$\mathcal{L}(\theta) := \frac{1}{2\sigma^2}\left(y_n - x_n^T \theta\right)^2$$

$$= \frac{1}{2\sigma^2}(\mathbf{y} - \mathbf{X}\theta)^T (\mathbf{y} - \mathbf{X}\theta) = \frac{1}{2\sigma^2}\|\mathbf{y} - \mathbf{X}\theta\|^2$$

앞의 식에서 기울기를 구한 후 0으로 그 값을 취한 후 θ를 풀면 전역 최적값Global Optimum을 구할 수 있습니다.

$$\frac{d\mathcal{L}(\theta)}{d\theta} = \frac{d}{d\theta}\left(\frac{1}{2\sigma^2}(\mathbf{y} - \mathbf{X}\theta)^T (\mathbf{y} - \mathbf{X}\theta)\right)$$

$$= \frac{1}{2\sigma^2}\frac{d}{d\theta}\left(\mathbf{y}^T\mathbf{y} - 2\mathbf{y}^T\mathbf{X}\theta + \theta^T\mathbf{X}^T\mathbf{X}\theta\right)$$

$$= \frac{1}{\sigma^2}\left(-\mathbf{y}^T\mathbf{X} + \theta^T\mathbf{X}^T\mathbf{X}\right) = 0^T$$

이제 최대 유사도 추정값 $\hat{\theta}_{ML}$을 다음과 같이 구할 수 있습니다.

$$\hat{\theta}_{ML}^T \mathbf{X}^T\mathbf{X} = \mathbf{y}^T\mathbf{X}$$

$$\Rightarrow \hat{\theta}_{ML}^T = \mathbf{y}^T\mathbf{X}\left(\mathbf{X}^T\mathbf{X}\right)^{-1}$$

$$\Rightarrow \hat{\theta}_{ML} = \left(\mathbf{X}^T\mathbf{X}\right)^{-1}\mathbf{X}^T\mathbf{y}$$

여기서 만약 $\mathbf{X}$의 랭크Rank가 K라면 $\mathbf{x}^T\mathbf{x}$가 양의 정부호이기 때문에 첫 번째 식 양변에 $(\mathbf{x}^T\mathbf{x})^{-1}$로 곱할 수 있겠죠.

최대 유사도 추정법은 각 관측값에 대한 총 유사도가 최대가 되는 분포를 찾는 추정/예측법입니다. 그 원리는 우리가 먼저 가정한 분포인 θ를 갱신하면서 유사도가 가장 큰 분포를 찾는 것입니다. 이 경우 우리가 가정한 분포를 잘 추정했다고 할 수 있겠죠.

최대 유사도 추정법에 의한 추정값은 관측값에 민감하기 때문에 관측값의 양과 질(예, 편향)에 크게 좌우됩니다. 이것은 딥러닝 학습에도 동일하게 적용됩니다. 딥러닝 학습도 마찬가지로 가설을 세우고 그 가설이 최대화되는 파라미터를 찾기 위해 오차 역전파Error Backpropagation 방식으로 파라미터를 갱신하기 때문입니다.

따라서 확률론적 관점에선 최대 유사도 추정법을 통해 딥러닝 모델을 구성한 후 파라미터(가중치)를 갱신함으로써 확률적으로 가장 적합한/유사도가 높은 모델을 구성할 수 있습니다.

최대 유사도 추정법은 다이내믹 모델Dynamic Model을 찾기 어려운 시스템을 식별하는 데System Identification 그리고 생성기 모델Generative Model에서 학습된 특징 모델Feature Model을 이용해서 데이터를 생성하는 데도 활용할 수 있습니다.

3.2 베이지안 추론

불확실성! 이것은 일어나지 않은 사건에 대한 확률의 개념으로 이해할 수 있습니다. 베이지안 추론Bayesian Inference은 어떤 사건과 관련된 여러 가지 확률을 이용하여 앞으로 일어날 수 있는 사건을 추정/예측하는 것입니다.

베이지안 추론은 사전 확률 밀도Prior pd와 유사도를 안다면 사후 확률 밀도Posteriori pd를 추론/예측을 할 수 있다는 데에 원리를 두고 있습니다.

<u>사전 확률 밀도 함수</u>는 사건 발생 전
사건의 원인이 될 수 있는 사건들에 대한 확률 밀도를,
<u>사후 확률 밀도</u>는 사건 발생 후
사건의 원인이 무엇인지 추정하여
앞으로 그 사건이 발생할 가능성을 나타내는
변수의 확률 밀도를 의미합니다.

공동으로 분포된 두 개의 확률 벡터 x, θ가 주어진다면 베이지안 추론은 다음과 같이 표현할 수 있습니다.

$$p(x, \theta) = p(x|\theta) p(\theta) = p(\theta|x) p(x)$$

여기서 x, θ가 두 개의 통계적으로 연관된 확률 벡터라고 가정하겠습니다. 그리고 $\mathcal{X} = \{x_n \in \Re^l\}$이고, $n = 1, 2, \cdots, N$을 N번의 연속 실험으로 얻은 관측값Observations이라 하고, 연쇄 법칙Chain Rule을 적용하면 다음 식이 성립합니다.

$$p(\mathcal{X}) = \int p(\mathcal{X}|\theta) d\theta = \int p(\mathcal{X}|\theta) p(\theta) d\theta$$

이 식으로부터 우리는 다음과 같은 **베이즈 정리**를 얻을 수 있습니다. 베이지안 추론은 베이즈 정리를 기반으로 합니다.

$$p(\theta|\mathcal{X}) = \frac{p(\mathcal{X}|\theta) p(\theta)}{p(\mathcal{X})} = \frac{p(\mathcal{X}|\theta) p(\theta)}{\int p(\mathcal{X}|\theta) p(\theta) d\theta}$$

$$Posterior = \frac{Likelihood \times Prior}{Evidence} \Rightarrow 사후확률 = \frac{유사도 \times 사전확률}{관측값}$$

이 식을 확률 밀도와 관련된 그래프 형태로 표시해 보겠습니다.

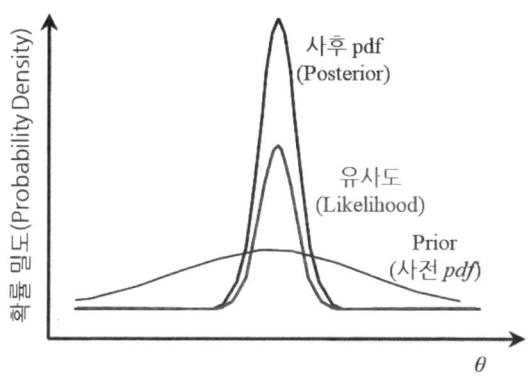

그림 3-5 베이지안 확률 밀도

관측값이 독립적이고 균일 분포라면 다음과 같이 식을 구할 수 있습니다.

$$p(\mathcal{X}|\theta) = \prod_{n=1}^{N} p(x_n | \theta)$$

주어진 $\mathcal{X}$로부터 θ의 평균제곱 오차를 예측하는 베이지안 추론은 다음과 같이 표현할 수 있습니다.

$$\hat{\theta} = \mathbb{E}[\theta|\mathcal{X}] = \int \theta p(\theta|\mathcal{X}) d\theta$$

최대 경사 하강법과 최소 자승법

딥러닝에서 학습과 관련된 모든 문제는 '경사 하강법Gradient Descent이라는 최적화로 통한다'고 해도 과언이 아닐 정도로 경사 하강법은 빈번하게 사용됩니다. 입·출력 학습 데이터를 이용하여 딥러닝 모델을 학습시키는 기초가 경사 하강법이며, 이를 근간으로 다양한 학습 기법이 개발되고 있습니다. 그래서 경사 하강법을 확실히 이해하면 딥러닝을 익히는 데 큰 도움이 될 것입니다(각 학습법에 대한 자세한 내용은 **Chapter 5. 딥러닝 기본기 다지기**에서 다루고자 합니다).

일반적으로 최적화 기법에서 원하는 답을 찾는 데는 크게 두 가지 요소가 필요합니다. 바로 **방향**Direction과 **크기**Step Size입니다. 임의의 한 점Arbitrary Point에서 시작해 방향과 크기를 단계마다 반복적으로 갱신하는 방법으로 말이죠.

최대 경사 하강법

다음과 같은 미분 가능한 비용 함수 $J(\theta), \theta \in \Re^I$의 반복적 최소화 방법Iterative Minimization 중 가장 널리 사용하는 방법이 **최대 경사 하강법**Steepest Gradient Descent Method입니다. 다른 반복적 최소화 방법과 같이 초기 예측값 $\theta^{(0)}$으로 시작해서 다음 식과 같이 새로운 예측값을 계산합니다.

$$\theta^{(i)} = \theta^{(i-1)} + \mu_i \Delta\theta^{(i)}, \quad i > 0 \text{ and } \mu_i > 0$$

벡터 $\Delta\theta^{(i)}$는 갱신이나 탐색 방향으로, μ_i는 i번째 반복에서의 학습 계수Learning Rate 또는 증감폭Step Size에 해당합니다. μ_i는 학습 과정에서 고정된 상수나 매 반복 과정에서 또 다른 학습을 통해 계속 변경하기도 합니다.

이제 탐색 방향에 대해 살펴보겠습니다. 앞서 언급한 방법은 θ를 예측할 때 $\Delta\theta^{(i)}$의 선택은 최솟값 θ를 제외하고 다음 부등식을 만족해야 한다고 가정하기 때문에 하강법Descent Method이라고 부릅니다.

$$J(\theta^{(i)}) < J(\theta^{(i-1)})$$

$i-1$번째 반복 시 $\theta^{(i-1)}$이 계산된다면 $\theta^{(i-1)}$ 주위에서 1차 테일러 전개Taylor's Expansion를 하면 다음 식을 얻을 수 있습니다.

$$J\left(\boldsymbol{\theta}^{(i)}\right) = J\left(\boldsymbol{\theta}^{(i-1)} + \mu_i \Delta \boldsymbol{\theta}^{(i)}\right) \approx J\left(\boldsymbol{\theta}^{(i-1)}\right) + \mu_i \nabla^T J\left(\boldsymbol{\theta}^{(i-1)}\right) \Delta \boldsymbol{\theta}^{(i)}$$

여기서 다음 식을 만족하도록 탐색 방향을 선택해 보겠습니다.

$$\nabla^T J\left(\boldsymbol{\theta}^{(i-1)}\right) \Delta \boldsymbol{\theta}^{(i)} < 0$$

이 두 식으로부터 다음 관계가 명확해지는 것을 알 수 있습니다.

$$J\left(\boldsymbol{\theta}^{(i-1)} + \mu_i \Delta \boldsymbol{\theta}^{(i)}\right) < J\left(\boldsymbol{\theta}^{(i-1)}\right)$$

탐색 방향을 나타내는 식과 벡터 내적으로부터 두 벡터가 이루는 각도는 다음과 같습니다.

$$\cos(\phi) = \frac{\left|\nabla J\left(\boldsymbol{\theta}^{(i-1)}\right) \cdot \Delta \boldsymbol{\theta}^{(i)}\right|}{\left\|\nabla J\left(\boldsymbol{\theta}^{(i-1)}\right)\right\| \left\|\Delta \boldsymbol{\theta}^{(i)}\right\|} < 0$$

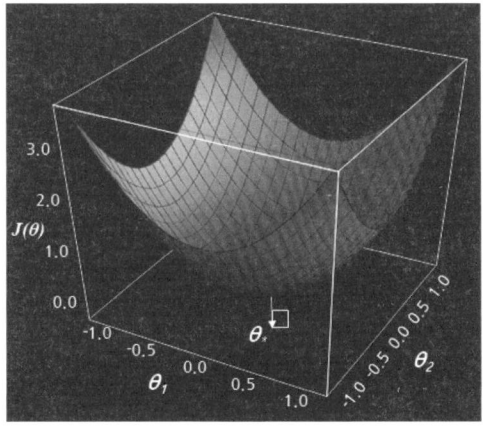

그림 3-6(a) 2차원 공간에서 비용 함수

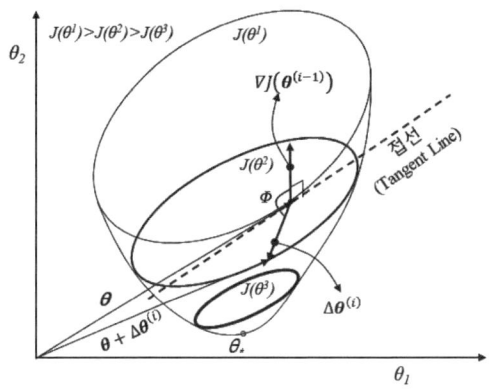

그림 3-6(b) 비용 함수의 등가곡선

그림 3-6(a)와 **그림3-6(b)**에서 볼 수 있듯이 두 벡터 $\nabla J\left(\theta^{(i-1)}\right)$와 $\Delta\theta^{(i)}$가 만드는 각도는 90°와 180° 사이의 둔각Obtuse Angle이 되어야 합니다.

앞에서 배운 것처럼 기울기 벡터 $\nabla J(\theta)$는 θ의 위치에 대응하는 등가선Isovalue Contour과 수직임을 알 수 있습니다. 또한 비용 함수 $J(\theta)$의 값이 점점 작아지도록 학습이 되면서 $\theta^{(i-1)} + \mu_i \Delta\theta^{(i)}$의 위치로 이동하게 됩니다.

그럼 어떻게 하면 최적의 탐색 방향을 선택할 수 있을까요? 이 문제에 대한 해석을 쉽게 하기 위해서 학습 계수 $\mu_i = 1$이라 가정해 보겠습니다. 그리고 단위 유클리디안 노옴Euclidean Norm, $\theta^{(i-1)}$을 사용해서 모든 벡터 z를 탐색해 보겠습니다.

가능한 모든 방향에 대해서 내적 $\nabla^T J\left(\theta^{(i-1)}\right) z$의 음의 최솟값이 되는 것은 음의 기울기 방향임을 알 수 있습니다. 그리고 ℓ_2 노옴에 대해 먼저 $z^* \in argmax_{\|z\|_2=1} \nabla^T J(\theta) z$을 찾아보겠습니다. 코시 슈바르츠 부등식Cauchy-Schwarz Inequality으로부터 $z = \lambda \nabla J(\theta), \lambda \in \Re$일 때 $\lambda \in \Re$는 $\|z\| = 1$이 되기 때문에 등식이 성립됨을 알 수 있습니다.

$$z = -\frac{\nabla J\left(\boldsymbol{\theta}^{(i-1)}\right)}{\nabla J\left(\boldsymbol{\theta}^{(i-1)}\right)}$$

이것을 그래프로 묘사하면 **그림 3-7**과 같습니다.

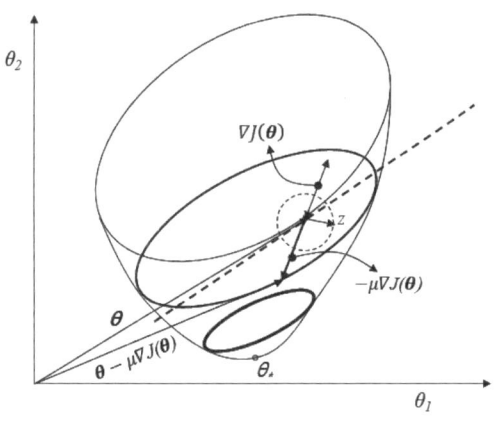

그림 3-7 최대 기울기로 접근하는 음의 기울기

모든 단위 유클리드 노옴Euclidean Norm에 대해 가장 가파른 하강 방향은 음의 기울기로서 하강 방향The Steepest Descent Direction과 일치하고 해당 갱신은 다음 식과 같이 반복해서 이뤄집니다. 이것을 **경사 하강법**이라고 부릅니다.

$$\boldsymbol{\theta}^{(i)} = \boldsymbol{\theta}^{(i-1)} - \mu_i \nabla J\left(\boldsymbol{\theta}^{(i-1)}\right)$$

이 공식이 2차원 공간에서 작동하는 원리를 그래프로 표현하면 **그림 3-8**과 같습니다.

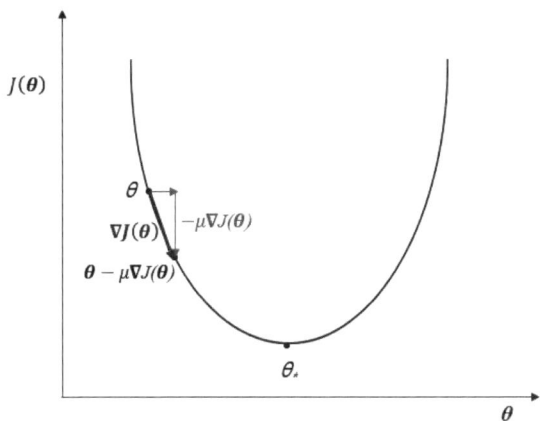

그림 3-8 2차원 공간에서 경사 하강법이 작동하는 모습

최소 자승법

이제 다음과 같은 측정치 데이터가 주어진다고 가정해 보죠.

$$y_n = \boldsymbol{\theta}^T \boldsymbol{x}_n + \eta_n, n = 1, 2, ..., N, y_n \in \Re, \boldsymbol{x}_n \in \Re^l, \boldsymbol{\theta} \in \Re^l$$

η_n은 평균이 0인 잡음 신호입니다. 자, 그럼 여기서 다음 조건을 만족하도록 미지의 파라미터 벡터 $\boldsymbol{\theta}$를 구하겠습니다.

$$\hat{\boldsymbol{\theta}}_{LS} = \arg\min_{\boldsymbol{\theta}} \sum_{n=1}^{N} \left(y_n - \boldsymbol{\theta}^T \boldsymbol{x}^n\right)^2$$

여기서 $\boldsymbol{e} := \boldsymbol{y} - X\boldsymbol{\theta}$라면 이 식을 다음과 같이 간단하게 표현할 수 있습니다.

$$\hat{\boldsymbol{\theta}}_{LS} = \arg\min_{\boldsymbol{\theta}} \|\boldsymbol{e}\|^2$$

이 식에서 ‖‖는 y와 $X\theta$ 사이의 거리를 나타내는 유클리디안 노옴이며 y와 X는 다음과 같습니다.

$$\mathbf{y} = \begin{bmatrix} y_1 \\ \vdots \\ y_n \end{bmatrix} \in \Re^N, \mathbf{X} = \begin{bmatrix} x_1^T \\ \vdots \\ x_N^T \end{bmatrix} \in \Re^{N \times l}$$

X의 열 벡터를 $C_1, C_2, \cdots, C_l \in \Re^N$ 이라 가정했을 때 다음과 같은 식을 얻을 수 있습니다.

$$X = [C_1, C_2, ..., C_l \in \Re^N]$$

그러면 $\{C_1, C_2, \cdots, C_l\}$ 사이의 놓인 $\hat{y}$ 을 다음과 같이 표시할 수 있겠죠.

$$\hat{\mathbf{y}} := X\theta = \sum_{i=1}^{l} \theta_i C_i, \quad \mathbf{e} = \mathbf{y} - \hat{\mathbf{y}}$$

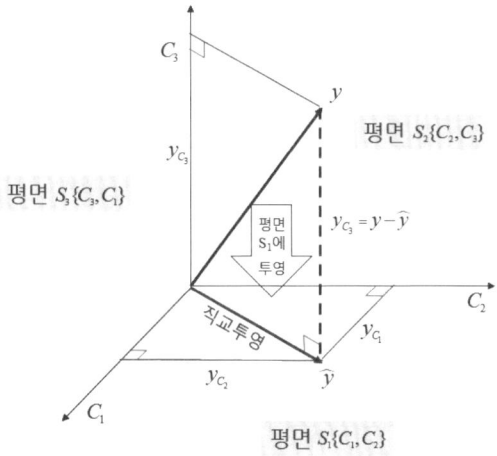

그림 3-9 3차원 공간에서 직교 투영 개념도

그럼 y와 $\hat{y}$ 사이의 에러 벡터가 최소의 노옴Minimum Norm이 되도록 만들려면 어떻게 θ를 선택하면 될까요? 최대 유사도 추정 값을 구하는 식과 **그림 3-9**의 벡터 수직 투영Orthogonal Projection으로부터 **최소 자승 추정치**Least-Squares Estimate를 다음과 같이 얻을 수 있습니다.

$$\hat{y} = \left(X^T X\right)^{-1} X^T y$$

물론 $X^T X$는 가역Invertible입니다.

이상을 종합해 보면 y와 $\hat{y}$이 가장 가깝다는 것은 평면의 한 점과 y의 길이가 최단 거리라는 뜻임을 알 수 있죠. **그림 3-9**의 수직 점선이 최단 거리가 되기 위해서는 y와 $\hat{y}$이 평면 $S_1\{C_1, C_2\}$에 수직이어야 합니다. 바로 $\hat{y} = \left(X^T X\right)^{-1} X^T y$ 이 앞서 설명한 것을 충족시키는 상태에서 최적의 해를 구하는 것이죠.

다음 장에서는 딥러닝 모델 학습에 필요한 데이터를 어떻게 준비해야 하는지 알아보도록 하겠습니다. 사실 딥러닝을 학습하는 것만큼 데이터 전처리 과정도 중요하므로 시간을 들여서라도 배워 두는 것이 중요합니다.

Chapter 04 데이터 전처리 과정 이해하기

딥러닝 프로젝트의 성공적 수행을 위해서는 3가지 중요한 요소가 있습니다. 바로 **알고리즘, 데이터** 그리고 **연산 능력**입니다. 이 3가지 요소는 무엇 하나도 빠뜨릴 수 없을 만큼 모두 중요하죠. 그중에서도 특히 데이터는 딥러닝의 '연료'라고 불리기도 합니다. 알고리즘과 연산 능력으로 만들어진 자동차가 굴러가기 위해 필요한 연료가 바로 데이터이기 때문이죠.

일반적으로 딥러닝 프로젝트에서 딥러닝 모델을 학습하고 조정하는 과정은 불과 15%에 불과합니다. 80% 이상이 데이터 준비에 소요되죠. 이것은 딥러닝 프로젝트에서 데이터의 중요성을 말해주고 있습니다. **딥러닝 모델로부터 양질의 결과를 얻기 위해서는 양질의 학습 데이터가 필요하다**는 것입니다.

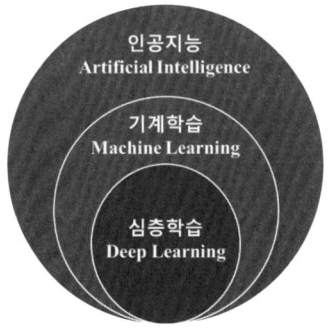

그림 4-1 인공지능 → 기계학습 → 심층학습

그럼 양질의 학습 데이터(또는 입력 데이터)를 준비하기 위해서는 무엇이 필요하고 어떤 방법이 있는지 알아보겠습니다.

4.1 데이터 전처리

데이터 추출

데이터 추출Data Extraction은 데이터 작업 과정에서 가장 먼저 해야 하는 작업으로, 다양한 경로를 통해 정제되지 않은 데이터를 모으는 것입니다. 인터넷 검색이나 유·무료 데이터베이스Database 등을 통해 모을 수도 있고 이미 이러한 작업을 거쳐 데이터를 가지고 있는 개인 또는 기업을 통해 모을 수도 있습니다.

산업 현장에서 어떤 공정에 딥러닝 모델을 학습시키기 위해서는 입·출력 데이터가 필요합니다. MNIST, CIFAR, ImageNet, COCO와 같은 데이터 세트와 완전히 다른 영역이라고 보면 됩니다. 이러한 데이터 세트를 직접 수집한다면 아마 딥러닝 알고리즘을 공부하는 것보다 더 많은 시간과 노력을 쏟아야 할 것입니다.

또한 목적에 맞는 입·출력 데이터를 모으는 과정에서 정상 상태 데이터뿐만 아니라 비정상 상태 데이터 그리고 자동 모드나 수동 모드에서 작업한 데이터 등 다양한 공정 변수가 필요합니다. 이러한 공정 변수는 작동할 수 있는 범위 내Operating Range에 있는 데이터를 충분하게 수집해야 하므로 도메인 지식이 풍부한 엔지니어들과 함께 작업해야 합니다.

기억할 것은 공정 변수 중 꼭 필요한 데이터인 **핵심 인자**Vital Few는 비용을 들여서라도 수집해야 한다는 것입다. 계측기가 없으면 설치해서라도 말이죠. 물론 다른 데이터로부터 핵심 인자를 계산하는 **소프트 센서/버추얼 센서**Soft Sensor/Virtual Sensor 기법을 이용할 수도 있습니다. 이 방법에 대해서는 추후에 다루도록 하겠습니다.

데이터 유형 분석

공공정보 품질관리 매뉴얼에 따르면 데이터 프로파일링Data Profiling이란, '데이터 현황 분석을 위한 자료수집, 데이터의 통계, 패턴 등을 수집하여 잠재적 오류 징후를 발견하는 방법'이라고 정의합니다. 데이터 프로파일링, 즉 데이터 유형 분석을 하는 이유는 데이터 오류로 인한 문제를 예방할 수 있기 때문입니다. 데이터의 저장, 연계, 가공, 활용 등 데이터에 변경이 발생하는 모든 영역에서 수시로 유형 분석을 함으로써 말입니다. 이러한 과정이 **데이터 유형 분석의 시스템화**로 가는 지름길이 될 수 있습니다.

데이터 유형 분석이 어떤 것인지 직관적으로 알 수 있도록 다음 표를 살펴보기 바랍니다.

산출물명		필수	권장	기관 전체	개별 DB
데이터 사전 정의서		O		O	O
코드 정의서		O		O	O
도메인 정의서		O		O	O
논리 데이터 요소	엔티티 정의서	O			O
	속성 정의서	O			O
	논리 데이터 모델 다이어그램(논리 ERD)	O			O
물리 데이터 요소	테이블 정의서	O			O
	칼럼 정의서	O			O
	물리 데이터 모델 다이어그램(물리 ERD)	O			O
	데이터베이스(DB) 정의서	O			O
업무 규칙 정의서			O		O
오너십 정의서			O		O
데이터베이스 운영 매뉴얼			O		O
테이블 대 응용 프로그램 상관도			O		O

그림 4-2 데이터 관리 산출물 (출처 : 공공정보 품질관리 매뉴얼)

이 작업은 모든 계측 장비나 데이터 추출 시 데이터에 오류가 있을 수 있다는 것을 전제로 해야 합니다. '괜찮겠지'라는 생각으로 이상 데이터가 딥러닝 학습 과정으로 넘어가버리면 문제를 발견하고 수정하는 데 더 많은 시간과 노력이 들기 때문이죠.

데이터 정제

다양한 경로를 통해 데이터를 수집하다 보면 개중에는 누락된 것, 중복된 것 그리고 이상치 Outlier가 있을 수 있습니다. 이러한 데이터를 찾아내서 교체하거나 수정하는 작업을 **데이터 정제**라고 합니다.

자, 그렇다면 데이터 정제 작업에 대한 전반적인 과정을 알아보겠습니다. 데이터 세트 중 **빠진 부분**은 그 행이나 열의 평균값으로 대체하거나 해당 열 또는 행을 제거합니다. 중복된 열 또는 행도 제거합니다.

그 다음은 **데이터 정규화**라는 과정을 거칩니다. 이는 데이터 값의 범위를 수정하지 않고 공통 척도Scale를 적용하는 것입니다. 데이터 정규화는 서로 다른 데이터 세트 값의 비율을 제한된 범위로 유지하면서 그 값의 비율은 남겨 두는 과정이죠.

또 하나 중요한 과정 중 하나는 이상치 데이터 처리 문제입니다. 이상치 데이터를 제거하지 않으면 모델을 왜곡시킬 수 있기 때문이죠. 데이터 정제 과정에서 다른 값들과 눈에 띄게 차이가 큰 데이터는 물리적으로 발생할 수 있는 데이터인지, 이상치인지 판별할 필요가 있습니다.

만약 시편을 가열하는 가열로의 온도가 평소 온도 값을 한참 벗어나 짧은 시간 내 급격히 상승했다는 데이터가 나온다면 이 데이터는 이상치로 분류하고 제거해야겠죠. 이처럼 데이터 세트로부터 이상치를 제거하는 과정도 과정이지만 방법도 중요합니다(데이터 이상치 제거 방법에 대해서는 **Chapter 4.2 데이터 이상치 처리**에서 좀 더 자세하게 다루겠습니다). 방법에도 여러 가지가 있습니다. 하나의 변수에 대해서는 박스 플롯Box Plot이나 히스토그램Histogram을 주로 사용하고 둘 이상의 변수 간 이상치를 찾을 때는 스캐터 플롯Scatter Plot을 사용하기도 합니다. 또 다른 방법으로는 **Z-Score 방법**Z-Score Method이 있는데, 이는 어떤 데이터가 평균에서 얼마나 많은 표준 편차를 가지고 있느냐를 통해 판단하기도 합니다.

$$z = \frac{(x_i - \mu)}{\sigma}$$

x_i = 데이터세트, μ = 평균값, σ = 표준편차

데이터 변환

데이터 변환Data Transformation은 데이터의 형식·구조를 바꾸는 과정입니다. 예를 들어 영상처리 분야에 강점이 있는 CNN과 같은 분야에서 데이터를 영상으로 변환하여 영상화하는 것을 데이터 변환이라고 볼 수 있습니다.

산업체에서 설비의 예지 보수/보전이나 고장 예측 진단을 할 때 주로 수집하는 신호가 진동 신호Vibration Signal 또는 음향 신호Acoustic Signal입니다.

가령 CNN 모델을 어떤 단위 장치나 설비의 고장을 예측하기 위해 선정했다고 가정해 봅시다. 앞에서 설명한 것처럼 CNN 모델은 영상처리에 탁월한 성능을 보이기 때문에, 수집한 진동이나 음향 데이터를 2차원 데이터인 영상화하는 기법이 필요합니다(이 기법에 대해서는 **Chapter 4.3 시간-주파수 표현 방법**에서 자세하게 살펴보겠습니다).

마찬가지로 음성 인식도 음향 신호를 바탕으로 수집한 음향 데이터를 2차원 데이터로 변환시켜 CNN 모델로 학습시킬 수 있습니다. 이와 같이 **데이터 변환은 기존 방법으로 풀 수 없는 문제를 또 다른 관점에서 접근함으로써 풀 수 있도록 돕는 유용한 도구**입니다. 데이터 변환을 통해 문제를 바라보는 관점을 바꾸어 보는 것도 문제를 푸는 데 유용합니다. 1차원에서 2차원으로, 2차원에서 3차원으로 말이죠.

데이터 변환은 산업 현장에서 많이 접하는 과정 중 하나입니다. 어떤 공정에는 다양한 계측기와 제어 시스템이 있습니다. 이 시스템들로부터 추출한 데이터는 서로 다른 샘플링 주기Sampling Frequency나 동기화되지 않는 시간으로 인해 전체 데이터 세트 측면에선 문제가 될 수 있습니

다. 이러한 문제를 해결하기 위해 **샘플링 주기가 다른 데이터는 주기를 맞추는 작업을, 비동기화된 시간은 동기화함으로써 의미 있는 데이터로 변환하는 데이터 변환 과정이 반드시 필요**합니다.

데이터의 형식이나 구조 또는 복잡성이나 양에 따라서 데이터 변환 방법도 크게 달라질 수 있습니다. 데이터 변환은 수동이나 자동 또는 두 가지를 혼합해서 수행하기도 합니다.

데이터 변환 기법 중 하나로 **데이터 정규화**Normalization가 있습니다. 데이터 정규화가 딥러닝 프로젝트에서 어느 정도의 중요성을 갖고 있는지 바로 다음 절에서 살펴보겠습니다.

데이터 정규화

딥러닝 모델 학습을 하기 전에 학습 데이터(학습 및 검증용) 값의 범위를 수정하지 않고 공통 척도Scale를 적용하는 것이 중요합니다. 이를 가리켜 데이터 정규화Data Normalization라고 합니다.

만약 정규화가 되지 않은 데이터 값이 넓은 범위에 분산되어 있다면 분산이 비교적 적은 데이터에서 학습이 이뤄질 때 분산이 큰 데이터로 인해 가중치가 완전히 새로운 값으로 바뀌게 됩니다. 이것이 반복이 된다면 학습에 소요되는 시간이 더 길어지는데다 최악의 경우 **그림 4-3**과 같이 **극솟값인 지역 최소화**Local Minima에 빠져 원하는 결과를 얻지 못하게 될 수도 있습니다.

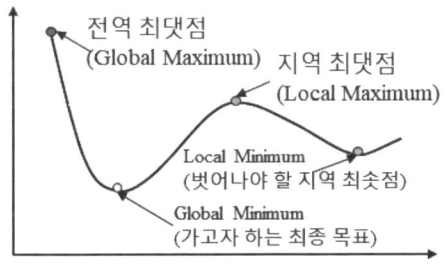

그림 4-3 지역 최소화 개념

이 과정을 직관적으로 이해할 수 있도록 스탠퍼드대 교수 앤드류 응Andrew Ng 교수의 강의 자료를 살펴보겠습니다(**그림 4-4**).

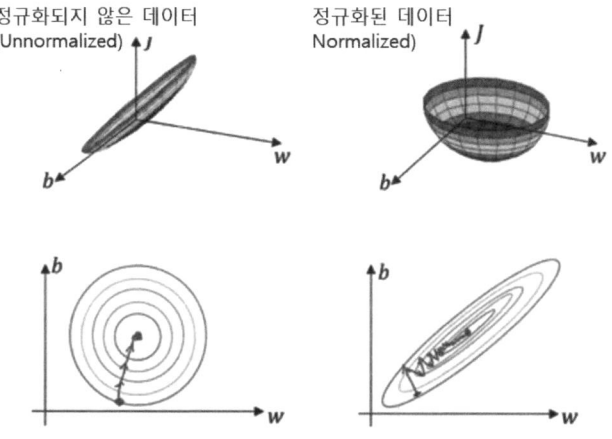

그림 4-4 데이터 정규화의 중요성 (출처 : Coursera DL Course & towardsdatascience.com)

데이터 정규화를 거치지 않은 상태에서는 **그림 4-4**의 왼쪽 그림처럼 학습 계수를 작은 값으로 설정해야 원하는 목표인 학습이 이뤄집니다. 물론 학습 속도는 느립니다.

반대로 **그림 4-4**의 오른쪽 그림을 보면 원하는 최종 목표인 최솟점Global Minima을 분명하게 알 수 있습니다. 또 학습 계수를 크게 함으로써 학습 시간도 줄일 수 있다는 장점이 있습니다.

그렇다면 데이터 정규화 방법을 알아보겠습니다. **그림 4-5**를 살펴볼까요? 먼저 초기 데이터의 평균이 0이 되도록 변환한 후 표준 편차가 1이 되도록 변환합니다. 이는 반드시 필요한 과정입니다.

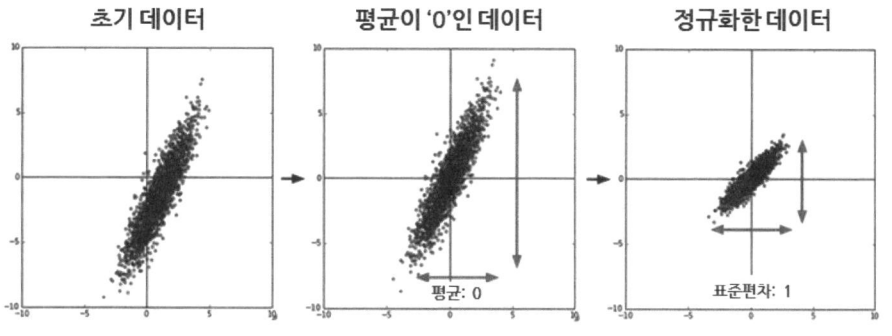

그림 4-5 데이터 정규화 방법 (출처 : cs231n.github.io/neural-networks-2/)

데이터 익명화

데이터 익명화Data Anonymization란, 말 그대로 데이터를 제거하거나 암호화함으로써 보호하는 것입니다. 데이터 익명화의 중요성은 갈수록 커지고 있는데, 특히 의료용 데이터나 금융 데이터와 같이 개인 정보 보호가 중대한 분야에선 익명화 요구가 증대되고 있습니다.

데이터 확장

'Data Augmentation'이라는 단어는 관점에 따라 여러 가지로 해석할 수 있는데, 딥러닝 모델을 학습시키기 위한 데이터 관점에서 '데이터 확장'이 가장 적합하다고 볼 수 있습니다.

데이터 확장은 딥러닝 모델 학습에 필요한 데이터를 최대한 다양화하는 작업입니다. 데이터 확보에 비용이나 시간이 많이 요구되기 때문에 추가 데이터가 필요할 때 데이터를 더 확보하기보다는 이미 확보한 데이터를 새로운 형태의 데이터로 변환시켜서 데이터 수를 확장시키는 거죠.

예를 들어, 자율 주행 자동차에 탑재된 모델에 '주행 중 장애물 인식'을 학습 중이라고 가정해 보겠습니다. 이때 왼쪽 장애물과 관련된 데이터는 확보했는데 오른쪽 장애물 관련 데이터를 확보하지 못했다면 어떻게 해야 할까요? 이처럼 데이터가 어느 한쪽에 편향된 것을 가리켜 딥러닝 모델이 편식을 했다고 표현하며 기술적 용어로 **오버 피팅**Overfitting이라고 합니다.

학습 데이터 관점에서 오버 피팅을 방지하기 위해 딥러닝 모델의 학습 방향과 범위를 골고루 넓혀야 하는데 바로 이때 데이터 확장이 필요합니다. 데이터 확장으로 보완된 학습 데이터를 통해 딥러닝 모델이 편향되지 않고 넓은 범위에서 작동하도록 도와줍니다.

그렇다면 데이터 확장은 어떻게 이루어지는지 살펴보겠습니다. 자율 주행 자동차의 '주행 중 장애물 인식'을 학습할 때 왼쪽 장애물 관련 데이터만 확보했다면 왼쪽 장애물 데이터를 뒤집는 플리핑Flipping이나 회전Rotating시켜서 마치 오른쪽 장애물처럼 인식하도록 데이터를 변환시킬 수 있습니다. 플리핑이나 회전 외에도 배경을 채우는 패딩Padding, 일정한 크기로 잘라내는 크로핑Cropping, 딥러닝 모델의 입력 사이즈로 만드는 리사이징Resizing 등 여러 방법으로 이미 확보한 데이터를 확장시킬 수 있습니다.

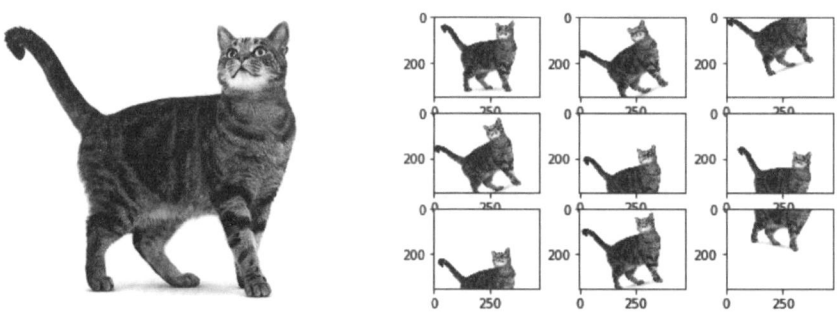

그림 4-6 고양이 이미지 데이터 확장 예 (출처 : stackoverflow)

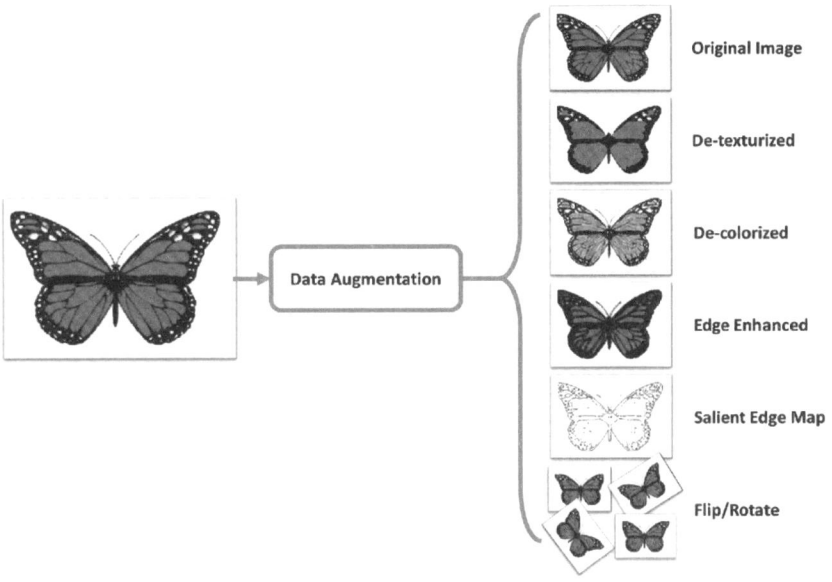

그림 4-7 나비 영상 데이터 확장 예 (출처 : ResearchGate & Jamil Ahmad, Sung Wook Baik, and Khan Muhammad)

또 다른 예로 영상 데이터를 들어 보겠습니다. 영상 데이터가 항상 가운데 위치한다는 것은 현실적으로 불가능합니다. 이럴 때 가운데 위치한 영상 데이터 하나를 상하좌우로 이동시키거나 회전시켜서 수십 개의 영상 데이터를 확보할 수 있습니다. 다만 확보한 데이터를 확장할 때 원래 데이터가 가지고 있는 특징을 왜곡시킬 수 있기 때문에 적용하는 곳에 따라 주의가 필요합니다.

데이터 표본 추출

데이터 표본 추출Data Sampling이란, 데이터를 분석하고 조작하기 위해 수집한 전체 데이터로부터 서브 데이터Sub-Data를 표본으로 추출하는 것을 의미합니다. 이 과정에서 주의할 점은 표본도 모집단이 가지고 있는 특성을 가져야 한다는 것입니다.

즉, 일정 수준 이상의 **데이터의 적합성**을 확보해야 합니다. 그러기 위해선 다양한 데이터를 효과적으로 추출해야 합니다. 또 **데이터 편향성을 최소화**하는 방향으로 표본이 추출되어야 합니다. 표본 추출의 다양한 방법에 대해서는 **그림 4-8**을 살펴보겠습니다.

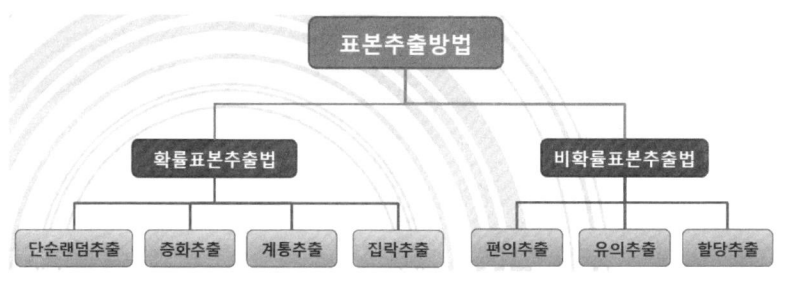

그림 4-8 표본 추출 방법 (출처 : 통계학, 한성대학교 이석준)

'표본 추출 방법'의 왼쪽 가지인 '확률 표본 추출법'을 간단하게 살펴보자면, 먼저 '단순 랜덤 추출'은 크기가 N인 모집단에서 크기가 n인 표본을 무작위로 추출하는 방법으로, 각 샘플의 선택 확률은 동일합니다. '층화 추출'은 모집단을 같은 종류의 층으로 나누고, 이러한 층으로부터 단순무작위 표본 추출을 하는 방법입니다. '계통 추출'은 모집단을 구성하고 있는 구성 요소들이 자연적인 순서 또는 일정한 질서에 따라 배열된 목록에서 매 k번째의 구성 요소를 추출하여 형성한 추출 방법입니다. '집락 추출'은 서로 인접한 조사 단위들을 묶어 군집화한 후 일부의 군집을 추출한 후 모든 자료를 활용하거나 샘플링을 하는 방법입니다.

오른쪽 가지의 '비확률 표본 추출법'으로 넘어가 볼까요? 먼저 '편의 추출'은 단순히 조사자의 편의상 유용한 경우들로부터 필요한 것을 선택하는 방법입니다. '유의 추출'은 모집단을 대표하거나 전형적인 단위를 선택하기 위해 조사자의 숙련된 판단에 의존하는 방법입니다. '할당 추출'은 표면적으로 유의 추출과 비슷하지만 표본 추출을 균등하게 하기 위한 층화 추출에서 각 층으로부터 고정 비율로 추출하는 방법입니다.

데이터 표본 추출 과정에서 우리는 **선택 편향**에 노출되어 있습니다. 선택 편향이란, 모집단에서 데이터를 추출할 때 의식적이든 무의식적이든 선택적으로 추출하는 경향을 말합니다. 이것은 기술적 관성이나 지식이나 경험적 관성으로 발생하는 것이기 때문에 늘 경계해야 합니다.

넓은 의미에서 표본화 중 하나인 전기적 신호를 살펴보도록 하겠습니다. 아날로그 신호Analog Signal를 디지털 신호Digital Signal로 변환하는 신호 샘플링Signal Sampling도 데이터 표본 추출에 포함시킬 수 있겠죠. 신호 샘플링 과정에서 원 신호Original Signal 왜곡이 발생하기 때문에 신호의 특성을 이해한 상태에서 신호를 샘플링하는 것이 필요합니다.

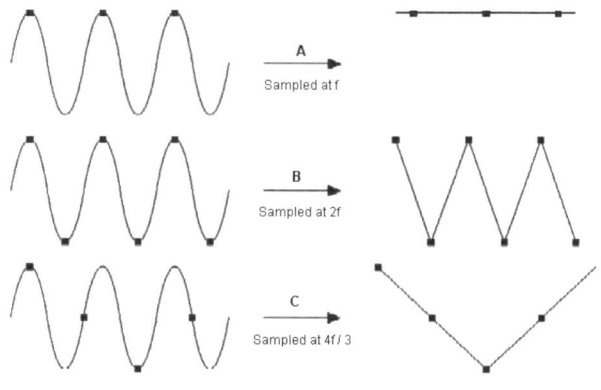

그림 4-9 데이터 표본의 중요성 (출처 : Audio Engineer Lounge)

잘 알려진 **나이키스트-샤논의 표본화 이론**Nyquist-Shannon Sampling Theorem에 의하면 어떤 신호가 의미를 가지기 위해서는 최고의 주파수보다 2배 이상의 속도, 즉 시간 간격으로 신호를 채집한다면 그 신호는 원래의 신호가 가진 모든 정보를 포함합니다.

그림 4-9를 보면 나이키스트-샤논의 표본화 이론을 쉽게 이해할 수 있습니다. 원래의 신호를 서로 다른 표본 주기Sampling Frequency를 통해 채집한 신호가 어떻게 원 신호와 다른지를 보여주고 있는 좋은 예가 되겠습니다.

데이터 명명

데이터 명명Data Labeling은 데이터를 준비하는 과정의 핵심으로, 이름 없는 데이터에 이름을 붙여주는 것입니다. 딥러닝 모델이 데이터를 쉽게 식별하고 학습할 수 있도록 말이죠.

딥러닝 기술이 다양한 분야로 확장되면서 데이터에 명칭을 붙여주는 일을 하는 신종 직업이 등장할 정도로 데이터 명명은 중요한 일임과 동시에 많은 시간과 노력이 필요한 작업입니다.

대표적인 데이터 명명 작업에는 먼저 관심 영역ROI, Region of Interest을 박스나 다각형 형태로 묶는 작업과 영상의 이미지를 분류하는 작업 그리고 영상에서 픽셀 단위로 대상을 분류하는 시멘틱Semantic 분류 작업 등이 있습니다.

데이터 명명은 딥러닝 모델의 성능을 좌우하기 때문에 꼭 필요한 과정입니다. 자동으로 데이터 명명이 가능한 획기적인 딥러닝 모델이 개발되기 전까진 말이죠. 이 획기적인 모델의 개발자가 여러분이 되길 바라겠습니다.

수치적으로 묘사된 벡터화 작업

수치적으로 묘사된 벡터화 Numerical Descriptor Vectors, 이것을 특징 벡터Feature Vectors 또는 지문 벡터Fingerprint Vector라고도 합니다. 또는 특성 공학Feature Engineering이라고 부르기도 하죠.

종종 뉴스에서 딥러닝을 이용해 신약이나 신물질 개발 기간을 획기적으로 단축시켰다는 소식을 접해 본 적이 있을 것입니다. 기존 기술로는 10년이 걸릴 신약 개발을 딥러닝의 도움을 받아 6개월에서 1년만에 개발이 가능하다고 합니다. 이는 컴퓨터의 탁월한 계산 능력과 딥러닝 알고리즘 덕분일 것입니다.

하지만 딥러닝 모델이 데이터를 이해하고 특징 값을 추출해서 원하는 목표값을 출력하기 위해서는 탁월한 계산 능력과 딥러닝 알고리즘만으로는 부족합니다. 그 이면에는 **입·출력 데이터를 일정한 포맷에 따라 정리하고 그것에 따라 데이터를 확보**하는 준비가 있었던 덕분입니다.

앞으로 신약 개발이나 신물질 개발에 관심이 있는 개인이나 기업은 딥러닝 전문가의 수보다 이러한 데이터를 포매팅하고 준비하는 인력을 더 많이 영입하거나 양성하는 것이 필요하지 않을까 생각해 봅니다. 그러기 위해서는 도메인 지식이 있는 사내 전문가들의 재교육을 통해 딥러닝 기술로 무장하는 것도 좋은 방법이죠.

신약 개발의 경우 각종 분자에 대한 정보와 분자들끼리 결합했을 때의 약리 효과나 독성 반응 여부 그리고 제조 과정에 필요한 공정 데이터 등을 일정한 포맷으로 정리해서 입·출력 데이터로 만드는 일련의 과정을 거칩니다. 이를 **수치적으로 묘사된 벡터화**Numerical Descriptor Vectors 작업이라고 합니다.

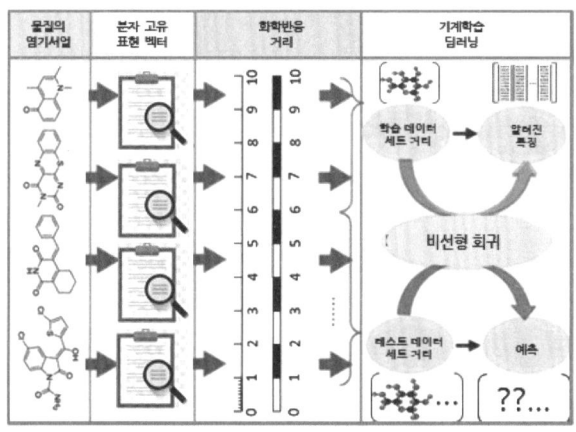

그림 4-10 Materials Discovery and Design using Machine Learning (출처 : ScienceDirect)

어떤 물질의 분자식을 어떻게 딥러닝 모델의 입력 벡터로 만들 수 있을까요? 방법은 간단합니다. 수치화를 하면 되죠. 하지만 이는 많은 시간과 인력과 노력이 필요한 분야입니다. 이러한 분야에 관심이 있다면 딥러닝 전문가를 비롯해서 도메인 지식이 풍부한 전문가 그리고 공정 전문가들이 모여서 우선적으로 데이터를 준비하는 것이 필요합니다.

데이터 준비가 우선인 이유는 딥러닝 모델을 학습하는 것보다 수치적으로 묘사할 수 있는 벡터화 작업에 더 오랜 시간이 걸리기 때문이죠. 앞에서 언급한 각종 정보를 수치로 해석 또는 묘사할 수 있는 벡터화 작업에 대한 예를 **그림 4-10**과 **그림 4-11**에서 살펴볼 수 있습니다.

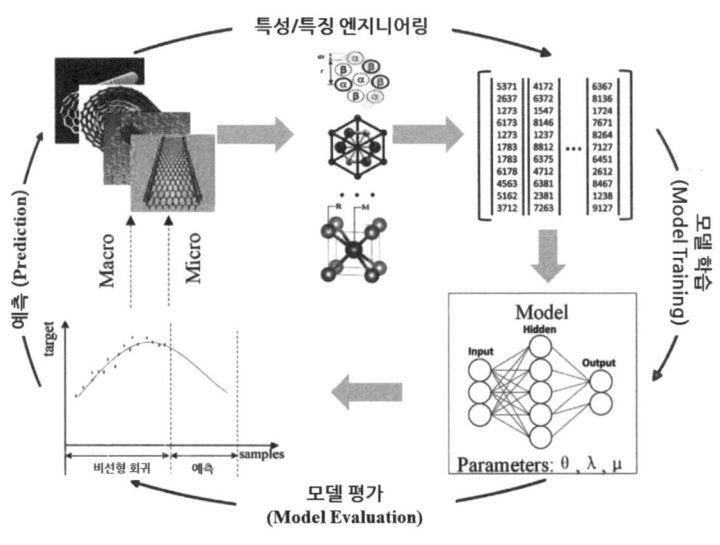

그림 4-11 특징 값 추출 엔지니어링 (출처 : Journal of Materiomics, Vol.3, Issue 3, 2017)

4.2 데이터 이상치 처리

데이터의 이상치란 무엇이며, 이상치 데이터는 어떻게 다루어야 할까요? **데이터 이상치**Data Outlier는 정형화된 데이터 또는 특정 패턴을 가지고 있는 데이터와 다른 패턴을 보이는 데이터를 의미합니다.

예를 들어 한 가정의 전기 사용량을 모니터링 하는 시스템이 있다고 가정해 보겠습니다. 이 시스템을 통해 가족들이 모두 외부에 있는 낮 시간보다 저녁 시간에 전기 사용량이 증가하는 일정한 패턴이 있다는 것을 파악했습니다.

그런데 어느 날부터 낮 시간에 전기 사용량이 200%로 증가하거나 50%로 줄어든다면 어떻게 분석할 수 있을까요? 전기 사용량이 24시간 일정하다면 이는 데이터 관점에서는 평상시와 다른 패턴을 보이고 있기 때문에 '데이터 이상치'라 할 수 있고, 일상 생활 관점에서는 이 가정에 어떤 변화가 있음을 추측할 수 있을 것입니다. 만약 노인이 혼자 거주 중이라면 전기 사용량이라는 데이터 이상치를 통해 동태를 파악할 수도 있는 셈이죠.

데이터 세트에 이러한 이상치들이 포함되어 있다면 딥러닝 학습의 복잡도도 높아지고 결과를 해석하는 데 많은 시간이 소요될 수 있습니다. 이것이 데이터 세트의 이상치를 처리해야 하는 이유죠. 이상치를 처리하지 않은 채 딥러닝 작업 후 결과를 분석한 뒤에야 문제점을 발견한다면 이를 바로잡는 데 드는 비용은 10배 이상에 달합니다. 만약 사전에 이상치를 처리했다면 이미 딥러닝 모델이 동작 중일 테니 기회비용까지 고려해야 하기 때문이죠.

특히 최근에는 폭발적인 데이터 증가와 IoT Internet Of Things 장치의 보급 증대는 데이터 이상치 처리의 중요성을 높이는 배경이 되고 있죠. 더불어 데이터 처리 전문가, 즉 데이터 과학자의 역할이 커지고 있다는 것도 시사하고 있습니다.

자, 그렇다면 데이터 이상치는 어떻게 찾을 수 있을까요? 데이터 이상치를 찾는 방법에도 여러 가지가 있는데 크게는 통계적인 방법 Statistical Based Methods, 거리/근접 기반 방법 Distance/Proximity Based Methods, 밀도 기반 방법 Density Based Methods, 군집 기반 방법 Clustering Based Methods, 편차 기반 방법 Deviation Based Methods 그리고 부분 공간 기반 방법 Subspace Based Methods 등이 있습니다. 이 안에서도 또 몇 가지 하위 방법으로 분류할 수 있지만 여기서는 그중에서 중요한 몇 가지를 살펴보도록 하겠습니다.

표준 편차

통계적으로 데이터 분포가 정규분포 Normal Distribution 라면, 데이터의 약 68%가 평균의 1σ(σ = 표준편차) 내에 분포하고 약 95%는 2σ(2표준편차) 내에 운집하고 있으며 약 99.7%가 3σ 이내 자리잡고 있습니다(**그림 4-12** 참조).

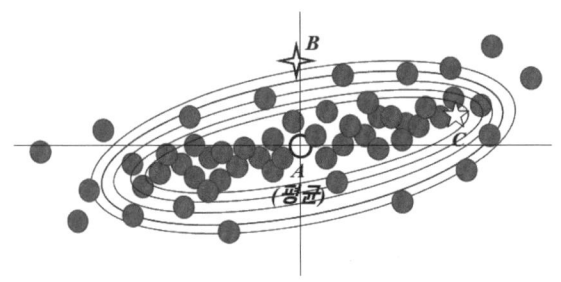

그림 4-12 데이터의 분포와 평균에 대한 개념도 (출처: SAS)

이러한 기준은 어떤 데이터가 표준 편차의 3배가 넘는(3σ) 위치에 분포하고 있는지를 분석함으로써 이상치나 비정상적 데이터를 분류하는 데 도움을 줍니다.

박스 플롯

일명 상자 수염 그림이라고도 불리는 박스 플롯Box Plot은 우리가 일상생활에서도 많이 접하는 그래프 형태로, 데이터의 전체적인 분포와 이상치들을 동시에 보여주는 시각적 표현입니다. 또한 서로 다른 군집에 속한 데이터끼리도 쉽게 비교할 수 있도록 도와 주죠.

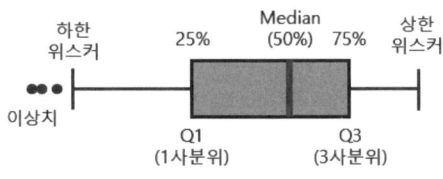

그림 4-13 박스 플롯

데이터 분포의 경계로는 하한 위스커Lower Wisker와 상한 위스커Uppper Wisker가 있습니다. 말 그대로 하한선과 상한선을 뜻하는 것으로 이 범위를 벗어나면 이상치나 비정상적 데이터로 간주할 수 있겠죠.

통계 분야에서는 익히 알고 있는 사실이지만, 새로운 데이터가 추가되면 중앙값은 크게 변하지 않지만, 산술 평균은 쉽게 변합니다. 그래서 박스 플롯에서는 상대적으로 산술평균보다 강건성이 큰, 즉 쉽게 변하지 않는 중앙값을 사용합니다.

데이터 세트 중 절반에 달하는 데이터는 1사분위수(Q1)와 3사분위수(Q3) 범위에 있고 그중에서도 데이터가 가장 많이 몰린 지점이 2사분위수(Q2)이므로, 이 세 가지 값을 통해 데이터가 집중적으로 분포된 위치를 알 수 있습니다.

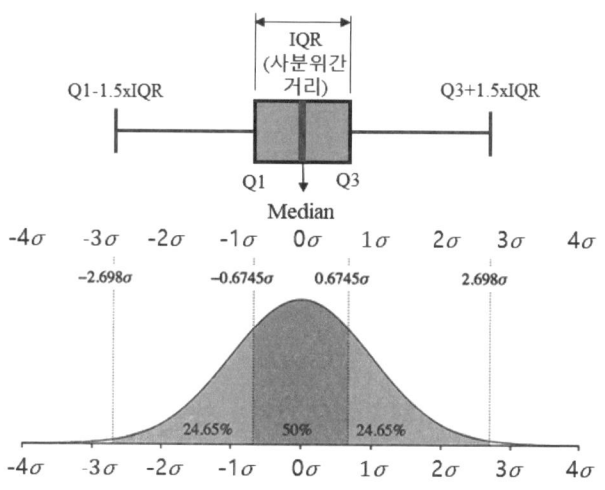

그림 4-14 박스 플롯과 표준 편차와의 관계

중앙값 주위에 데이터들이 얼마나 포진하고 있는지 아는 것은 유용합니다. 보통은 표준 편차를 쓰지만, 데이터의 25% 지점인 1사분위수(Q1)와 데이터의 75% 지점인 3사분위수(Q3) 사이의 간격을 나타내는 사분위수 범위(IQR, Inter-Quartile Range, Q3-Q1)를 사용기도 합니다.

사분위수 범위는 박스 플롯을 그리는 데 유용하며 데이터 세트를 4개의 사분위로 나눠서 확률적인 분산과 데이터의 변동성을 알려주는 지표도 됩니다.

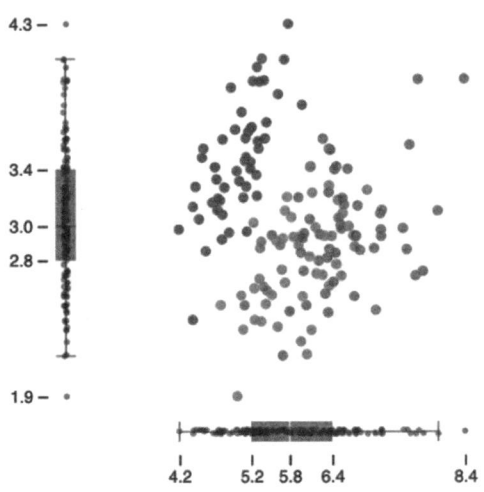

그림 4-15 산포도와 박스 플롯의 관계 (출처: 강규영, boxnwhis.kr)

또 한 가지 재미있는 점은 **그림 4-15**와 같이 산포도의 각 축에 박스 플롯을 추가하면 두 변수의 분포를 볼 수 있다는 것입니다. 산포도 자체만으로도 두 변수 사이의 상관 관계를 제공하지만, 각 변수의 분포가 어떻게 되는지에 대한 정보를 알기는 어렵기 때문에 이는 무척 유용하죠.

DBScan 군집

DBScan은 잡음을 가진 응용의 밀도 기반 공간 군집Density Based Spatial Clustering of Applications with Noise을 의미합니다. 어떤 공간에서 군집할 데이터 세트에 대해 어떤 점과 이웃 군집의 반지름을 ε이라고 가정해 봅시다.

DBScan 군집은 밀도 기반 군집 알고리즘으로, 2개의 파라미터가 필요합니다. 하나는 n-차원 구n-Dimensional Sphere의 반지름이 ε이며 또 다른 하나는 밀집 영역을 구성하는 데 필요한 최소한의 데이터 개수인 MinPts입니다.

DBScan 군집에서는 데이터를 크게 3가지로 분류합니다. 핵심 데이터Core Data, 도달 가능한 데이터Reachable Data 그리고 이상치 데이터입니다.

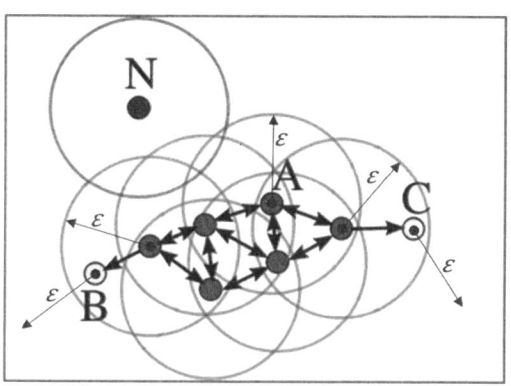

그림 4-16 DBScan 군집에 대한 개략도 (출처 : Wikipedia)

그림 4-16에서 MinPts는 4입니다. 어떤 한 데이터 **A**로부터 출발해 보겠습니다. 그 데이터 자체를 포함해서 최소한 4개의 데이터가 반지름 ε을 가진 영역 안에 있기 때문에 데이터 **A**를 포함해 빨간색 원은 핵심 데이터를 뜻합니다.

이러한 데이터는 반지름 ε 내에서 서로 접근 가능하기 때문에 도달 가능한 데이터이며, 하나의 단일 군집Single Cluster을 형성합니다.

반면 데이터 **B**와 **C**는 핵심 데이터는 아니지만, 다른 핵심 데이터를 통해서 데이터 **A**에 도달 가능하기 때문에 그 군집에 속하게 됩니다.

그럼 데이터 **N**은 어떤가요? 데이터 **N**은 핵심 데이터에 속하지도 않고, 다른 데이터와 반지름 ε 내에서 도달할 수 없기 때문에 이상치로 분류할 수 있습니다.

4.3 시간-주파수 표현 방법

시간-주파수 표현 방법Time-Frequency Representations을 다루고자 하는 이유는 우리가 일상 생활에서 접하고 있는 것 중에 진동이나 음향 신호와 같이 1차원 공간으로 표현할 수 있는 것이 많이 존재하기 때문입니다. 또 산업 현장에서 작동하는 수많은 공정의 건전성을 평가하거나 상태를 진단하는 데도 주로 진동과 음향 신호를 이용하죠.

예로 기계 장치의 필수 부품 중 하나인 베어링을 들 수 있습니다. **그림 4-17**에서 보는 바와 같이 베어링은 안 바퀴와 바깥 바퀴 그리고 리테이너와 볼 또는 롤러로 구성되어 있습니다.

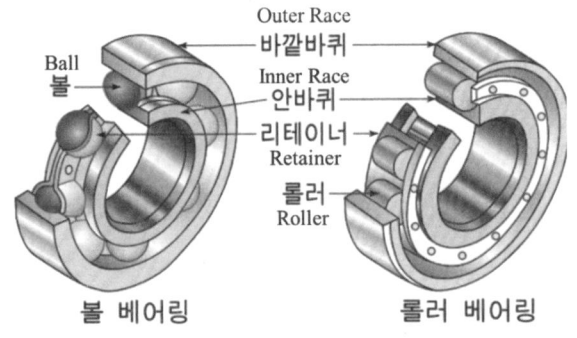

그림 4-17 베어링의 종류와 구성 요소 (출처 : Lubenlove, Naver)

베어링은 회전하는 기계의 필수품으로, 이 구조 중 하나라도 문제가 발생하면 진동과 소리 특성이 바뀝니다. 실제로 기계를 많이 다뤄본 전문가들은 소리만 듣고서 문제점을 발견함으로써 대형 사고를 방지하곤 합니다.

전문 기술자가 베어링의 문제점을 발견하는 것을 각종 알고리즘으로 구현하려는 많은 시도가 있었습니다. 고장 예지 진단 기술을 통해 문제가 발생하기 전에 상태를 진단하고 사전에 조치를 취함으로써 설비나 장치의 대형 사고를 미리 방지할 수 있습니다.

베어링에서 발생하는 1차원 신호인 진동이나 음향 신호를 2차원 신호로 영상화함으로써, 최근 영상 신호 처리(분류)에 탁월한 성능을 보이고 있는 딥러닝 모델과 접목하는 방식으로 문제 해결 시도가 이루어지고 있죠.

이처럼 진동이나 음향 신호와 같은 1차원 신호를 영상과 같은 2차원 신호로 변환하는 기법을 알면, 딥러닝 모델을 적용할 수 있는 영역이 훨씬 넓어지며 우리 삶에도 많은 기여를 할 수 있을 것으로 기대가 됩니다.

또 다른 응용 분야로는 의료 분야가 있습니다. 뇌파나 청진기 신호에도 이 기술을 접목하면 병을 진단하는 데 보조 역할을 할 수 있을 것입니다. 그 외에도 수많은 응용 분야가 있을 수 있습니다. 이제는 독자의 몫입니다. 적용 가능한 분야를 찾아서 인류에 도움을 주는 기술을 개발하기를 간절히 바랍니다.

고속 푸리에 변환의 단점

고속 푸리에 변환FFT, Fast Fourier Transform이란 **그림 4-18**처럼 신호를 시간 영역Time Domain에서 주파수 영역Frequency Domain으로 변환시키는, 관점을 바꾸는 신호 처리 기법입니다.

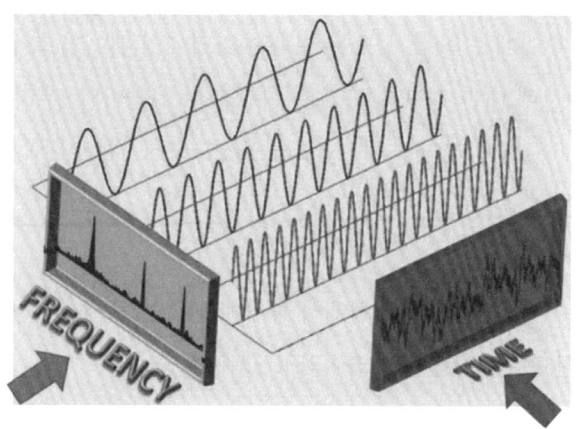

그림 4-18 관점에 따른 신호의 변환 (출처 : Mike James, 'I Programmer')

고속 푸리에 변환은 시간 축에서 보이지 않던 것들을 마법처럼 주파수 축에서 잘 보이도록 하는 것입니다. 푸리에 변환은 주어진 함수 내에 존재하는 주파수 요소들을 우리에게 제공합니다. 그림 4-19에서 보는 바와 같이 시간 축에서 보이지 않던 주파수에 대한 정보를 제공함으로써 원 신호가 어떤 신호들의 합으로 이뤄졌는지 알 수 있죠.

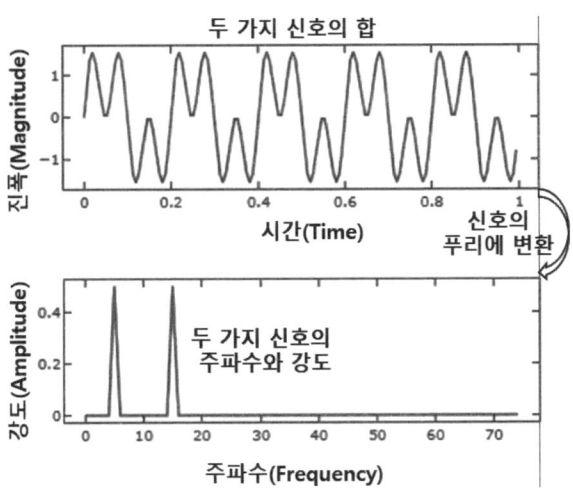

그림 4-19 신호의 푸리에 변환 전후 모습

이 그림에서 우리는 푸리에 변환 후 신호는 주파수 영역에서 뛰어난 특성을 보이고 있음을 알 수 있으며 더불어 시간에 대한 정보가 사라졌음을 알 수 있습니다. 푸리에 변환의 또 다른 문제점으로는 주파수가 시간에 따라 변하는 'Non-Stationary Signal'을 분석하는 데는 비효율적이라는 것입니다.

시간-주파수 변환은 시간과 주파수 영역에서 동시에 신호를 표시하는 방법입니다. 어떤 의미에서는 2차원 영상 신호로 변환하는 기법이라고 할 수 있습니다.

가장 많이 사용하는 방법으로 스펙트로그램Spectrogram과 스캘로그램Scalogram이 있습니다. 스펙트로그램은 STFTShort-Time Fourier Transformation를 사용해 신호를 시간과 주파수 영역에서 시각적으로 표현하는 방법입니다. 스캘로그램은 웨이브릿Wavelet을 사용한다는 점에서 스펙트로그램과 차이가 있습니다.

두 기술의 주된 차이점은 스펙트로그램은 윈도우 크기에 따라 주파수 해상도Fixed Frequency Resolution가 고정되는 반면 스캘로그램은 주파수 해상도가 주파수에 의존한다는 점입니다.

이외에도 다양한 시간-주파수 표현 방식이 있지만, 이 책에서는 앞서 언급한 스펙트로그램과 스캘로그램 그리고 추가적으로 멜 스펙트로그램에 대해 자세히 살펴보겠습니다.

스펙트로그램

스펙트로그램은 STFT을 사용해 x-축과 y-축에 각각 시간과 주파수를 그리고 영상 내의 색상은 주파수의 크기를 나타내는 시각적 표현 방법입니다.

먼저 STFT는 신호가 아주 짧은 시간 동안 준정적Quasi-Stationary 상태에 있다고 가정하면서 출발합니다. STFT는 먼저 신호를 일정한 시간 단위로 나눈 다음 푸리에 변환을 통해 각 시간 단위에 따라 스펙트럼을 구합니다. 그리고 시간에 따른 주파수 내용을 3D로 표현합니다. 각각의 푸리에 변환은 각 시간 단위에 따른 신호의 스펙트럴 정보Spectral Information를 제공합니다. 수학적으로 STFT은 다음과 같이 표현할 수 있습니다.

$$S_x(t,f) = \int_{-\infty}^{+\infty} x(\tau) h^*(\tau - t) e^{-2j\pi ft} d\tau$$

여기서 $h(t)$는 시간 분할Time Segment을 추출하기 위해 $\tau = t$를 중심으로 하는 시간 창Time-window을, $x(\tau)$는 신호를, t는 시간을, f는 주파수를 가리킵니다. 신호 특성이나 응용하는 부분에 따라 STFT 결괏값은 $|S_x(t,f)|$나 $|S_x(t,f)|^2$ 또는 $20\log_{10}|S_x(t,f)|$으로 변환하여 스펙트로그램화 할 수 있습니다. STFT는 다음과 같은 선형 변환 중에 하나입니다.

$$S_{x+y}(t,f) = S_x(t,f) + S_y(t,f)$$

사용 가능한 변환을 하기 위해서 시간 분할 창에 대한 함수 $h(t)$는 다음과 같이 단위 에너지를 가져야 합니다.

$$\int_{-\infty}^{+\infty} |h(t)|^2 = 1$$

$h(t)$는 일반적으로 사각형, 해닝Hanning, 해밍Hamming 또는 가우시안 창 중에서 선택할 수 있습니다. 시간 분할 창의 길이는 시간과 주파수의 해상도를 결정합니다. 이 해상도는 시간과 주파수 평면에서 일정하게 유지됩니다.

그렇다면 시간 분할 창의 크기는 어떻게 정하면 될까요? 넓게 선택하면 주파수 해상도는 높아지지만, 시간에 대한 해상도는 낮아진다는 단점이 있습니다. 반대로 좁게 선택하면 시간에 대한 해상도는 높아지는 반면 주파수에 대한 해상도는 낮아진다는 단점이 있습니다. **그림 4-20**과 **그림 4-21**은 원 신호로부터 스펙트로그램으로 변환하는 과정을 보여줍니다.

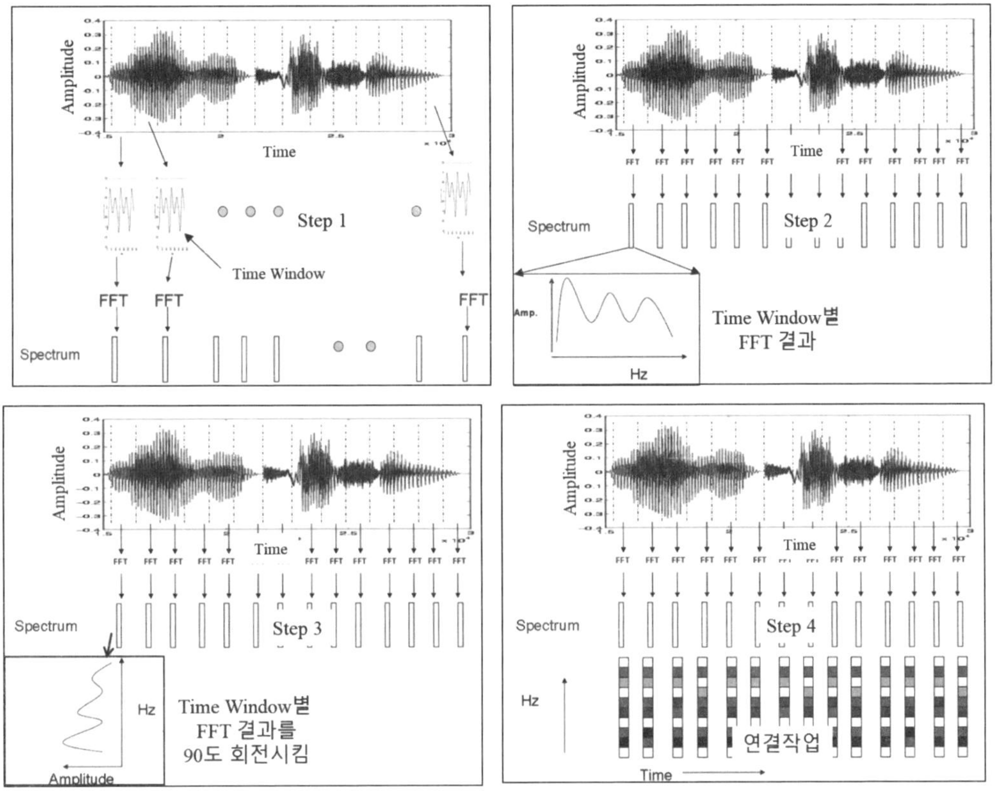

그림 4-20 원 신호를 스펙트로그램으로 변환하는 과정 (출처 : Kishore Prahallad, Carnegie Mellon University)

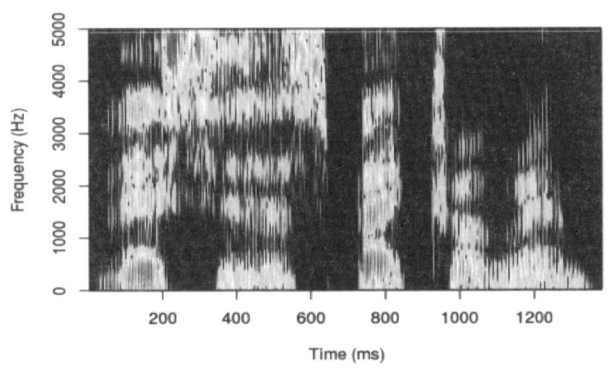

그림 4-21 스펙트로그램 예 (출처 : Eryk Walczak, R-bloggers)

그림 4-21은 시간 축에 대한 주파수의 스펙트럼 정보를 가시화하는 스펙트로그램을 보여 줍니다. 이처럼 스펙트로그램을 활용할 수 있다면 우리는 물리적이며 직관적으로 신호를 해석할 수 있는 도구를 가진 셈입니다.

스캘로그램

STFT 기법의 기초는 정현파Sinusoids의 모임이라고 보면 됩니다. 스펙트로그램은 고속 푸리에 변환을 한 결과에 시간을 추가해 시간과 주파수 모두 표현할 수 있다는 장점이 있습니다. 하지만 시변Time Varying 및 과도Transient 신호를 적절하게 모델링하는 데 어려움이 있습니다.

한편 스캘로그램은 웨이블릿 변환Wavelet Transform을 통해 만들어진 그래픽 이미지입니다. **웨이블릿 변환은 사인파 함수**Sinusoidal Function **대신 웨이블릿 기반의 선형 시간-주파수 표현 방식**입니다. 시간 변수와 함께 척도 변수Scale Variable를 추가하여 시간에 따라 주파수가 변하는 불안정한 신호나 과도 신호를 분석하는 데 효과적입니다.

연속 웨이블릿 변환Continuous Wavelet Transform은 고주파 신호의 특징 중 시간에 대한 설정을 자유롭게 할 수 있다는 점에서 전통적인 시간-주파수 변환 기법 중 하나인 STFT와는 다릅니다. 또한 관찰 창을 가변시킬 수 있기 때문에 고주파 특성을 분리하는 유연성을 가지고 있습니다. 또 STFT와 달리 연속 웨이블릿 변환 시 정현파 분석 함수를 사용하는 데 제한이 없습니다. 오히려 미리 정의된 수학적 기준을 만족한다면 시간 및 주파수 척도의 다양한 범위를 조정할 수 있으며 쉽게 원 신호 복구가 가능한 국부형 파형Localized Waveform의 특성이 있습니다.

연속형 신호 $x(t)$에 대한 웨이블릿 변환은 다음과 같이 정의할 수 있습니다.

$$T(a,b) = \frac{1}{\sqrt{a}} \int_{-\infty}^{+\infty} x(t) \psi^* \left(\frac{t-b}{a} \right) dt$$

여기서 $\Psi^*(t)$는 분석하기 위한 웨이블릿 함수 $\Psi(t)$의 켤레 복소수공액 복소수, Complex Conjugate이며 **a**는 팽창 변수Dilation Parameter로, 웨이블릿의 수축과 팽창을 결정하는 일종의 척도입니다. **b**는 웨이블릿을 축을 따라 움직여주는 이동 계수Location Parameter 또는 Translation Parameter 입니다.

웨이블릿으로 의미를 가지려면 함수는 일정한 수학적 기준을 만족해야 합니다.

먼저 유한한 에너지를 가져야 합니다.

$$E = \int_{-\infty}^{+\infty} |\psi(t)|^2 dt < \infty$$

그리고 $\Psi(t)$의 푸리에 변환을 $\hat{\Psi}(t)$라고 하면 다음과 같이 표현할 수 있습니다.

$$\hat{\Psi}(f) = \int_{-\infty}^{+\infty} \Psi(t) e^{-i(2\pi f)t} dt$$

이 경우 다음과 같은 허용 조건Admissibility Condition을 만족해야 합니다. 물론 C_g는 허용 상수Admissibility Constant입니다.

$$C_g = \int_0^{\infty} \frac{|\hat{\Psi}(f)|^2}{f} df < \infty$$

이것은 웨이블릿에 0인 주파수 성분 $\hat{\Psi}(0) = 0$이 없거나, 달리 표현하면 평균이 0이 되어야 한다는 뜻입니다. 복소수 웨이블릿의 경우 푸리에 변환은 실수이거나 음의 주파수가 없어야 합니다.

그럼 특정한 척도 **a**와 위치 **b**에서 신호 에너지 기여는 2차원 웨이블릿 에너지 밀도 함수로 알려진 스캘로그램이며 다음과 같이 구할 수 있습니다.

$$E(a,b) = |T(a,b)|^2$$

이외에도 이 식에서 정의된 스캘로그램에 허용 상수 C_g로 나눈 값도 스캘로그램으로 사용할 수 있으며 $C_g \cdot f_c$ (허용 상수 x 특성 주파수)로 나눈 값도 스캘로그램이라 부르기도 합니다.

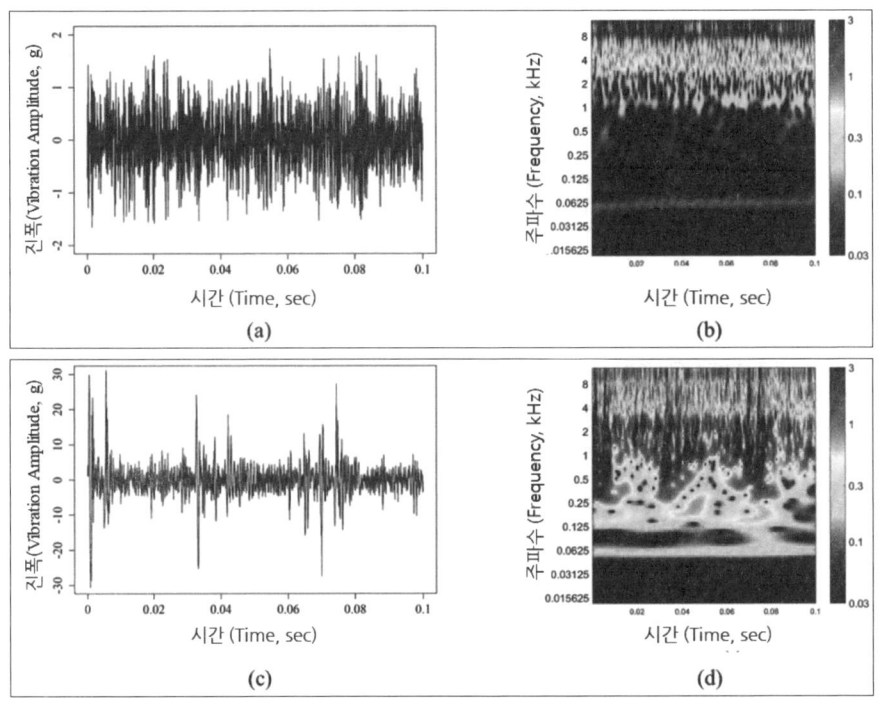

그림 4-22 베어링 수명 예측을 위한 스캘로그램(((c), (d)) (출처 : Youngil You and Jun-Geol Baek, Appl. Sci. 2018, 8(7), 1102)

그림 4-22는 베어링의 상태에 따른 진동 신호의 변화와 그에 따른 스캘로그램의 변화를 보여주는 것입니다. (a)는 정상 상태의 진동 신호이며 (b)는 그에 따른 스캘로그램입니다. 반면 (c)는 문제가 발생했을 때의 진동 신호이며 (d)는 그에 따른 스캘로그램입니다.

덕분에 우리는 육안으로도 차이를 확실히 알 수 있게 되었습니다. 이처럼 이미지화된 스캘로그램을 학습 데이터로 확보하면 딥러닝 모델, 특히 CNN을 이용하여 다양한 응용 분야에 적용함으로써 문제를 해결할 수 있습니다.

멜 스펙트로그램

일반적으로 소리와 진동은 다르다고 보지만, 물리적 특성이나 수학적 표현 방식은 동일합니다. 보통 소리와 진동은 시간 영역에서 시간에 대한 높낮이 변화로 표현되죠. 또 다른 표현 방식으로는 고속 푸리에 변환을 통해 시간 영역에서의 신호를 주파수 영역으로 표시하는 방식이 있습니다.

멜 스펙트로그램Mel-Spectrogram으로 넘어가기 전에 먼저 멜 척도Mel Scale에 대해서 알아보겠습니다. 여기서 멜Mel은 척도가 피치 비교Pitch Comparisons에 기반을 두고 있는 멜로디Melody라는 단에서 비롯되었습니다. 수학에서 멜 척도는 주파수 척도Frequency Scale의 비선형 변환이라고 얘기할 수 있죠.

사람의 청각 기관은 고주파수High Frequency보다는 저주파수Low Frequency 대역에서 더 민감하게 반응합니다. 이런 특성을 반영해 물리적인 주파수와 실제 우리가 인식하는 주파수와의 관계를 표현하는 것이 멜 척도입니다.

멜 스펙트로그램은 바로 이 멜 척도에 기반한 멜 필터 묶음Mel Filter Banks을 스펙트럼에 적용해서 만든 것입니다.

그럼 이제부터 멜 스펙트로그램을 어떻게 작품으로 만드는지 알아보죠. **그림 4-23**은 멜 스펙트로그램을 도출하는 블록 다이어그램입니다.

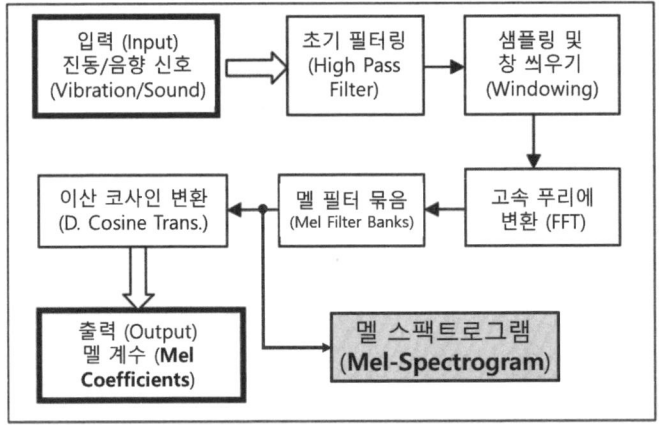

그림 4-23 멜 스펙트로그램을 도출하는 블록 다이어그램

음향이나 진동 신호는 고주파 통과 필터High Pass Filter 역할을 하는 **초기 필터링**Pre-Emphasis을 통과합니다. 이것을 식으로 표현하면 다음과 같습니다.

$$Y[n] = X[n] - 0.95 X[n-1]$$

여기서 0.95는 95%가 이전 샘플링에서 나온 것으로 가정한 것입니다. 그리고 $Y[n]$은 출력 신호를, $X[n]$은 입력 신호를 나타냅니다

이어서 신호를 20~40ms 단위의 프레임으로 분할해서 샘플링을 하는 **샘플링 및 창 씌우기** Sampling & Windowing 과정을 거치는데 약 50% 정도 중첩되게 분할합니다. 물론 중첩되는 정도는 조정이 가능한 계수입니다. 중요한 것은 각각의 프레임에 각각의 창을 적용하는 데 주로 해밍 창을 사용한다는 것입니다. 창을 각각 부여하는 이유는 프레임의 시작과 끝을 똑같이 유지하기 위해서입니다.

N은 각 프레임에서 샘플링 개수를, $W[n]$은 창을 의미하며 앞서 언급했듯 해밍 창을 주로 사용합니다. 이를 식으로 표현하면 다음과 같습니다. 그러면 다음과 같이 식으로 표현할 수 있습니다.

$$Y[n] = X(n) \times W(n) = X(n) \times \left\{ 0.54 - 0.46 cos\left(\frac{2\pi n}{N-1}\right) \right\}, 0 \leq n \leq N-1$$

이제 각 프레임에 대해서 고속 푸리에 변환 과정을 거쳐 주파수 성분을 도출하고 다음과 같이 표현할 수 있습니다.

$$Y(w) = FFT\left[h(t) * X(t)\right] = H(w) * X(w)$$

여기서 $X(w), H(w), Y(w)$는 $X(t), H(t), Y(t)$를 각각 고속 푸리에 변환으로 취한 것입니다. 도출된 주파수에 대해서 멜 값을 얻기 위해 **그림 4-24**와 **그림 4-25**와 같은 **멜 필터 묶음**을 적용합니다. 주어진 주파수 $f(Hz)$에 대한 멜 값은 다음과 같이 구할 수 있습니다.

$$F(Mel) = 2596 \times \log_{10}(1 + \frac{f}{700})$$

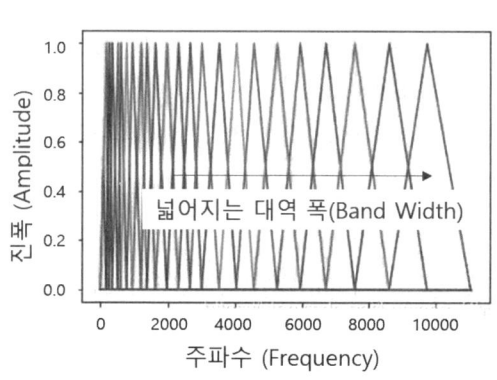

그림 4-24 멜 척도에 따른 필터 묶음

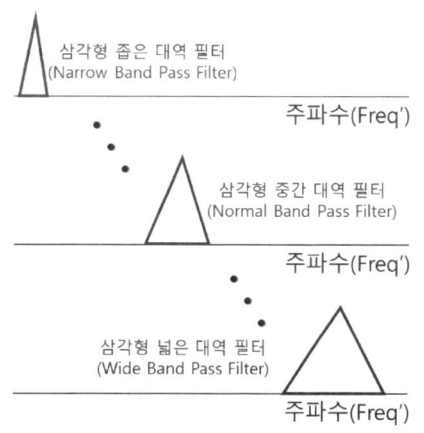

그림 4-25 주파수에 따라 서로 다른 대역폭을 사용하는 개념도

앞서 두 그림과 같이 주파수가 높아질수록 더 넓은 대역의 필터를 사용하는 이유는 앞에서 언급한 것처럼 물리적인 주파수와 실제 사람이 느끼는 주파수와의 관계를 나타내는 멜 척도 때문입니다. 멜 척도에 바탕을 둔 **멜 필터 묶음**은 서로 다른 대역을 갖는 N개의 삼각형 대역 필터 Band Pass Filter들로 구성되어 있습니다. 고속 푸리에 변환을 거친 주파수 성분이 멜 필터 묶음을 통과하면 드디어 멜 스펙트로그램이라는 특징 값을 구할 수 있습니다. 이 과정을 간단하게 그림으로 표현하자면 **그림 4-26**처럼 표현할 수 있습니다.

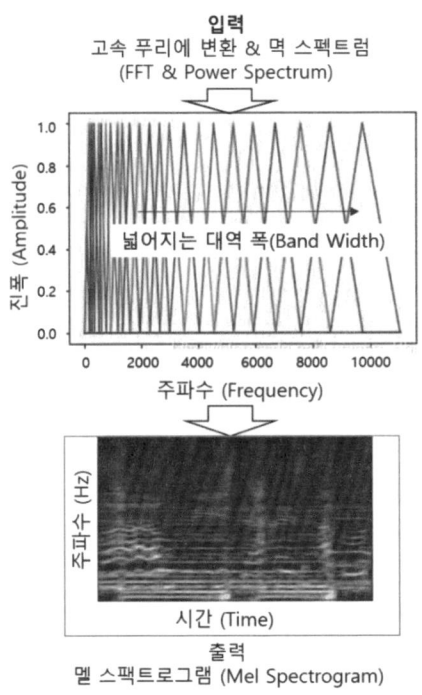

그림 4-26 멜 스펙트로그램 생성 과정

Chapter 05 딥러닝 기본기 다지기

Chapter 1부터 Chapter 4까지 우리는 기초 수학과 딥러닝 모델 학습에 필요한 데이터 전처리의 중요성을 배웠습니다. 이는 딥러닝을 이해하고 응용하는 데 매우 중요한 역할을 하죠. 앞으로 좀 더 깊은 내용을 접하더라도 이 책에서 익힌 것이 기초가 되어 줄 것입니다.

이번 장에서는 딥러닝이란 무엇이고, 어떻게 학습이 이뤄지는지 깊이 있게 다루고자 합니다. 이번 장을 통해 가까이 하기엔 너무나 먼 당신이었던 딥러닝과 친숙한 관계로 발전하리라 확신합니다. 여러분의 도전 의식이 발동하기를 바랄 뿐입니다.

자, 이제 직관적으로 딥러닝 모델의 학습 과정을 이해할 수 있도록 최근 떠오르는 기술 중 하나인 자율 주행 자동차를 예로 들면서 Chapter 5을 시작하도록 하겠습니다.

5.1 자율 주행 자동차와 딥러닝 학습 개념 이해하기

딥러닝에서 말하는 학습이란 무엇일까요? 이해를 돕기 위해 이제 막 운전을 배운 운전자가 자동차 운전석에 앉아 있다고 가정해 봅시다. 옆에서 운전을 가르치는 분은 운전자에게 무엇을 어떻게 해야 하는지 설명한 후 도로주행을 시작할 것입니다. 운전자는 **목표 속도, 차간 거리, 차선 유지**라는 3가지 목표를 가지고 있습니다.

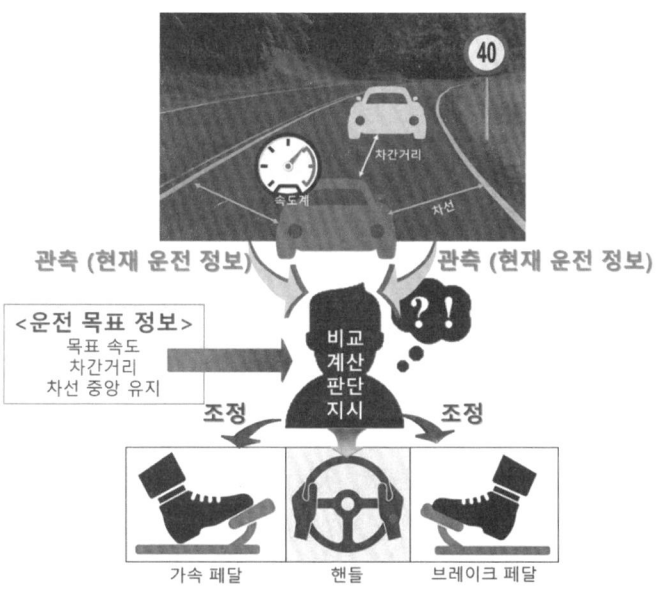

그림 5-1 자동차 운전 프로세스

운전자가 이 3가지 목표를 달성하기 위해 필요한 정보가 있습니다. 바로 눈으로 확인할 수 있는 관측 정보인 **3가지 현재 운전 정보**입니다. 속도계, 차간 거리 그리고 차선 유지 여부입니다.

운전자는 이 3가지 목표(목표 속도, 차간 거리, 차선 유지)와 3가지 현재 운전 정보(속도계, 차간 거리, 차선 유지 여부)를 비교하고 판단해서 가속 페달, 핸들 그리고 브레이크 페달을 조작하는 조정 동작을 하게 됩니다. 여기서 주목해야 할 것이 있습니다. 바로 **비교**, **계산**, **판단** 그리고 **지시**라는 네 단어입니다. 이 단어들은 앞으로 딥러닝을 학습하는 데 꼭 필요한 핵심 키워드입니다.

그 누구도 태어나면서부터 자동차를 운전할 줄 아는 사람은 없습니다. 처음에는 핸들이 익숙하지 않아서 차가 한쪽으로 쏠릴 수 있고 급 브레이크를 밟는 경우도 있을 것입니다. 그러다

점차 가속 페달을 얼마나 밟아야 하고, 브레이크 페달은 어느 정도로 밟아야 속도가 천천히 줄어들면서 부드럽게 멈추는지 깨닫게 됩니다. **연습**이라는 **학습**을 하는 거죠. 이처럼 무수한 시행착오를 겪으면서 일련의 반복을 통해 배우는 것이 바로 **학습 과정**입니다.

이 학습 과정을 반복하다 보면 운전자는 3가지의 **현재 운전 정보**를 바탕으로 핸들과 가속 페달 그리고 브레이크 페달 조작을 자연스럽게 하게 됩니다. 거의 무의식적으로 말이죠. 이 단계에 이르면 비로소 운전자는 학습된 운전자, 즉 숙련된 운전자라고 할 수 있습니다.

그렇다면 만약 이 운전자가 다른 자동차를 운행하면 어떨까요? 같은 기종의 차량이라도 미세한 차이가 있을 수 있습니다. 핸들 조작의 부드러움이나 가속 및 브레이크 페달 조작 시 자동차의 반응 등에 차이가 있을지라도, 운전자는 거기에 적응하면서 아무 문제 없이 운전을 하게 될 겁니다.

이처럼 운전자가 운전에 익숙해지는, 즉 학습하는 프로세스를 블록 다이어그램으로 변환하면 다음과 같습니다.

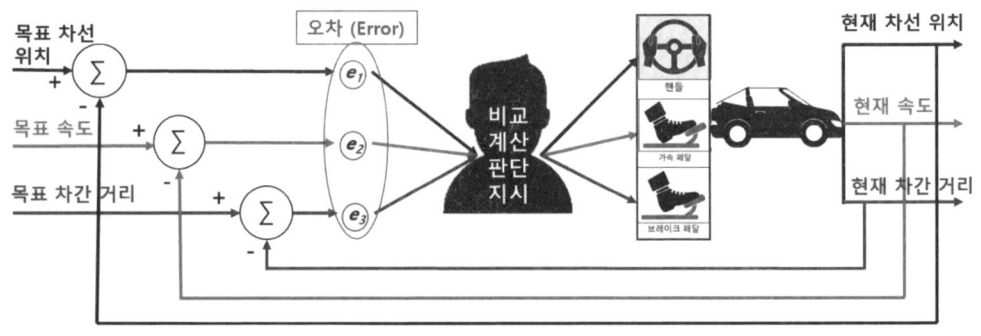

그림 5-2 운전 학습 프로세스에 대한 블록 다이어그램

그림 5-2를 살펴보면 운전자가 운전을 학습하는 과정은 이러합니다. 먼저 자동차의 현재 운전 정보(현재 차선 위치, 현재 속도, 현재 차간 거리)를 눈이라는 감각기관으로 측정(파악)합니다. 그렇게 파악한 현재 운전 정보와 목표(목표 차선 위치, 목표 속도, 목표 차간 거리)를 **비교**해서 오차를 **계산**합니다.

즉, 현재 운전 정보와 목표 사이에 얼마나 차이가 나는지를 비교하고 그 차이를 좁히기 위해 어떤 조작을 해야 하는지 계산하는 거죠. 이 차이를 **오차**라고 하겠습니다. 운전자는 계산된 오차를 어떻게 줄일 수 있을까 **판단**을 한 후, 손과 발에 핸들과 가속 페달 그리고 브레이크 페달을 얼마나 조작할 것인지 **지시**를 내립니다. 결과적으로 **운전자의 가장 큰 목표는 '오차를 0으로 만드는 것'**임을 알 수 있습니다.

> 학습이라는 것은 오차를 0으로 만들기 위해
> 수행하는 일련의 과정입니다.

이제 **학습이란 오차를 0으로 만드는 것**임을 확실하게 알게 되었습니다. 그럼 본격적으로 딥러닝에 발을 담그기 전에 공학적인 세계로 한 걸음 더 나아가 보도록 하겠습니다.

이번엔 운전자가 조작하지 않아도 주행하는 자율 주행 자동차의 학습 및 작동 프로세스에 대해 알아보겠습니다.

먼저 운전자 옆에 컴퓨터를 두고 이 컴퓨터로 하여금 운전자의 동작을 모방하도록 학습을 시킨다고 가정해 보겠습니다. 그리고 학습된 컴퓨터를 장착한 자동차는 운전자의 도움 없이 스스로 운전을 하는 '자율 주행 자동차'가 됩니다. 물론 실제 자율 주행 자동차의 시스템은 훨씬 복잡하지만 여러분의 이해를 돕기 위해 학습하는 과정에 초점을 맞춰 단순화시킨다면 이런 식일 것입니다.

운전자가 눈으로 확인하는 자동차의 현재 운전 정보(현재 속도, 현재 차간 거리, 현재 차선 위치)는 쉽게 측정 가능한 인자들입니다. 현재 차선 위치는 카메라를 통해서, 현재 속도는 자동차 속도계 신호를 분기해서 그리고 현재 차간 거리는 자동차용 레이더 등을 통해서 바로 계측이 가능하죠.

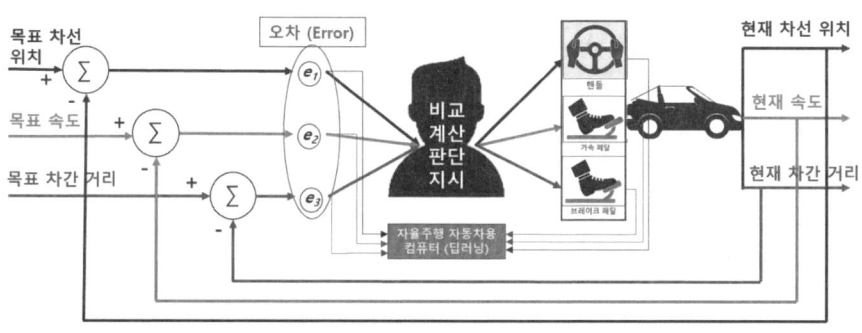

그림 5-3 자율 주행 자동차 학습 개념도

컴퓨터는 자동차의 현재 운전 정보를 받은 후 각 인자에 대한 오차를 계산합니다. 그리고 목표 속도는 카메라가 도로에 있는 표지판을 판독해서 자동차 속도계와 비교한 다음 오차를 계산합니다. 이 오차에 대한 운전자의 반응까지 컴퓨터가 데이터로 받아서 학습을 합니다. 핸들과 가속 페달 그리고 브레이크 페달을 운전자가 얼마나 많이 그리고 얼마나 빨리 조작하는지는 측정 가능한 인자이기 때문이죠.

이 과정을 반복해서 거친 후 컴퓨터와 운전자가 조작하는 값들을 비교했을 때 만족스러운 결과를 얻는다면 바로 이것이 학습된 상태라고 할 수 있겠죠. 이것은 마치 초보 운전자가 숙련된 운전자로부터 운전을 배우는, 즉 학습하는 것과 비슷한 원리입니다.

실제로 딥러닝 모델을 학습하는 기법에는 여러 가지가 있습니다. 각 학습 기법마다 장·단점이 있죠. 학습 과정에서 문제가 발생하면 우리는 그 원인을 파악하고 해결 방안을 찾게 됩니다.

그래서 **학습이라는 것은 오차를 0으로 만들기 위해 수행하는 일련의 과정**이라고 배웠습니다. 우리 일상생활이나 산업 현장에서 오차를 0으로 만들기 위한 동작이 가장 활발하게 이뤄지는 부분이 있습니다. 바로 자동 제어 시스템에 탑재하는 제어 알고리즘입니다. 그중에서 절대적으로 가장 많은 시장 점유율을 차지하고 있는 제어 알고리즘인 비례 비분 적분 제어기인 PID 제어기의 원리를 하나씩 살펴보고자 합니다.

PID 제어기는 어떻게 보면 재래식 기술이라고도 볼 수 있습니다. 대체 이 단어부터 어려운 걸 왜 딥러닝 책에서 다루는 걸까요? PID 제어기의 비례, 적분, 미분 기능과 이번 장에서 배울 딥러닝 학습 기법과 아주 유사한 점이 있기 때문입니다. 그 원리가 닮아도 너무 닮았죠. 또 PID 제어 알고리즘을 배움으로써 딥러닝 학습 알고리즘을 직관적으로 이해할 수 있고 딥러닝 학습 과정에서 발생하는 문제점의 원인을 파악하고 대처할 수 있기 때문입니다.

5.2 자동 제어 기법을 통한 학습 개념 이해하기

우리의 삶을 편리하게 해주는 하나의 기술 중 하나가 바로 PID 제어기, 즉 비례, 적분, 미분 제어기입니다. **전 세계 자동제어 기법 중 약 84.5%가 PID 제어기를 사용**하고 있습니다. 구현하기 쉽고 비용이 저렴할 뿐만 아니라 뛰어난 성능으로 산업체와 가정에서도 널리 사용하고 있죠.

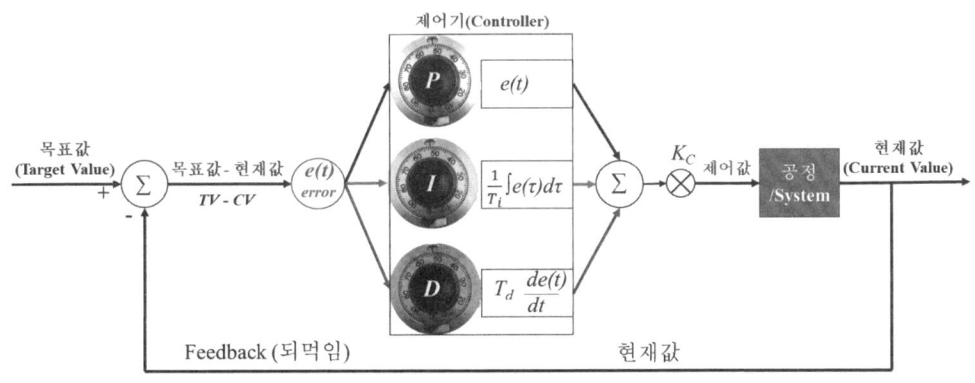

그림 5-4 PID 제어기의 블록 다이어그램

그림 5-4는 PID 제어기의 블록 다이어그램입니다. 어디서 많이 본 듯한 구조이지 않나요? 맞습니다! 앞서 운전 학습 프로세스를 블록 다이어그램으로 표현한 그림 5-2와 많이 닮았습니다. 운전자는 제어기로, 3가지 입·출력은 하나의 입·출력으로 바뀐 것뿐입니다.

그림 5-4를 찬찬히 살펴보겠습니다. 먼저 PID 제어기는 오차값을 받아서 각 이득Gain을 바탕으로 비례 제어값, 적분 제어값 그리고 미분 제어값을 계산하고 합산한 후 원하는 목표를 달성하기 위해 제어값을 출력합니다.

PID 제어기에는 비례 이득(K_c), 적분 시간(T_i) 그리고 미분 시간(T_d)이라는 조정 계수Tuning Parameter가 있습니다. 이것은 적용 분야에 따라 서로 다른 값을 가지는데, 원하는 목표인 오차 0을 위해서는 이 3개의 계수를 최적으로 조정해야 합니다.

PID 제어기를 통해서 다음 두 가지를 알 수 있습니다.

- PID 제어기의 주된 임무는 오차인 '목표값'과 '현재값'의 차이를 0으로 만드는 것이다.
- 오차를 0으로 만들기 위해 3가지 조정 계수(비례 이득, 적분 시간, 미분 시간)를 최적화해야 한다.

앞서 PID 제어기와 딥러닝의 학습 과정에는 매우 유사한 점이 있다고 언급했었습니다. 딥러닝에도 목표값과 현재값과 비슷한 개념의 용어가 있으며, 이 두 값의 차이를 최소화하기 위해 최적화해야 하는 인자들이 있습니다. 다만 3개가 아닌 많게는 수백만 개가 넘을 수도 있다는 차이가 있을 뿐이죠.

이젠 여러분도 딥러닝 학습이란 수백만 개의 인자들을 최적화하는 것임을 어느 정도 짐작했으리라 믿습니다. PID 제어기에서 3가지 이득을 최적화하는 것도 쉽지 않아 보이는데 수백만 개의 인자들을 최적화하는 것은 더 어렵지 않을까요? 그렇지 않습니다. 우리는 원리만 이해하고 나머지는 컴퓨터의 계산 능력과 딥러닝 모델에 맡기면 됩니다. 물론 그 전에 학습 및 검증 데이터가 잘 준비되어 있다면 말이죠.

그래서 이제부터 PID 제어기의 작동 원리와 이것이 딥러닝 모델 가중치 최적화 알고리즘과 어떤 관계가 있는지 알아보도록 하겠습니다. **그림 5-4**의 PID 제어기 블록 다이어그램에서 제어값 ($u(t)$)을 하나의 수식으로 표현해 보겠습니다.

$$u(t) = K_C \left\{ e(t) + \frac{1}{T_i} \int_0^t e(\tau)d\tau + \frac{1}{T_D} \frac{de(t)}{dt} \right\}$$

여기서 제어 오차인 $e(t)$는 **목표값**TV, Target Value **- 현재값**CV, Current Value 입니다. 제어 변수($u(t)$)는 비례 제어값Proportional Control Value, 적분 제어값Integral Control Value 그리고 미분 제어값Derivative Control Value이라는 3가지 제어값의 합으로 표현됨을 알 수 있습니다.

비례 제어 동작

만약 비례 제어 동작 ($P(t)$)만 사용한다면 앞의 식은 다음과 같이 간단하게 표현할 수 있으며, 반응은 **그림 5-5**와 같습니다.

$$P(t) = K_C e(t) = K_C \left(TV(t) - CV(t) \right)$$

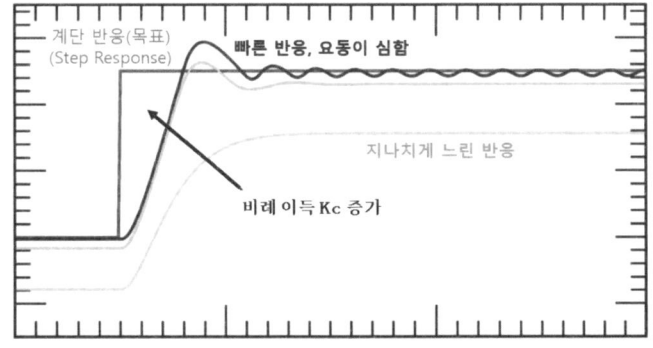

그림 5-5 비례 제어 동작

비례 제어 동작은 PID 제어기에서 주 제어 동작Main Driving Force이며 **그림 5-5**처럼 오차에 비례해서 제어값을 출력합니다. 만약 오차가 커지면 큰 오차를 줄이기 위해 비례 제어 동작도 비례해서 큰 제어값을 출력합니다.

비례 이득을 큰 값으로 설정하면 주어진 오차에 대해서 비례 이득만큼 비례 제어 동작도 커집니다. 그런데 이 값을 지나치게 큰 값으로 설정하면 제어 시스템은 요동치거나Fluctuating, Oscillating 불안정 상태가 됩니다. 반대로 비례 이득값을 너무 작게 설정하면 원하는 목표를 달성하지 못하거나 목표를 달성하는 데 시간이 지나치게 오래 걸린다는 문제가 있습니다.

> 딥러닝 모델의 가중치를 갱신하기 위한 최적화 알고리즘에서 학습 계수는
> PID 제어기의 비례 이득과 거의 같은 역할을 합니다.

5.8 경사 하강법에 기반한 학습방법에서 배우게 될 가중치 갱신은 다음과 같이 계산할 수 있습니다.

$$w(k+1) = w(k) - \eta \nabla J(w(k)) = w(k) + \eta(\hat{y} - y) f'\left(w(k)^T x + b\right) x$$

이 식에서 학습 계수 η가 PID 제어기의 비례 이득 K_c와 같은 기능을 합니다. 따라서 PID 제어기의 비례 이득을 제대로 이해하면 딥러닝 모델을 학습시킬 때 학습 계수를 적절하게 조정하는 데 도움이 됩니다.

적분 제어 동작

적분 제어 동작은 다음과 같이 간단하게 표현할 수 있습니다.

$$I(t) = \frac{K_C}{T_i} \int_0^t e(\tau) d\tau$$

이 식을 컴퓨터가 인식할 수 있도록 변환시켜 보겠습니다.

$$\frac{dI(t)}{dt} = \frac{K_C}{T_i} e(t)$$

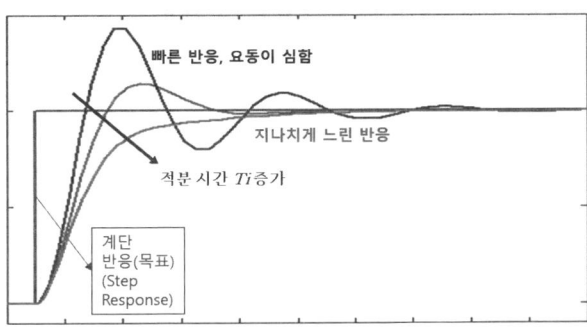

그림 5-6 적분 제어 동작

이 표현은 여러 가지로 근사화할 수 있습니다. 다음 식은 위에서부터 차례로 전방 차분Forward Difference, 후방 차분Backward Difference 그리고 터스틴 근사화Tustin's Approximation와 관련된 식입니다. 여기서 **h**는 샘플링 시간Sampling Time(sec)입니다.

$$\frac{(I(t+1) - I(t))}{h} = \frac{K_C}{T_i} e(t), \; I(t+1) = I(t) + \frac{K_C \cdot h}{T_i} e(t)$$

$$\frac{(I(t) - I(t-1))}{h} = \frac{K_C}{T_i} e(t), \; I(t+1) = I(t) + \frac{K_C \cdot h}{T_i} e(t+1)$$

$$I(t+1) = I(t) + \frac{K_C \cdot h}{T_i} \frac{(e(k+1) + e(k))}{2}$$

현재값(PV)과 목표값(TV)의 차이인 오차가 발생하는 한 적분 제어값은 계속해서 증가하거나 감소하기 때문에 적분 제어 동작의 주된 역할은 정상상태Steady State에서도 오차가 존재하는 잔류 오차offset를 제거하는 것입니다.

만약 오차가 크다면 적분 제어 동작은 제어값을 빨리 증가시키거나 감소시키게 됩니다. 그 반대가 되면 적분 제어 동작은 느리게 반응하죠. 즉, 적분 시간(T_i)을 큰 값으로 설정하면 적분 동작은 느리게 반응하고 그 반대일 경우에는 빠르게 반응합니다(**그림 5-6** 참조).

적분에 대한 이해를 돕기 위해 고등학교 수학으로 되돌아가 보겠습니다. 교과과정에서 배운 것처럼 도형의 넓이를 구하기 위해 도형을 가로로 잘게 쪼개면 쪼갤수록 그 값은 정확한 값이 됩니다.

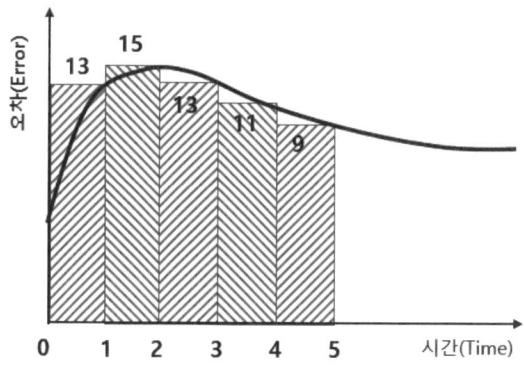

그림 5-7 적분의 근사화 표현

그림 5-7에서 0~5초까지 적분한 값은 다음과 같습니다.

    적분 값 = 1×13+1×15+1×13+1×11+1×9=61

단, **적분 동작은 시간이 갈수록 그 값이 누적**됩니다. 이 **누적된(적분된) 값은 원하는 목적을 수행한 이후에도 오랜 시간 남아서 시스템에 영향을 주는 문제**가 있습니다.

때로는 누적된 제어값이 지나치게 클 경우 제어 동작을 실제로 수행하는 액추에이터Actuator의 동작 한계를 벗어나는 제어 동작을 가질 수 있습니다. 이러한 현상을 **적분기 와인드업**Integrator Windup이라고 부릅니다. 이를 그림으로 살펴보도록 하겠습니다.

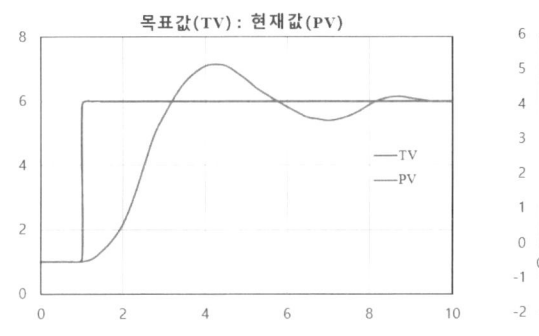
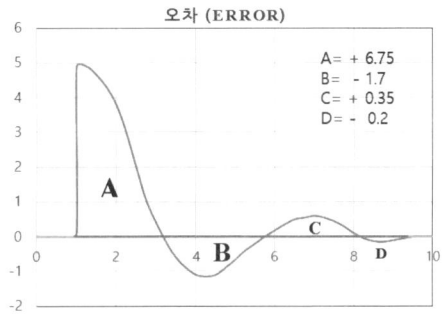

그림 5-8 누적되는 적분 제어 동작

그림 5-8의 위 그래프는 계단 반응Step Response을 보기 위해 적분 제어기를 동작시킨 경우입니다. 이때 **A** 영역에서 누적된 적분 제어값Integral Sum은 6.75고, **B** 영역은 −1.7로, **B** 영역까지 누적된 적분 제어값은 5.05입니다. 시간이 지나면서 오차가 0에 가까워진 **D** 영역까지 누적된 적분 제어값은 5.2가 됨을 알 수 있습니다. 이렇게 누적된 적분 제어값은 리셋Reset이 필요합니다. 그러지 않으면 시스템은 계속해서 누적된 잔류 제어값에 의해 반응하게 됩니다. 누적된 적분 제어값이 소진될 때까지 진동하게 되죠.

적분 제어 동작에서 발생하는 이러한 문제는 딥러닝 모델 가중치를 갱신하는 학습 알고리즘에서도 빈번하게 일어나곤 합니다. 이럴 때 딥러닝 학습 알고리즘 중에서 모멘텀SGD with Momentum 기법을 사용함으로써 학습 효과를 높이기도 합니다. 하지만 전역 최솟점Global Minima 근처에서 현재 기울기와 바로 전 단계의 속도 값이 같은 방향이라면 관성으로 인해 전역 최솟점을 통과하는 등 PID 제어기의 적분 제어 동작과 거의 비슷한 성향을 보이고 있습니다.

이제 앞으로 딥러닝 학습 과정에서 이런 현상이 일어난다면 원인을 알게 되었으니 문제를 해결하는 데 도움이 될 것입니다. 나아가 이 문제를 해결할 완전히 새로운 학습 알고리즘을 개발할 수도 있겠죠.

미분 제어 동작

PID 제어기의 세 번째 제어 동작이 미분 제어 항목입니다. 미분 제어 동작은 모션 제어Motion Control를 제외하고는 일반적인 응용에서는 거의 사용하지 않습니다. 왜냐하면 측정 신호의 노이즈에 민감하기 때문입니다. 오차를 미분할 때 노이즈가 있다면 기울기가 큰 값으로 변해 제어 동작이 요동치는 문제가 발생합니다.

그럼에도 미분 제어 동작을 시도하는 이유는 미분 제어 동작의 가장 큰 특징이자 놀라운 장점 때문입니다. 그것은 제어기의 빠른 반응과 선제적으로 오차를 줄이는 동작인 예측 제어가 가능하다는 것입니다.

이를 이해하기 위해 기본적인 PID 제어기를 살펴보겠습니다.

$$u(t) = K_C \left(e(t) + T_d \frac{de(t)}{dt} \right)$$

$e(t+T_d)$에 대한 테일러 급수 전개Taylor Series Expansion를 통해 다음과 같은 식을 얻을 수 있습니다.

$$e(t+T_d) \approx e(t) + T_d \frac{de(t)}{dt}$$

놀랍지 않으세요? 이 두 식으로부터 제어 출력값은 T_d 시간만큼 앞서 제어 오차Control Error를 줄이기 위해 예측값에 비례함을 보여주고 있으니까요! 예측값은 선형 외삽법Linear Extrapolation으로 구할 수 있습니다. 이것을 그림을 통해 살펴보겠습니다.

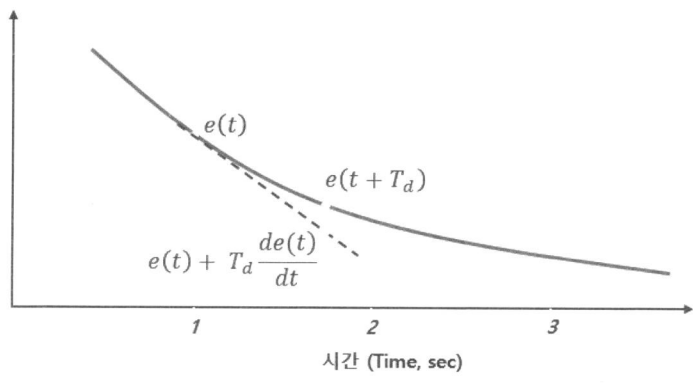

그림 5-9 예측 제어로서 미분 제어 동작에 대한 해석 (출처 : K. Astrom and T. Hagglund)

미분 제어 동작을 근사화하는 방법에는 여러 가지가 있습니다. 다음 식은 위에서부터 차례로 전방 차분, 후방 차분 그리고 터스틴 근사화와 관련된 식입니다. 여기서 h는 샘플링 시간 y는 시간으로, τ일 때 현재값(**PV**)입니다. **N**은 시정수Time Constant인 $\frac{T_d}{N}$인 1차 시스템에 의해 필터링된 이상적인 미분치로, 근사화할 때 사용합니다. 보통 8~20 사이의 값으로 선택합니다.

$$D(t+1) = \left(1 - \frac{Nh}{T_d}\right)D(t) - K_c\left(y(t+1) - y(t)\right)$$

$$D(t) = \left(\frac{T_d}{(T_d + Nh)}\right)D(t-1) - \left(\frac{K_c T_d N}{(T_d + Nh)}\right)\left(y(t) - y(t-1)\right)$$

$$D(t) = \left(\frac{2T_d - Nh}{(2T_d + Nh)}\right)D(t-1) - \left(\frac{2K_c T_d N}{(2T_d + Nh)}\right)\left(y(t) - y(t-1)\right)$$

여기서 안정적인 동작을 위해 전방 차분법에서 $T_d > \dfrac{Nh}{2}$로 설정해야 하며 지나치게 작은 값 T_d는 시스템을 불안정하게 만들 수 있습니다.

미분 제어 동작은 **그림 5-10**에서 보는 것처럼 오차의 변화율인 오차의 기울기에 따라 제어 출력값을 계산합니다. 미분 제어 동작은 짧은 시간 안에 오차가 변하면 더 큰 제어값을 출력합니다. 반대로 오차가 존재하더라도 변화가 없다면 미분 제어 동작은 0이 됩니다.

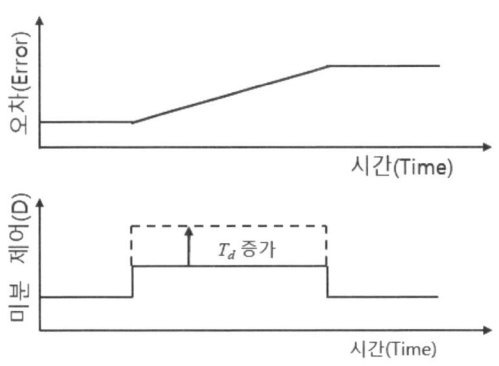

그림 5-10 미분 제어 동작

비례 적분 미분 제어 동작

시스템 반응에 따라서 비례, 적분 그리고 미분 제어 동작이 어떻게 변하는지 살펴보겠습니다. 먼저 시스템의 반응이 스텝Step으로 일정 시간을 유지할 때 각 제어 동작의 변화는 **그림 5-11**과 같습니다.

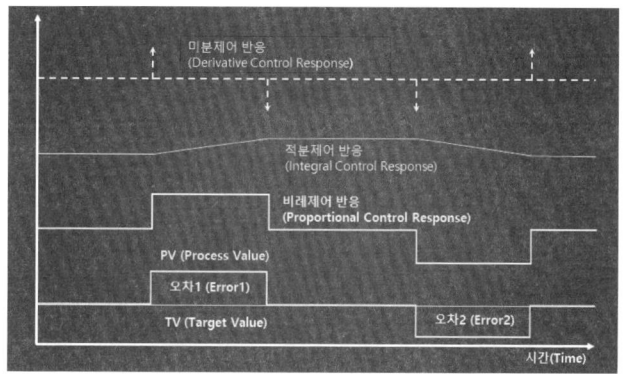

그림 5-11 스텝으로 프로세스 값이 변화할 때 PID 제어기의 제어 동작

그림 5-11에서 보는 것처럼 미분 제어 동작은 오차가 변화하는 시점에 제어 동작을 만들지만, 적분 제어 동작은 오차가 있을 때 지속적으로 제어값을 누적시키고 있음을 알 수 있습니다.

그렇다면 프로세스 값(현재값, **PV**)이 서서히 증가할 때, 즉 경사형Ramp으로 프로세스 값이 변화할 때 각 제어 동작은 어떻게 될까요? 마찬가지로 오차의 변화가 동일한 기울기로 변화할 때 미분 제어 동작이 작동하며 적분 제어 동작은 오차가 유지되는 한 적분 제어값이 누적되어 제어값이 커집니다. 적분기 와인드업 문제가 발생하는 거죠.

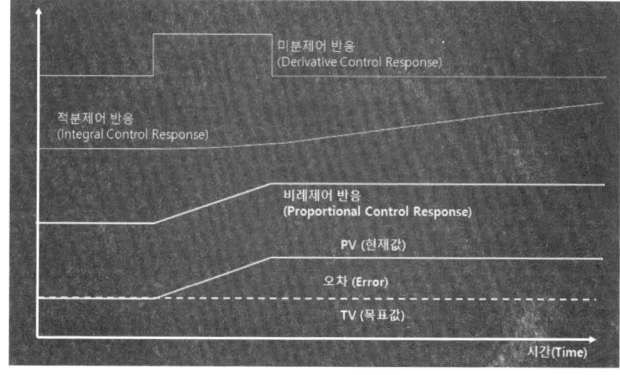

그림 5-12 경사형으로 프로세스 값이 변화할 때 PID 제어기의 제어 동작

마지막으로 사인파Sinewave 형태로 시스템이 반응할 때 PID 제어기의 제어 동작을 살펴보도록 하겠습니다. 우선 오차가 +와 -로 변화하면서 누적된 적분 제어값이 사라짐을 알 수 있습니다. 그리고 오차의 변화가 큰 시점에 큰 미분 제어 동작이 발생함을 알 수 있습니다.

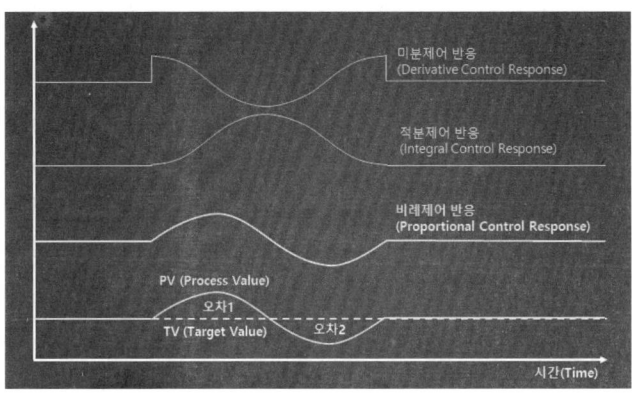

그림 5-13 사인파로 프로세스 값이 변화할 때 PID 제어기의 제어 동작

실제로 2019년 중국 칭화대학 안 왕펑Wangpeng An 교수를 비롯한 여러 연구자들은 PID 제어기의 알고리즘을 바탕으로 딥러닝 모델의 가중치 벡터를 갱신하는 최적화 알고리즘Optimization Algorithm을 개발해서 모멘텀 알고리즘보다 더 뛰어난 결과를 보여 주었습니다(**그림 5-14** 참조).

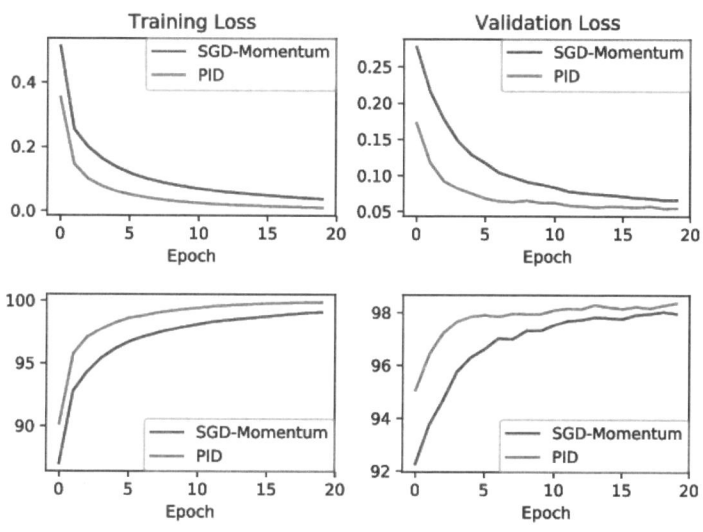

그림 5-14 PID 제어기의 알고리즘에 기반한 딥러닝 최적화 (출처: Wangpeng An, et al.)

아직까진 딥러닝이 우리에게 너무나 멀고 어렵게 느껴지는 분야임에는 틀림없습니다. 하지만 그 바탕과 기본 원리를 이해하면 딥러닝을 우리가 원하는 구조로 성능을 향상시킬 수도 있고 문제가 발생했을 때 쉽게 해결할 수 있을 것입니다.

PID 제어 기법을 이용해서 전혀 새로운 딥러닝 가중치 갱신을 최적화하는 학습 알고리즘을 개발한 것처럼 터스틴 근사화 기법을 적용해 최적화 알고리즘을 개발해 보기를 추천합니다. SGD 알고리즘에 모멘텀 기법을 적용한 작은 개선이 큰 효과를 보인 것처럼 말이죠.

참고로 PID 제어기에 대한 계수 (K_C, T_i, T_d)를 최적으로 조정하는 데에도 다양한 방법이 있습니다. 신경회로망을 이용해서 계수들을 자동으로 조정하는 방법도 있습니다. 이러한 기법들을 딥러닝 학습 과정에서 적용할 수 있겠죠.

이제까지 딥러닝을 배우기 위해서 다양한 주제를 넘나들었습니다. 딥러닝을 좀 더 쉽고 친숙하게 만들기 위한 일련의 과정이었죠.

그럼 이제 단일 뉴런 인 퍼셉트론Perceptron부터 시작해서 딥러닝을 본격적으로 시작해 보겠습니다.

5.3 단일 뉴런 모델

단일 뉴런Single Neuron의 구조와 작동 방식은 사람의 뇌에 있는 뉴런이라는 신경 세포가 연결되어 있는 구조와 비슷합니다. 손, 발, 눈, 귀 등 우리의 모든 감각 기관이 외부에서 받은 자극, 즉 정보는 전기, 화학적 신호를 통해서 뇌로 전달됩니다. 뇌는 이러한 정보를 바탕으로 이해하고 판단한 후 우리가 어떤 행동 또는 반응을 할지 명령을 내립니다. 이처럼 중요한 역할을 하는 뉴런의 구조는 다음 그림과 같습니다.

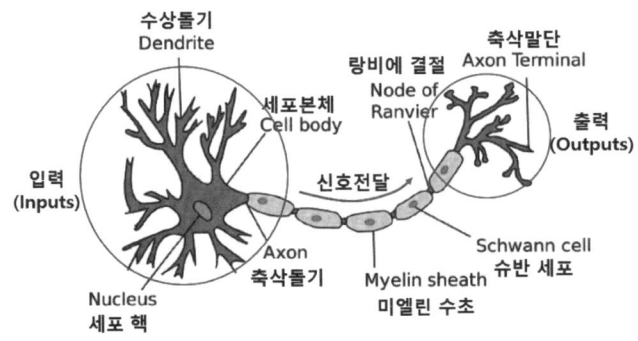

그림 5-15 뉴런의 동작 원리

먼저 감각 기관으로부터 입력받은 정보는 생화학적 구조를 통해 수상돌기가 받습니다. 세포는 이 정보를 처리한 후 누적된 신호가 임계치를 넘으면 전기 화학적 프로세스를 통해 축색돌기로 전달됩니다. 이 신호는 뉴런 사이에서 일정한 간격을 두고 존재하는 '시냅스'라는 접합 부위를 통해 이웃하는 뉴런에게 전달됩니다.

이 복잡한 생물학적 뉴런의 모델을 아주 단순화시켜서 인공 뉴런 모델로 만든 최초의 인물은 미국의 신경 생리학자 워렌 스터기스 맥컬록McCulloch, W.S과 논리학자 월터 피츠W.H. Pitts입니다. 오래 전에 이 두 선각자는 인간의 뇌를 아주 단순화한 모델을 만들어 계산 능력에 대한 잠재력을 보여 주었습니다. 그 덕에 현재 딥러닝이라는 높은 차원의 모델까지 이르게 되었죠. 그 모델이 **그림 5-16**에 표현되어 있습니다.

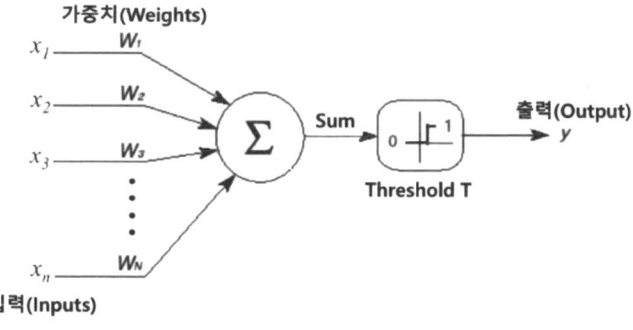

그림 5-16 맥컬록-피츠 뉴런 모델, 1943

맥컬록-피츠 뉴런 모델의 출력은 다음과 같이 계산할 수 있습니다.

$$출력(Output) = y = \begin{cases} 1, & if \ \sum_{i=1}^{n} w_i x_i^k \geq T \\ 0, & if \ \sum_{i=1}^{n} w_i x_i^k < T \end{cases}$$

맥컬록-피츠 뉴런 모델을 더욱 단순화시켜서 어떻게 입력과 가중치가 계산되는지 살펴보겠습니다.

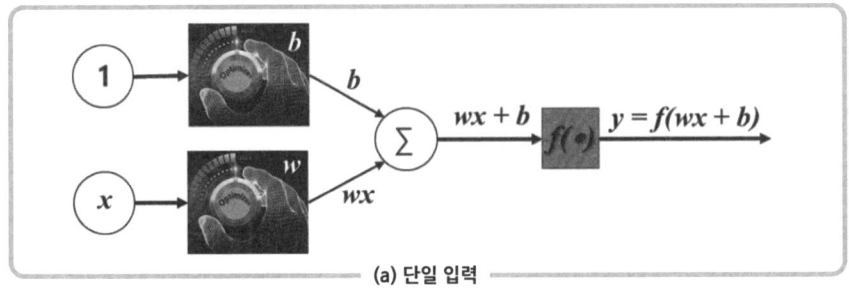

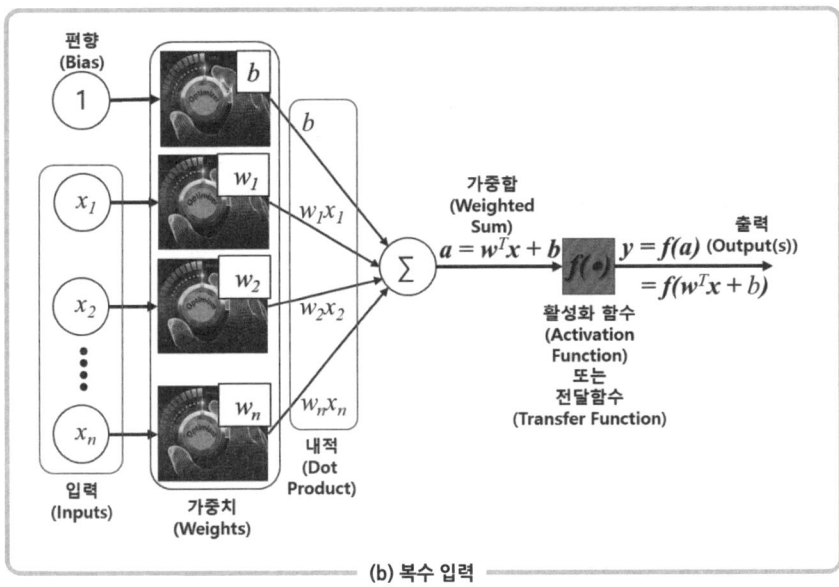

그림 5-17 단순화된 하나의 뉴런 모델

먼저 **그림 5-17** (a) 단일 입력을 살펴보죠. 단순화된 뉴런은 1과 x라는 두 개의 입력을 받습니다. 1은 현대 신경회로망에서 사용하는 편향을 나타냅니다. 편향 1은 가중치 b와 곱하고 입력 x는 가중치 w와 곱한 후 합산기(Σ)에서 $wx+b$가 만들어집니다.

이 값은 또 다시 활성화 함수(또는 전달 함수) $f(\cdot)$를 통과한 후 $y = f(wx + b)$라는 출력값으로 계산됩니다(활성화 함수에 대해서는 **Chapter 5.4 다층 신경회로망과 딥러닝**에서 자세하게 다루고자 합니다).

이것을 일반화한 것이 **그림 5-17** (b)의 복수 입력입니다. $w = [w_1, w_2, \cdots, w_n]^T$이며 $x = [x_1, x_2, \cdots, x_n]^T$와 같이 벡터로 표시할 수 있습니다. 복수의 입력을 받을 때 가중합 a와 출력 y는 다음과 같이 계산할 수 있습니다.

$$a = w^T x + b$$

$$y = f(a) = f(w^T x + b)$$

만약 여기서 출력값 y가 원하는 값으로 출력되지 않을 때는 어떻게 해야 할까요? 답은 인류의 가장 강력한 무기인 시행착오Trial and Error 기법입니다. 먼저 다이얼 b를 고정시킨 후 다이얼 w를 조정해서 출력값이 어떻게 변하는지 관찰합니다. 이 과정을 반복하면서 최적의 w값을 얻은 후엔 다시 w를 고정시키고 다이얼 b를 조정해서 출력값을 조정합니다.

우리가 조정해야 하는, 즉 최적화시켜야 하는 값이 **그림 5-17** (a)와 같이 2개 정도라면 그리 어렵진 않을 것입니다. 하지만 **그림 5-17** (b)와 같이 $n+1$개의 가중치를 조정해야 한다면 수동으로 다이얼을 조정하는 방법으로는 목표값과 출력값의 차이인 오차를 0으로 만드는 데 많은 시간이 소요될뿐더러 정확성도 떨어질 수밖에 없습니다. 이제부터 수동으로 다이얼을 조정하지 않고 자동으로 다이얼을 조정해서 원하는 출력값을 얻는 방법, 즉 **학습 방법**에 대해서 알아보도록 하죠.

다음 **그림 5-18**은 **그림 5-17**과 달리 자동으로 가중치 b와 w를 조정하는 것을 보여 주는 블록 다이어그램입니다.

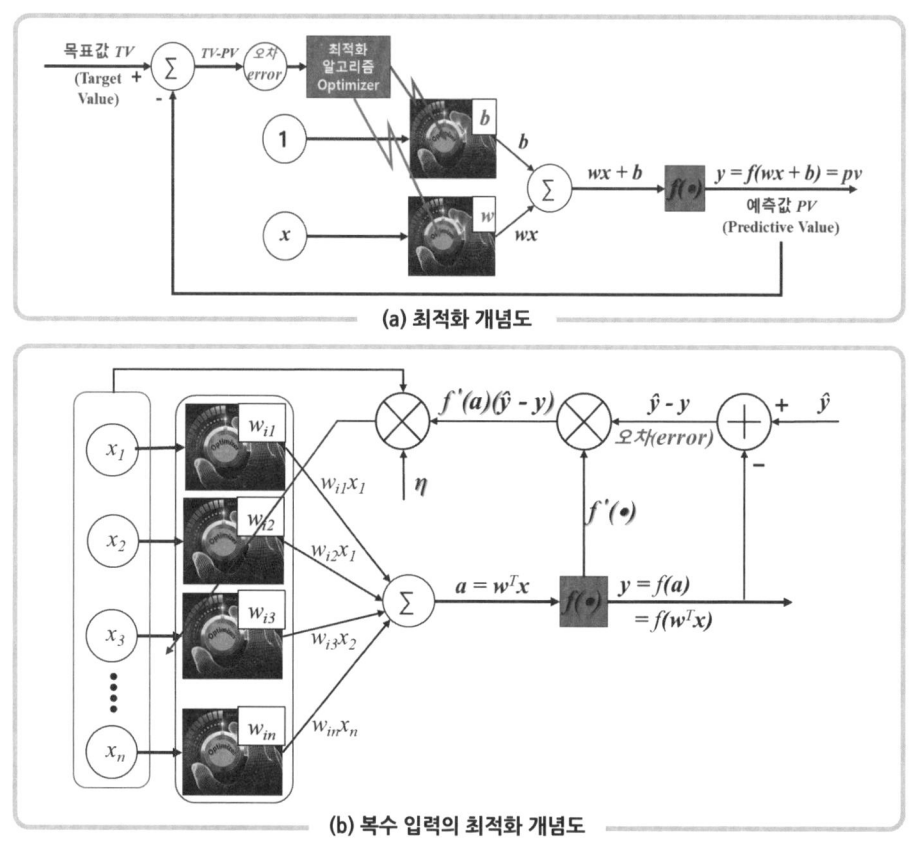

그림 5-18 자동으로 가중치를 조정하는 과정을 보여주는 블록 다이어그램

그림 5-18 (a)에서 우리가 익히 알고 있는 것처럼 단일 뉴런이 만든 출력값인 **PV**(예측값)와 목표값인 **TV**의 차이인 오차를 최소화하기 위해(바람직하게는 0으로 만들기 위해) 최적화 알고리즘인 Optimizer가 작동합니다. 그래서 가중치 **b**와 **w**를 조정하게 됩니다. 이것을 Chapter 3에서 배운 **손실 함수**와 Chapter 4에서 배운 **경사 하강법에 의한 최적화 기법**을 그림 5-18 (b)에 적용해 보겠습니다.

그림 5-18 (b)에서 어떻게 가중치를 조정하는지 그림 내 화살표를 따라가면서 수식을 통해 하나하나 알아보도록 하겠습니다. 우선 계산의 편의를 위해 편향 1은 첫 번째 입력 x_1이라 가정합니다. 편향에 대한 가중치 계산은 학습 방법에서 한꺼번에 살펴보겠습니다.

손실 함수 $J(w)$는 다음 식과 같이 표현이 가능합니다.

$$J(w) = \frac{1}{2}(\hat{y} - y)^2 = \frac{1}{2}\left[\hat{y} - f(w^T x)\right]^2$$

이 식으로부터 손실 함수 $J(w)$에 대한 기울기 벡터는 다음과 같이 계산할 수 있습니다.

$$\nabla J(w) = -(\hat{y} - y)f'(w^T x)x$$

이것을 가중치 벡터에 대해서 표시하면 다음과 같습니다.

$$\frac{\partial J(w)}{\partial w_{ij}} = -(\hat{y} - y)f'(w^T x)x_j, \, j = 1, 2, ..., n$$

손실 함수에 대한 최소화는 음의 기울기 방향Negative Gradient Direction으로 가중치를 변화시켜야 하기 때문에 가중치는 다음과 같이 조정할 수 있습니다. 여기서 양의 상수인 η를 학습 계수라고 부릅니다.

$$\Delta \mathbf{w}_i = -\eta \nabla J(w) = \eta(\hat{y} - y)f'(w^T x)x$$

n개의 가중치 $\mathbf{w}_i$는 $\Delta \mathbf{w}_i$에 따라 새로운 가중치로 대체되며
이것이 반복되면서 최종적으로 오차가 최소화되는 방향으로 갱신됩니다.
이것이 바로 학습입니다.

이제까지 단일 뉴런인 퍼셉트론과 단일 뉴런에서 예측값을 계산하고 예측값과 목표값의 차이인 오차를 어떻게 최소화하는지 살펴보았습니다. 그리고 이것이 학습이라는 것도 알게 되었죠.

이제 복수의 퍼셉트론으로 하나의 층을 구성한 후 이 층을 여러 개로 연결한 다층 신경회로망과 이것을 더 넓고 깊게 확장한 딥 신경회로망인 딥러닝에 대해서 살펴보겠습니다.

5.4 다층 신경회로망과 딥러닝

앞서 우리는 신경회로망의 기초 요소인 단일 뉴런, 퍼셉트론에 대해서 배웠습니다. 다양한 딥러닝 기법이 있지만, 핵심 원리의 기초는 결국 동일합니다. 이러한 신경회로망에 대한 기초 원리를 이해하면 새로운 개념을 추가하거나 개선하는 것만으로 새로운 구조의 딥러닝 알고리즘을 구현할 수 있죠.

앞 절에서 살펴본 것처럼 신경회로망은 수많은 뉴런 그리고 뉴런과 뉴런이 서로 연결된 가중치와 편향으로 구성되어 있습니다. 다층 신경회로망은 입력 벡터와 직접 연결된 수많은 뉴런들의 집합인 **입력층**Input Layer, 출력 벡터와 직접 연결된 **출력층**Output Layer 그리고 입력층과 출력층 사이에 다수의 뉴런을 가지고 있는 하나 이상의 층들인 **은닉층**Hidden Layer들로 구성되어 있습니다.

본격적으로 다층 신경회로망에 대해 다루기 앞서 수학적으로 표기하기 쉽도록 몇 가지 규칙을 정하겠습니다. 우선 입력층부터 시작해서 첫 번째 층, 두 번째 층과 같이 순차적으로 표시하겠습니다. 즉, 입력층은 첫 번째 층, 첫 번째 은닉층은 두 번째 층으로 순차적으로 나타내겠습니다. 또한 입력 벡터는 x, 가중합은 a, 활성화 함수는 f, 가중치는 w, 편향에 대한 가중치는 b 그리고 활성화 함수에 매핑된 출력은 y로 표기하겠습니다.

또 변수의 수학적 표기에서 위 첨자는 층에 대한 구분자, 아래 첨자는 그 층에서 몇 번째 순서에 배치되었는지를 나타내는 구분자로 사용할 것입니다. 예를 들면, 가중합Weighted Sum a_3^1는 첫 번째 층의 세 번째 가중합입니다. 활성화 함수는 모든 층에 걸쳐서 동일한 함수를 사용하는 것으로 가정합니다.

가중치 w는 $w_{to\ from}^{layer}$로 표기합니다. 예를 들어 w_{25}^2는 두 번째 층에 있는 가중치 벡터 중에서 세 번째 층의 2번째 뉴런과 두 번째 층의 다섯 번째 뉴런과 연결된 가중치입니다. 첫 번째는 0이 아닌 1부터 시작합니다.

이제 3개의 층을 가진 다층 신경회로망을 통해 어떻게 학습이 이뤄지는지 알아보도록 하겠습니다. 다층 신경회로망은 일련의 과정을 통해서 예측값을 출력합니다. **그림 5-19**에서 빨간색으로 표시한 것은 편향 입력 1과 편향 가중치를 나타냅니다. 고작 층이 3개인 신경회로망임에도 상당히 복잡하게 느껴질 것입니다.

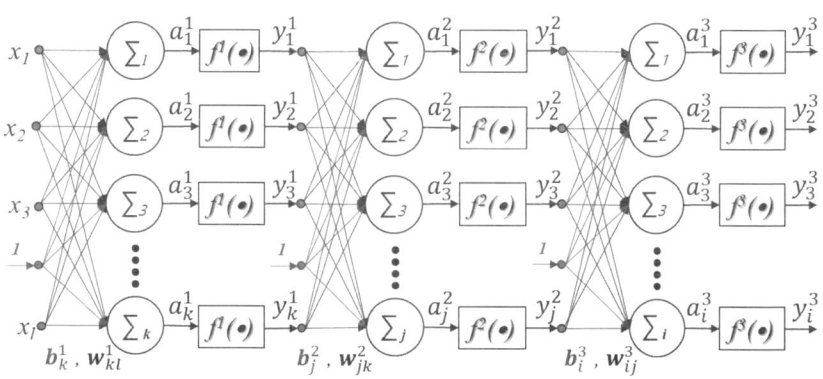

그림 5-19 3개의 층을 가진 다층 신경회로망 구조

만약 3개의 층이 아니고 더 깊고 넓게 확장된 신경회로망인 딥러닝 모델을 그림으로 표현한다면 더 복잡하겠죠? 그래서 **그림 5-19**를 압축에 압축을 더해서 간단하게 그려보도록 하겠습니다.

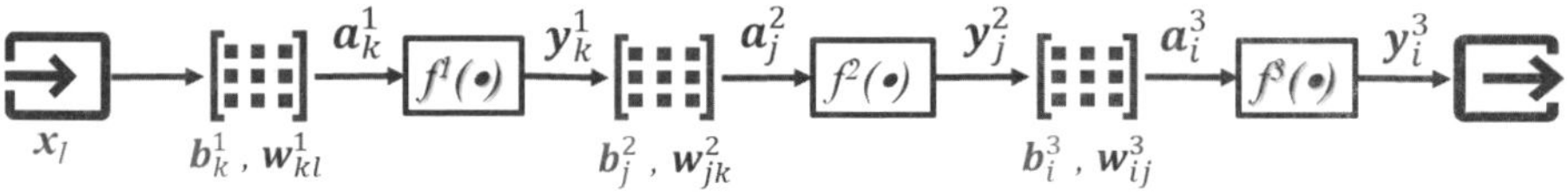

$$\boxed{\rightarrow}_{x_l} \rightarrow \boxed{:::}_{b_k^1, w_{kl}^1} \xrightarrow{a_k^1} \boxed{f^1(\bullet)} \xrightarrow{y_k^1} \boxed{:::}_{b_j^2, w_{jk}^2} \xrightarrow{a_j^2} \boxed{f^2(\bullet)} \xrightarrow{y_j^2} \boxed{:::}_{b_i^3, w_{ij}^3} \xrightarrow{a_i^3} \boxed{f^3(\bullet)} \xrightarrow{y_i^3} \boxed{\rightarrow}$$

그림 5-20 간단하게 표현된 다층 신경회로망

앞서 정했던 수학적 표기법에 따라 **그림 5-19**와 **그림 5-20**을 통해 가중치를 표현해 보겠습니다.

$$w_{kl}^1 = \begin{bmatrix} w_{11}^1 & w_{12}^1 & \cdots & w_{1l}^1 \\ w_{21}^1 & w_{22}^1 & \cdots & w_{2l}^1 \\ \vdots & \vdots & & \vdots \\ w_{k1}^1 & w_{k2}^1 & \cdots & w_{kl}^1 \end{bmatrix} kl, \quad w_{jk}^2 = \begin{bmatrix} w_{11}^1 & w_{12}^1 & \cdots & w_{1k}^1 \\ w_{21}^1 & w_{22}^1 & \cdots & w_{2k}^1 \\ \vdots & \vdots & & \vdots \\ w_{j1}^1 & w_{j2}^1 & \cdots & w_{jk}^1 \end{bmatrix} jk, \quad w_{ij}^3 = \begin{bmatrix} w_{11}^1 & w_{12}^1 & \cdots & w_{1j}^1 \\ w_{21}^1 & w_{22}^1 & \cdots & w_{2j}^1 \\ \vdots & \vdots & & \vdots \\ w_{i1}^1 & w_{i2}^1 & \cdots & w_{ij}^1 \end{bmatrix} ij$$

$$\boldsymbol{b}_k^1 = \begin{bmatrix} b_1^1 & b_2^1 & \cdots & b_k^1 \end{bmatrix}, \boldsymbol{b}_j^2 = \begin{bmatrix} b_1^2 & b_2^2 & \cdots & b_j^2 \end{bmatrix}, \boldsymbol{b}_i^1 = \begin{bmatrix} b_1^3 & b_2^3 & \cdots & b_i^3 \end{bmatrix}$$

다층 신경회로망은 입력인 $\mathbf{x}_l$를 가중치 (w_{kl}^1)를 통해 첫 번째 층에 있는 각 뉴런으로 전달합니다. 또한 첫 번째 층에 있는 뉴런들은 편향 입력인 1과 편향 가중치 (b_k^1)가 곱해진 값을 전달받아 가중합 a_k^1를 만듭니다. 가중합은 활성화 함수Activation Function or Transfer Function, f^1에 매핑되면서 출력 벡터 y_k^1를 출력합니다. 이 모든 계산 과정을 층마다 살펴보죠.

첫 번째 층은 다음과 같이 계산할 수 있습니다.

$$\boldsymbol{a}_k^1 = \boldsymbol{w}_{kl}^1 \boldsymbol{x}_l + \boldsymbol{b}_k^1 = \begin{bmatrix} w_{11}^1 & w_{12}^1 & \cdots & w_{1l}^1 \\ w_{21}^1 & w_{22}^1 & \cdots & w_{2l}^1 \\ \vdots & \vdots & & \vdots \\ w_{k1}^1 & w_{k2}^1 & \cdots & w_{kl}^1 \end{bmatrix} \begin{bmatrix} x_1 \\ x_2 \\ \vdots \\ x_l \end{bmatrix} + \begin{bmatrix} b_1^1 & b_2^1 & \cdots & b_k^1 \end{bmatrix}$$

$$\boldsymbol{y}_k^1 = f^1(\boldsymbol{a}_k^1) = f^1(\boldsymbol{w}_{kl}^1 \boldsymbol{x}_l + \boldsymbol{b}_k^1)$$

두 번째 층은 첫 번째 층의 출력 벡터 y_k^1를 입력으로 받아 또 다른 값을 계산합니다. 세 번째 층도 두 번째 층과 같은 방법으로 출력을 계산합니다.

$$a_j^2 = w_{jk}^2 y_k^1 + b_j^2 = \begin{bmatrix} w_{11}^2 & w_{12}^2 & \cdots & w_{1k}^2 \\ w_{21}^2 & w_{22}^2 & \cdots & w_{2k}^2 \\ \vdots & \vdots & & \vdots \\ w_{j1}^2 & w_{j2}^2 & \cdots & w_{jk}^2 \end{bmatrix} \begin{bmatrix} y_1^1 \\ y_2^1 \\ \vdots \\ y_k^1 \end{bmatrix} + \begin{bmatrix} b_1^2 & b_2^2 & \cdots & b_j^2 \end{bmatrix}$$

$$y_j^2 = f^2(a_j^2) = f^2(w_{jk}^2 y_k^1 + b_j^2)$$

$$a_i^3 = w_{ij}^3 y_j^2 + b_i^3 = \begin{bmatrix} w_{11}^3 & w_{12}^3 & \cdots & w_{1j}^3 \\ w_{21}^3 & w_{22}^3 & \cdots & w_{2j}^3 \\ \vdots & \vdots & & \vdots \\ w_{i1}^3 & w_{i2}^3 & \cdots & w_{ij}^3 \end{bmatrix} \begin{bmatrix} y_1^2 \\ y_2^2 \\ \vdots \\ y_j^2 \end{bmatrix} + \begin{bmatrix} b_1^3 & b_2^3 & \cdots & b_i^3 \end{bmatrix}$$

$$y_i^3 = f^3(a_i^3) = f^3(w_{ij}^3 y_j^2 + b_i^3)$$

입력 벡터 x_l로부터 출력 벡터 y_i^3를 하나의 식으로 표현하면 다음과 같습니다.

$$y_i^3 = f^3(w_{ij}^3(f^2(w_{jk}^2 f^1(w_{kl}^1 x_l + b_k^1)) + b_j^2)) + b_i^3)$$

이해를 돕기 위해 간단한 다층 신경회로망을 통해 입력 벡터로부터 예측값(벡터)이 계산되는 과정에서 각 행렬의 차원이 어떻게 변화하는지 살펴보도록 하겠습니다.

앞서 **그림 5-19**에서 $l = 3$, $k = 4$, $j = 3$, $i = 2$로 구성된 다층 신경회로망은 **그림 5-21**과 같이 표현할 수 있겠죠.

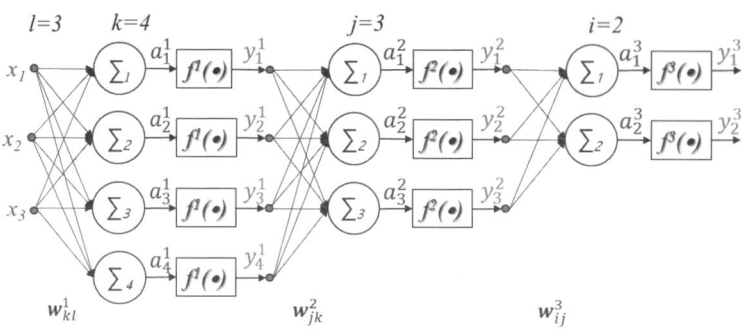

그림 5-21 간단한 다층 신경회로망 구조

그림 5-21을 통해 입력 벡터로부터 첫 번째 층의 출력이 계산될 때 행렬의 차원을 살펴보는 것이 중요합니다. 이해를 돕기 위해 입력과 예측 벡터는 한 세트로 구성했습니다. 그림 5-22는 첫 번째 층의 가중치 벡터(편향은 이해를 돕기 위해 제외)와 입력 벡터가 곱해져서 가중합과 활성화 함수를 통해 첫 번째 층의 출력이 계산되는 과정을 보여 줍니다.

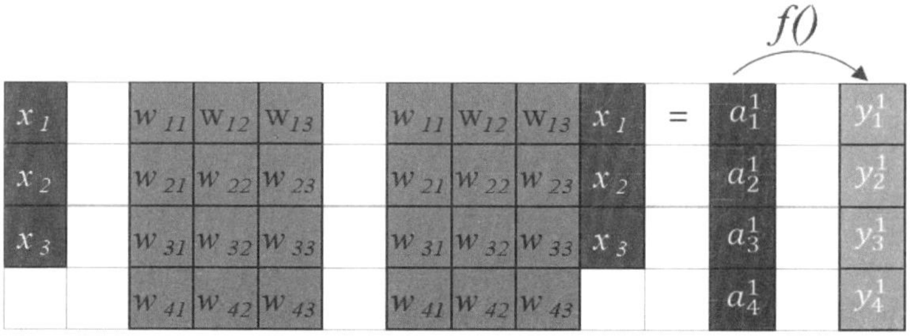

그림5-22 첫 번째 층 출력 계산 과정에서의 행렬 차원 변화

마찬가지로 그림 5-23과 그림 5-24를 통해서 두 번째 층과 출력 층에서 행렬의 차원의 변화를 볼 수 있습니다. 이와 같이 모든 과정이 단순하게 계산되고 있음을 볼 수 있습니다.

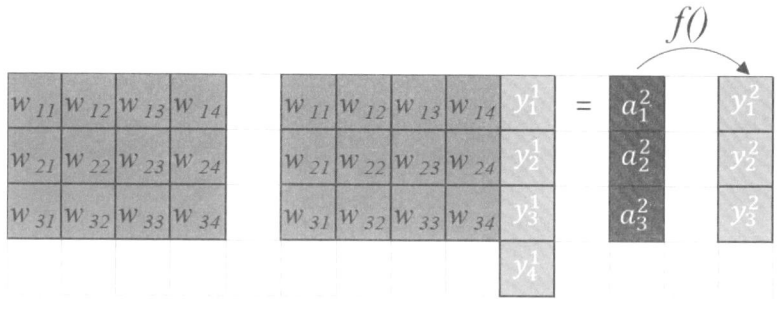

그림 5-23 두 번째 층 출력 계산 과정에서의 행렬 차원 변화

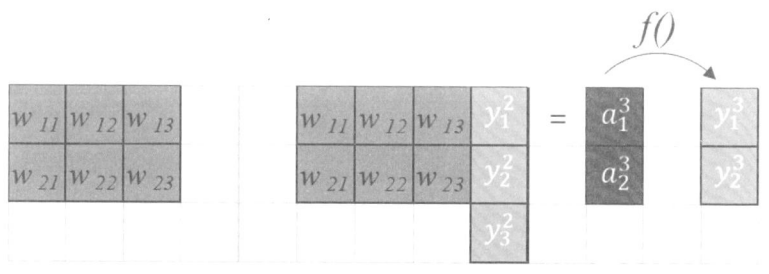

그림 5-24 세 번째 층 예측값 계산 과정에서의 행렬 차원 변화

입력 벡터로부터 출력 벡터를 계산하는 동안 아직 언급하지 않는 부분이 있습니다. 바로 **활성화 함수**인 $f(\cdot)$입니다. 활성화 함수를 생물학에 빗대자면 누적된 신호(가중합)가 임계치를 넘으면 전기·화학적 프로세스를 통해 축색돌기로 전달되고 그렇지 않으면 무시되는 것과 같은 원리입니다. 다시 말해 누적된 신호를 이웃하는 뉴런으로 보낼지를 결정하는 중요한 역할을 하는 것이 바로 활성화 함수입니다. 신경회로망에서는 비선형 활성화 함수Nonlinear Activation Function를 주로 사용하죠.

만약 신경회로망에서 활성화 함수를 사용하지 않는다면 신경회로망은 단순한 선형 회귀 모델Linear Regression Model**일 뿐입니다.** 활성화 함수도 종류가 다양하지만 자세한 내용은 다음 절에서 다루기로 하고 우선 활성화 함수의 역할을 간단하게 살펴보겠습니다.

활성화 함수는 크게 **단극성 활성화 함수**와 **양극성 활성화 함수**로 구분할 수 있습니다. 가중합에 따라서 단극성은 양수만, 양극성은 양수와 음수를 동시에 출력한다는 점이 다릅니다.

간단한 예로 시그모이드Sigmoid 활성화 함수를 볼까요?

$$f(a) = \frac{1}{1+e^{-a}}$$

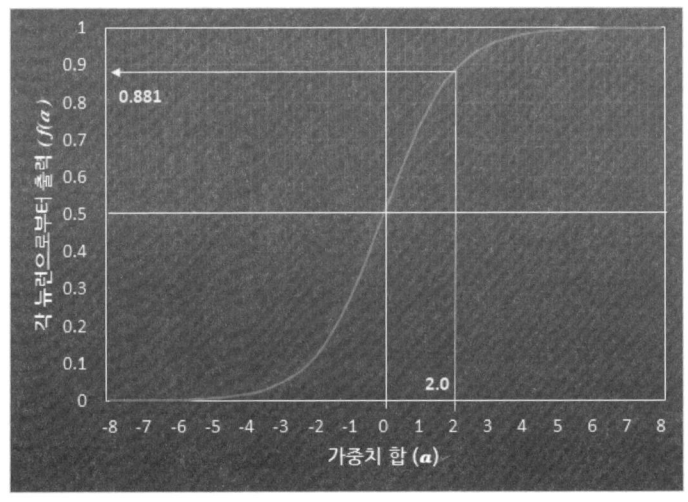

그림 5-25 활성화 함수_시그모이드 함수 입·출력

그림 5-25의 그래프는 시그모이드 함수를 나타냅니다. 예를 들면 가중합이 2.0일 때 활성화 함수는 0과 1 사이의 값인 0.881을 뉴런의 출력값으로 매핑합니다. 즉, $\frac{1}{1+e^{-2.0}} = 0.881$이 되죠.

이제까지 다층 신경회로망이 입력 벡터로부터 출력 벡터를 어떻게 예측(계산)하는지 배웠습니다. 하지만 이는 다층 신경회로망을 이해하는 데 일부에 불과합니다. 더 중요한 것이 남아 있죠. 만약 다층 신경회로망이 예측한 출력 벡터 y_i^3가 우리가 원하는 값, 즉 목표 예측치가 아니라면 어떻게 해야 할까요?

앞에서 자동차 운전과 PID 제어기 예에서 자동차가 차선을 벗어났을 때 운전자는 어떻게 했나요? 벗어난 정도와 목표를 **비교**해서 얼마나 벗어났는지 오차를 **계산**한 후 핸들을 조작할지 브레이크 페달을 조작할지 **판단**하고 손이나 발로 무엇을 얼마나 조작할지 **지시**하는 일련의 과정을 반복적으로 수행했습니다.

다층 신경회로망도 이와 같이 **비교-계산-판단-지시**라는 과정을 마지막 층에서부터 첫 번째 층까지 단계적으로 반복하면서 오차를 최소화합니다. 다시 말해, 다층 신경회로망에서 예측한 출력 벡터와 목표 벡터의 차이를 가지고 오차를 만든 후 각 층의 가중치를 마지막 층으로부터 첫 번째 층으로 역방향으로 가면서 가중치를 갱신합니다. 출력 벡터를 예측하는 방향과 반대 방향이죠. 이 방법을 **오차 역전파법**Error Backpropagation이라고 부릅니다. 오차 역전파법으로 각 층의 가중치를 갱신하는 방법 중 가장 많이 사용하는 방법이 경사 하강법입니다.

학습 방법에 대한 자세한 내용은 다음 절에서 살펴보기로 하고 **그림 5-19**의 다층 신경회로망을 오차 역전파법으로 각 층의 가중치를 갱신하는 과정을 살펴보겠습니다(**Chapter 1.3 미분**과 **Chapter 4. 데이터 전처리**에서의 '하강법에 의한 최적화'를 복습하는 것도 오차 역전파법을 이해하는 데 도움이 됩니다).

먼저 **그림 5-26**를 살펴보죠.

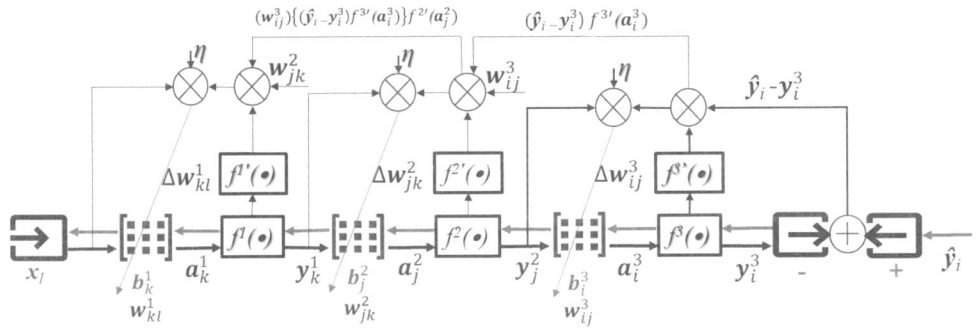

그림 5-26 가중치 갱신 방법에 대한 개념도/오차 역전파법

각 층의 왼쪽에서 오른쪽으로 향하는 검은색 화살표는 예측값 y_i^3를 계산하는 방향을, 오른쪽에서 왼쪽으로 향하는 빨간색 화살표는 오차 역전파 방향을 나타냅니다. 그리고 가중치 행렬 기호에서 오른쪽 위에서 왼쪽 아래로 향하는 빨간색 화살표는 Δw만큼 가중치를 갱신한다는 뜻입니다.

먼저 다층 신경회로망은 Δw를 예측값으로 계산한 후 목표값인 $\hat{y}_i$와 비교해서 다음과 같이 오차를 계산합니다.

$$e_i(오차) = \hat{y} - y_i^3$$

오차로부터 최소화시킬 비용 함수를 다음과 같이 정의해 보죠.

$$J(w,b) = \frac{1}{2}(\hat{y}_i - y_i^3)^2 = \frac{1}{2}\left[\hat{y} - f\left(w_{ij}^3 y_j^2 + b_i^3\right)\right]^2$$

마지막 층의 가중치 w_{ij}^3를 갱신할 값을 계산하기 위해 비용 함수를 가중치 w_{ij}^3에 대해서 미분을 구하겠습니다. 여기서 목표 예측값 $\hat{y}_i$는 가중치와 관계없기 때문에 비용 함수를 가중치에 대해서 미분을 취하면 0이 됩니다.

$$\nabla J\left(w_{ij}^3, b_i^3\right) = \frac{\partial J\left(w_{ij}^3, b_i^3\right)}{\partial w_{ij}^3} = \frac{\partial J\left(w_{ij}^3, b_i^3\right)}{\partial y_i^3} \frac{\partial y_i^3}{\partial a_i^3} \frac{\partial a_i^3}{\partial w_{ij}^3} = -\left(\hat{y}_i - y_i^3\right) f^{3'}\left(a_i^3\right)\left(y_j^2\right)^T$$

비용 함수 $J\left(w_{ij}^3, b_i^3\right)$를 최소화하기 위해서는 앞의 식에서 계산한 값은 음의 기울기 방향Negative Gradient Direction으로 가중치를 갱신해야 합니다. 따라서 세 번째 층의 가중치는 다음과 같이 갱신합니다.

$$\Delta w_{ij}^3 = -\eta \nabla J\left(w_{ij}^3, b_i^3\right) = \eta\left(\hat{y}_i - y_i^3\right) f^{3'}\left(a_i^3\right)\left(y_j^2\right)^T$$

여기서 η는 학습 계수로서 양의 값을 가집니다. 세 번째 층의 가중치를 갱신하는 것과 마찬가지로 두 번째와 첫 번째 가중치도 다음과 같이 계산할 수 있습니다. **그림 5-23**을 자세히 보면 세 번째 층에서 가중치를 갱신하는 데 사용된 값들이 앞에 있는 층의 가중치를 갱신하는 데 사용됨을 알 수 있습니다. 왜냐하면 오차 역전파법으로 가중치를 갱신하기 때문이죠.

두 번째 층의 가중치는 다음과 같이 갱신할 수 있습니다.

$$\nabla J\left(w_{jk}^2, b_j^2\right) = \frac{\partial J\left(w_{jk}^2, b_i^3\right)}{\partial w_{jk}^2} = \frac{\partial J\left(w_{jk}^2, b_i^3\right)}{\partial y_i^3} \frac{\partial y_i^3}{\partial a_i^3} \frac{\partial a_i^3}{\partial y_j^2} \frac{\partial y_j^2}{\partial a_j^2} \frac{\partial a_j^2}{\partial w_{jk}^2}$$

$$= -\left(w_{ij}^3\right)\left\{\left(\hat{y}_i - y_i^3\right) f^{3'}\left(a_i^3\right)\right\} f^{2'}\left(a_j^2\right)\left(y_k^1\right)^T$$

$$\Delta w_{jk}^2 = -\eta \nabla J\left(w_{jk}^2, b_j^2\right) = \eta\left(w_{ij}^3\right)\left\{\left(\hat{y}_i - y_i^3\right) f^{3'}\left(a_i^3\right)\right\} f^{2'}\left(a_j^2\right)\left(y_k^1\right)^T$$

그럼 첫 번째 층의 가중치를 갱신해 보겠습니다.

$$\nabla J\left(w_{kl}^1, b_k^1\right) = \frac{\partial J\left(w_{kl}^1, b_k^1\right)}{\partial w_{kl}^1} = \frac{\partial J\left(w_{jk}^2, b_i^3\right)}{\partial y_i^3} \frac{\partial y_i^3}{\partial a_i^3} \frac{\partial a_i^3}{\partial y_j^2} \frac{\partial y_j^2}{\partial a_j^2} \frac{\partial a_j^2}{\partial y_k^1} \frac{\partial y_k^1}{\partial a_k^1} \frac{\partial a_k^1}{\partial w_{kl}^1}$$

$$= -\left(w_{jk}^2\right)\left(w_{ij}^3\right)\left\{\left(\hat{y}_i - y_i^3\right) f^{3'}\left(a_i^3\right) f^{2'}\left(a_j^2\right)\right\} f^{1'}\left(a_k^1\right)(x1)^T$$

$$\Delta w_{kl}^1 = -\eta \nabla J\left(w_{kl}^1, b_k^1\right) = \eta \left(w_{jk}^2\right)\left(w_{ij}^3\right)\left\{\left(\hat{y}_i - y_i^3\right) f^{3'}\left(a_i^3\right) f^{2'}\left(a_j^2\right)\right\} f^{1'}\left(a_k^1\right)(x1)^T$$

그렇다면 편향의 가중치는 어떻게 갱신하면 될까요? 결론부터 말하면, w를 b로 대체하기만 하면 됩니다. 가중치 w를 갱신하던 방법과 동일하게 비용 함수 $J(w, b)$를 편향의 가중치 b에 대해서 미분을 취하면 되죠.

그림 5-27은 편향의 가중치 b도 가중치 w와 마찬가지로 마지막 층에서 시작해 첫 번째 층으로 이동하며 순차적으로 갱신함을 보여주고 있습니다.

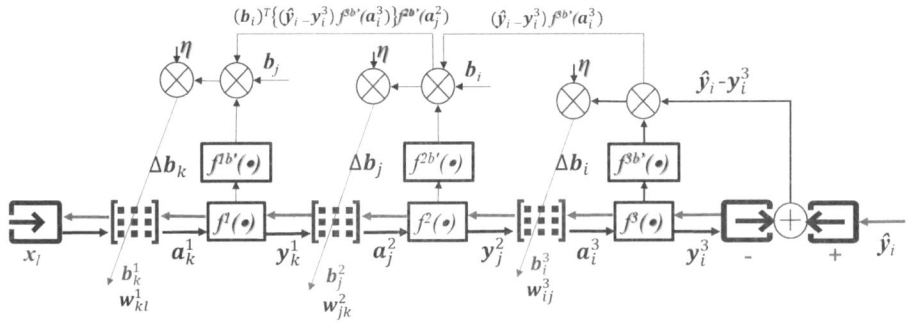

그림 5-27 편향 가중치의 갱신에 대한 개념도/오차 역전파법

편향 가중치는 마지막 층에서부터 시작해서 첫 번째 층까지 다음과 같이 갱신합니다.

$$\Delta b_i = \eta(\hat{y}_i - y_i^3) f^{3b'}(a_i^3)(bias\_input)$$

$$\Delta b_j = \eta(b_i)\left\{\left(\hat{y}_i - y_i^3\right)f^{3b'}(a_i^3)\right\} f^{2b'}(a_j^2)(bias\_input)$$

$$\vdots$$

$$\Delta b_k = \eta(b_j)\left\{(b_i)\left(\hat{y}_i - y_i^3\right)f^{3b'}(a_i^3)f^{2b'}(a_j^2)\right\} f^{1b'}(a_k^1)(bias\_input)$$

이 3개의 식에서 활성화 함수에 $f^{3b'}$로 표기된 것은 편향 가중치 b에 대해서 미분을 취하는 것을 의미합니다.

지금까지 가중치 (w, b)를 갱신하는 과정에서 미분한 활성화 함수가 사용됨을 보았습니다. **그림 5-28**은 **그림 5-25**에서 사용된 시그모이드 활성화 함수를 미분한 것입니다(활성화 함수에 대한 자세한 내용은 **Chapter 5.9 활성화 함수**에서 다루겠습니다).

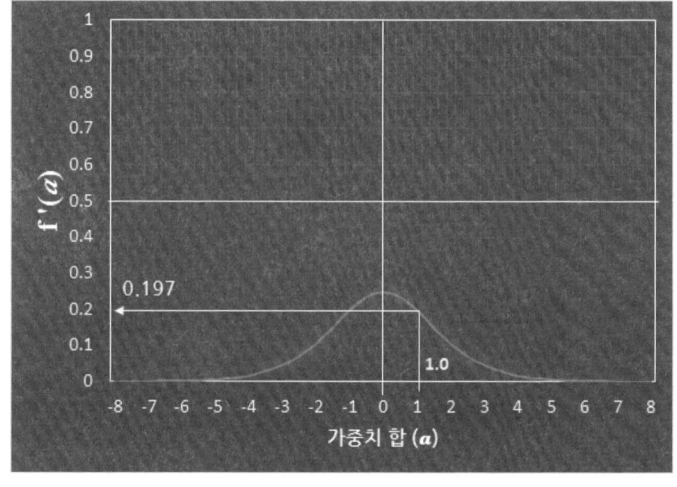

그림 5-28 미분한 활성화 함수_시그모이드 함수

$$\frac{d(sigmoid(x))}{dx} = \frac{d}{dx}\left(\frac{1}{1+e^{-x}}\right) = \frac{1}{1+e^{-x}}\left(1 - \frac{1}{1+e^{-x}}\right)$$
$$= sigmoid(x)\{1 - sigmoid(x)\}$$

가중합이 미분된 활성화 함수에서 매핑이 되는 것은 어느 방향으로 가중치를 갱신할지 알려줍니다. **그림 5-28**에서 보는 것처럼 가중합이 1.0일 때 미분한 시그모이드 함수의 출력값은 0.197이 됩니다. 이 값을 사용해서 (w, b)를 갱신하게 됩니다.

이제까지 1~2개의 은닉층을 가진 다층 신경회로망과 예측값을 계산하는 법 그리고 그 예측값과 목표값의 차이, 즉 오차가 발생했을 때 각 층의 가중치를 갱신시킴으로써 오차를 최소화하는 방법에 대해서도 살펴보았습니다.

이제 뉴런이라는 개념을 적용시켜 딥러닝에 대한 명확한 정의를 내리자면 딥러닝이란 신경회로망의 기본 구조에서 층 수(# of Layer)와 각 층의 뉴런 수(# of Neuron)를 확장한 것이라고 볼 수 있습니다.

즉, 은닉층이 2개 이상 깊게 그리고 각 층의 뉴런 수를 확장한 신경회로망인 셈입니다. 이것을 딥 신경회로망 또는 영어로 Deep Neural Network라고 부르기도 합니다. 줄여서 Deep Learning, 즉 딥러닝이라고 하죠.

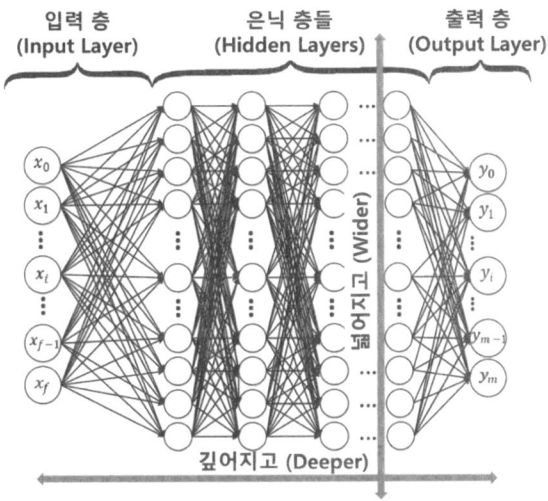

그림 5-29 딥 신경회로망(딥러닝)의 기본 구조

그렇다면 이제 앞에서 배운 다층 신경회로망의 학습 방법을 토대로 딥 신경회로망인 딥러닝 학습에 대해서 알아보도록 하죠. 딥러닝 학습은 다층 신경회로망을 일반화한 개념으로 확장해서 설명하겠습니다.

다음 **그림 5-30**은 L개의 층을 가진 딥 신경회로망인 딥러닝의 일반적인 구조를 보여주고 있습니다. 수학적 표기는 앞서 다층 신경회로망에서 정했던 규칙과 동일하며 일반화 측면에서 입력 벡터 x는 y^0로 표기하겠습니다.

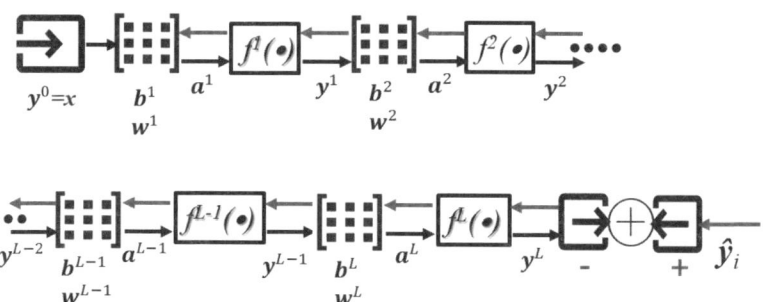

그림 5-30 딥러닝의 기본 구조

딥러닝은 층 수와 뉴런 수 측면에서 깊어지고 넓어진, 즉 확장된 개념의 다층 신경회로망이라고 언급했습니다. 따라서 딥러닝은 높은 비선형 함수를 근사화할 수 있는 능력을 가졌다고 볼 수 있습니다. 물론 신경회로망의 층 수와 뉴런 수가 확장된 게 좋은 것만은 아닙니다. 실제로 과거에는 확장된 만큼 여러 가지 문제점이 있었죠. 하지만 이 문제를 해결하는 과정에서 수많은 사람의 노력이 있었고 덕분에 딥러닝이 오늘에 이를 수 있게 되었습니다.

그럼 각 층의 가중합과 활성화 함수의 매핑 값에 대해서 알아보죠.

첫 번째 층

$$a^1 = w^1 y^0 + b^1$$
$$y^1 = f^1\left(a^1\right) = f^1(w^1 y^0 + b^1)$$

두 번째 층

$$a^2 = w^2 y^1 + b^2$$
$$y^2 = f^2\left(a^2\right) = f^2(w^2 y^1 + b^2)$$

마지막 층

$$a^L = w^L y^{L-1} + b^L$$
$$y^L = f^L(a^L) = f^L(w^L y^{L-1} + b^L)$$

앞의 식을 대표할 수 있는 각 층의 일반화 표현은 다음과 같습니다.

$$a^i = w^i y^{i-1} + b^i, \quad i = 1, 2, ..., L$$
$$y^i = f^i(a^i) = f^i(w^i y^{(i-1)} + b^i), \quad i = 1, 2, ..., L$$

각 층의 가중합과 활성화 함수의 매핑 값을 이용해서 가중치를 갱신해 보죠.

마지막 층의 가중치 갱신

$$\nabla J(w^L, b^L) = \frac{\partial J(w, b)}{\partial w^L} = \frac{\partial J(w, b)}{\partial y^L} \frac{\partial y^L}{\partial a^L} \frac{\partial a^L}{\partial w^L}$$
$$\Delta w^L = -\eta \nabla J(w^L, b^L)$$
$$w^L(t+1) = w^L(t) - \eta \Delta w^L = w^L(t) + \eta \nabla J(w^L, b^L)$$

L-1층의 가중치 갱신

$$\nabla J(w^{L-1}, b^{L-1}) = \frac{\partial J(w^{L-1}, b^{L-1})}{\partial w^{L-1}} = \frac{\partial J(ww^{L-1}, b^{L-1})}{\partial y^L} \frac{\partial y^L}{\partial a^L} \frac{\partial a_L}{\partial y^{L-1}} = \frac{\partial y^{L-1}}{\partial a^{L-1}} \frac{\partial a^{L-1}}{\partial w^{L-1}}$$
$$\Delta w^{L-1} = -\eta \nabla J(w^{L-1}, b^{L-1})$$
$$w^{L-1}(t+1) = w^{L-1}(t) - \eta \Delta w^{L-1} = w^{L-1}(t) + \eta \nabla J(w^{L-1}, b^{L-1})$$

$L-2$ 층에 대한 가중치 갱신은 여러분이 직접할 수 있도록 비워 두겠습니다. 그럼 여기서 일반화 측면에서 $i(i = 1, 2, \cdots, L)$층에 대한 가중치를 갱신해 보겠습니다.

$$\nabla J\left(w^i, b^i\right) = \frac{\partial J\left(w^i, b^i\right)}{\partial w^i} = \frac{\partial J\left(w^i, b^i\right)}{\partial y^L} \frac{\partial y^L}{\partial a^L} \cdots \frac{\partial y^i}{\partial a^i} \frac{\partial a^i}{\partial w^i}$$

$$\Delta w^i = -\eta \nabla J\left(w^i, b^i\right)$$

$$w^i(t+1) = w^i(t) - \eta \Delta w^i = w^i(t) + \eta \nabla J\left(w^i, b^i\right)$$

여기까지 딥러닝의 기본 개념부터 기초가 되는 원리까지 살펴보았습니다. **딥러닝을 향한 전략적 발판을 확보**한 셈이죠. 지금까지 잘 따라왔다면 이제 딥러닝을 이용해서 많은 응용 제품을 만들 준비가 된 것입니다. 물론 응용 과정에서 여러 가지 장애물이 있을 수 있습니다. 바로 이 장애물을 극복하는 방법 등 **딥러닝을 응용하는 데 필요한 전술적인 부분**에 대해 앞으로 몇 절에 걸쳐 살펴보고자 합니다.

다음 절에서는 다양한 학습 방법에 대해서 살펴보겠습니다. 학습 방법에 따라 저마다 특징과 장단점이 있습니다. 추후 여러분이 장점으로만 가득한 학습 알고리즘을 개발하길 바라며 다음 절로 넘어가보겠습니다.

5.5 딥러닝 학습 기법

우리는 앞서 **Chapter 3. 예측과 최적화 기법으로 딥러닝 학습 이해하기**에서 경사 하강법에 기반한 최적화를 배웠습니다. 경사 하강법은 최적화 기법 중 가장 활발하게 사용하는 알고리즘으로, 딥러닝 가중치를 최적화하는 기본 방법이며, 새롭게 연구되고 있는 최신 최적화 기법의 기초이기도 합니다.

경사 하강법은 파라미터에 관한 비용 함수의 기울기 $\nabla J(\theta)$의 반대 방향으로 파라미터를 갱신함으로써 비용 함수 $J(\theta)$를 최소화하는 방법입니다. 또한 비용 함수 $J(\theta)$의 값이 점점 작아지도록 학습하면서 $\theta^{(i-1)} + \mu_i \Delta \theta^{(i)}$의 위치로 이동합니다. 이것이 경사 하강법에 의한 파라미터 학습 방법입니다.

$$\theta^{(i)} = \theta^{(i-1)} - \mu_i \nabla J\left(\theta^{(i-1)}\right) = \theta^{(i-1)} + \mu_i \Delta \theta^{(i)}$$

다층 신경회로망을 포함한 딥러닝 학습은 앞의 식을 바탕으로 단계적으로 가중치 벡터가 갱신됩니다. 학습 과정은 대체로 다음과 같은 과정을 거칩니다.

> Step 1 가중치 벡터 초기화
> Step 2 순전파 계산 및 예측값 출력
> Step 3 비용 함수 계산
> Step 4 오차 역전파 및 가중치 갱신
> Step 5 비용 함수 최소화까지 Step 2~4 반복 실행

앞서 은닉층이 2개 이상인 **다층 신경회로망을 딥 신경회로망인 딥러닝**이라고 언급했습니다. 더불어 **다층 신경회로망을 넓고 깊게 확장한 것이 딥러닝**이라고도 했는데요. 그렇다면 층이 깊으면 깊을수록 딥러닝의 학습 능력이 높아질까요? 문제는 없을까요?

물론 은닉층의 개수가 많으면 많을수록 학습 능력 또한 높아집니다. 문제는 학습이 제대로 이뤄지지 않을 뿐만 아니라 학습 속도도 느리다는 거죠. 예전엔 이 문제로 필자뿐만 아니라 많은 연구자가 골머리를 앓아야 했습니다. 이것이 인공 신경회로망의 발전을 가로막았으며 암흑기로 접어든 계기 중 하나이기도 했죠.

당시 연구자들을 가장 괴롭게 한 문제 중 학습법과 관련된 것을 꼽으라면, **과적합**Overfitting과 **기울기 소실**Vanishing Gradient일 것입니다. 이제부터 이러한 문제를 포함해서 관련된 문제의 원인과 해결 방안에 대해서 살펴보겠습니다. **문제가 있는 곳엔 반드시 해결 방법이 있다**는 진리 앞에 자신감을 가지고 앞으로 나아가 보도록 하겠습니다.

먼저 학습 과정의 첫 단계인 초기 가중치 벡터 값 설정Weight Initialization에 대해서 알아보겠습니다.

초기 가중치 벡터 값 설정

먼저 **그림 5-31**을 살펴보죠. 가파른 영역에서는 경사가 큰 반면 완만한 영역에서는 경사가 작은 것을 알 수 있습니다.

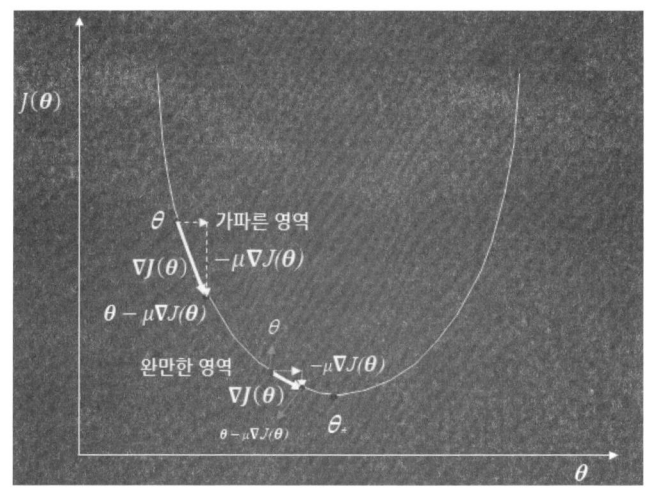

그림 5-31 비용 함수의 구성_가파른 영역과 완만한 영역

다시 표현하자면, 비용 함수를 미분해서 얻은 경사(기울기)가 작다는 것은 갱신해야 할 가중치 벡터의 값이 작은 것을 의미하며 그에 따라 학습 속도도 느려짐을 의미하고 있습니다.

이러한 문제는 경사 하강법에서 초기 가중치 벡터 값을 무작위로 설정하기 때문에 발생합니다. 무작위로 설정한 초기 가중치 벡터 값으로 인해 **그림 5-32**의 완만한 영역에서 가중치 벡터 갱신이 이뤄지기 시작한다면, 한 번의 반복으로 갱신되는 값이 적을 수밖에 없습니다.

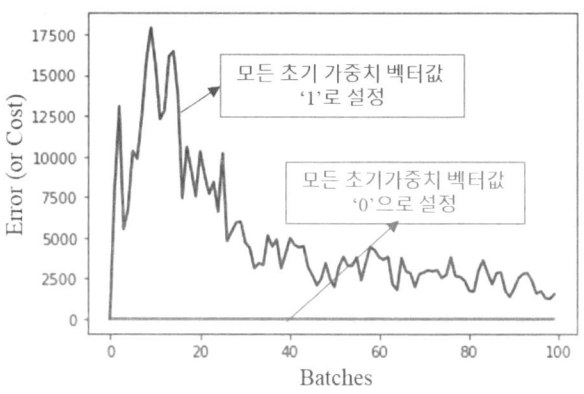

그림 5-32 초기 가중치 벡터 값 설정_모두 0 또는 1 (출처 : Harshit Kumar)

이것이 초기 가중치 벡터 값 설정이 중요한 이유입니다. 학습 과정의 첫 단계인 초기 가중치 벡터 값 설정을 케이스별로 살펴보도록 하겠습니다.

Case1: 초기 가중치 벡터 값 설정을 모두 0으로 설정하는 경우

만약 가중치를 모두 0으로 초기화하면 비용 함수에 대한 기울기 또한 0이 되기 때문에 가중치 벡터 갱신이 이뤄지지 않게 됩니다(**그림 5-32** 참고). 또 학습 과정 중에 은닉층의 가중치 벡터는 대칭성을 보이는데 이는 단순히 선형 모델에 불과하죠.

Case2: 초기 가중치 벡터 값 설정을 모두 '상수'로 설정하는 경우

만약 모든 초기 가중치 벡터 값을 '상수'로 설정하면 모든 은닉층의 뉴런은 동일한 기울기를 가지며 학습 과정 중에 가중치 벡터는 대칭 구조로 남게 됩니다. 이는 서로 다른 특징들에 대해 학습이 이뤄지지 않는다는 문제가 있음을 의미합니다.

Case3: 초기 가중치 벡터 값 설정을 '무작위 값'으로 설정하는 경우

초기 가중치 벡터 값을 '무작위 값'으로 설정할 경우 크게 두 가지 문제가 있습니다. 먼저 기울기 소실 문제입니다. 만약 초기 가중치 벡터 값을 1.0보다 큰 값으로 설정하면 어떻게 될까요? 이해를 돕기 위해 다음 **그림 5-33**을 살펴보겠습니다. 이 그림은 앞 절에서 다룬 미분한 활성화 함수로, 시그모이드 함수를 사용하고 있다고 가정해 보겠습니다.

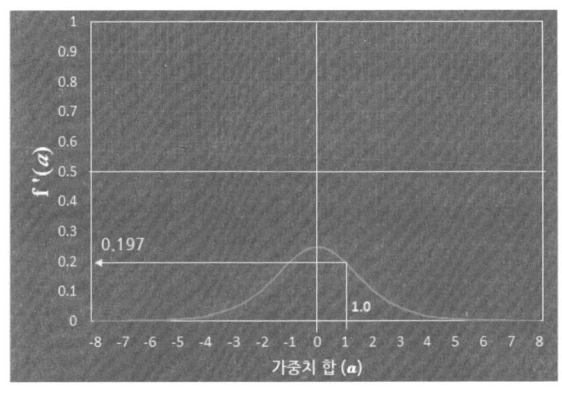

그림 5-33 미분한 활성화 함수_시그모이드 함수

활성화 함수는 1에 가까운 값으로 매핑이 이뤄지며 기울기(경사)가 작은 값이 되기 때문에 학습 시간이 많이 걸린다는 문제가 발생하겠죠. 이러한 현상은 다른 활성화 함수에도 동일하게 적용이 됩니다. 오차 역전파를 통해 가중치 벡터를 갱신할 때 앞에 있는 층으로 갈수록 가중치 벡터의 갱신은 이뤄지지 않으며 최악의 경우 딥러닝 학습이 이뤄지지 않을 수 있습니다. 이것을 기울기 소실이라고 부릅니다.

두 번째는 기울기 소실 문제와 정반대인 **기울기 폭증 문제**Exploding Gradients입니다. 층이 더해질수록 점점 큰 기울기 값을 가지며 가중치 벡터 값들이 크다면 활성화 함수와 가중치 벡터 값에 따라 기울기가 소실되는 것이 아니라 지수 함수적으로 증가하는 기울기 폭증 문제가 발생하게 됩니다. 이 경우 발산Divergence으로 인해 학습이 제대로 이뤄지지 않는 문제가 발생합니다.

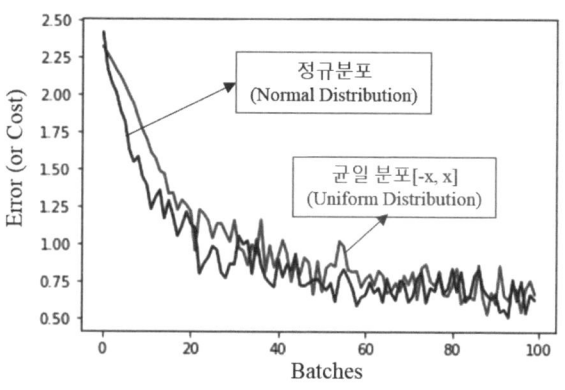

그림 5-34 초기 가중치 벡터 값 설정_정규 & 균일 분포 (출처 : Harshit Kumar)

자, 지금까지 딥러닝 학습의 첫 번째 과정인 초기 가중치 벡터 값 설정이 얼마나 중요한지를 배웠습니다. 그렇다면 어떻게 초기 가중치 벡터 값 설정을 하는 것이 최선의 방법일까요? 응용 분야에 따라 다르지만, 가장 많이 알려진 그리고 가장 많이 쓰이는 가중치 벡터 값 초기화 방법으로는 페이스북 연구원인 케이밍 흐Kaiming He가 개발한 흐 초기화He Initialization와 캐나다 몬트리올 대학 자비에르 교수의 자비에르 초기화Xavier Initialization 그리고 미국 AT&T 연구소의 얀 르쿤Yann LeCun의 르쿤 정규 초기화LeCun Normal Initialization가 있습니다. 이 방법들을 종합해 보면 우리는 다음과 같이 초기 가중치 벡터 값 설정을 할 수 있습니다.

일반적으로 시그모이드나 하이퍼볼릭 탄젠트tanh, Hyperbolic Tanget 활성화 함수인 경우 자비에르 초기화를, 랠루(ReLU)계의 활성화 함수에서는 흐 초기화를 사용하는 것이 효율적입니다. 최근에는 대부분의 모델에서 흐 초기화를 주로 사용하고 있습니다.

중요한 것은 초기 가중치 벡터 값을 설정할 때 작은 임의의 값, 예를 들면 일정한 분산을 가지는 평균이 0인 가우시안 노이즈 Gaussian Noise**로 초기화**하라는 것입니다. 즉, 가우시안 분포를 따르면 보통 큰 문제가 없어 안정적으로 쓰이고 있습니다.

다음은 과적합과 기울기 소실 문제 그리고 이 문제를 해결하기 위한 방법에 대해서 자세히 살펴보겠습니다.

5.6 과적합 문제

과적합은 왜 발생할까요? 그것은 딥러닝의 성능이 지나치게 뛰어나기 때문입니다. 아니, 지나치게 오지랖이 넓기 때문입니다. 아니, 그렇게 똑똑하지 않기 때문입니다. 도대체 무슨 말인지 의아할 겁니다. 하지만 다 맞는 말입니다. 이제 그 이유를 하나하나 설명해 보겠습니다.

딥러닝은 다층 신경회로망을 더 깊고 넓게 확장한 딥 신경회로망입니다. 딥러닝 모델을 학습하고 검증하는 데이터 세트는 보통 **그림 5-35**과 같은 비율로 구성합니다.

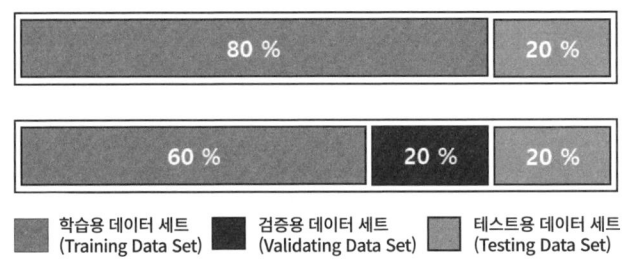

그림 5-35 데이터 세트의 구성

너무 적은 학습을 수행한 모델은 학습용뿐만 아니라 테스트용 데이터 세트에서도 낮은 성능을 보이겠죠. 이것을 **미적합**Underfitting, 최소 적합 또는 과소 적합이라고 부릅니다. 미적합은 데이터의 근본적인 특징을 딥러닝 모델이 습득하지 못했다는 뜻이죠. 미적합은 적은 양의 학습 데이터로 성능이 우수한 딥러닝 모델을 확보하고자 할 때도 일어납니다.

미적합된 딥러닝 모델을 사람에 비유한다면 편식을 하는 사람이라고 할 수 있습니다. 지나친 편식으로 인해 일부 특징만 학습된 거죠. 즉, 미적합된 딥러닝 모델이 예측하는 값이 우리가 원하는 방향과 전혀 다르게 편향되어 있다는 것입니다. 하지만 분산은 낮은 편입니다.

딥러닝 신경회로망이 학습용 데이터 세트에는 탁월한 결과를 보이지만, 같은 문제 영역 내에 있는 새로운 데이터 세트에는 그렇지 않은 것을 **과적합**이라고 부릅니다. 미적합과 과적합의 편향과 분산을 표로 정리하면 다음과 같습니다.

표 5-1 미적합과 과적합 비교

	학습 오차	검증 오차	원인
미적합 (Underfitting)	높음	높음	높은 편향 낮은 분산
과적합 (Overfitting)	낮음	높음	낮은 편향 높은 분산
적합 (Goodfitting)	낮음	낮음	편향과 분산의 완벽한 균형

좀 더 수월하게 이해할 수 있도록 이 표를 그림으로 표현하면 다음과 같습니다.

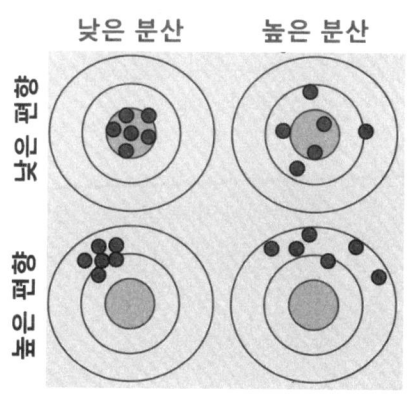

그림 5-36 편향과 분산의 선택지 (출처 : Venkat N. Gudivada, et al., ResearchGate, 2017)

과적합된 딥러닝 모델은 음식을 가리지 않고 먹어 치우며 과식하는 사람에 빗댈 수 있습니다. 따라서 과적합된 딥러닝 모델이 예측하는 값은 우리가 원하는 방향으로 편향은 되어 있지만, 지나치게 분산이 크다는 단점이 있습니다.

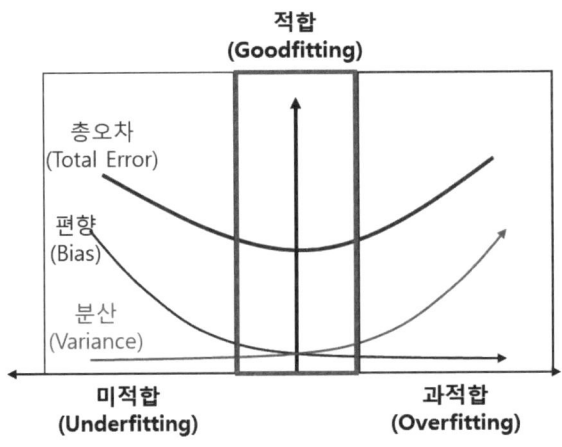

그림 5-37 편향과 분산의 선택지와 적합도

그림 5-36처럼 우리가 원하는 딥러닝 모델의 결과는 낮은 분산과 낮은 편향을 가지고 있어야 합니다. 하지만 그림 5-37을 자세히 살펴보면 낮은 분산과 낮은 편향이라는 결과를 얻을 수 있는 구간이 좁다는 것을 알 수 있습니다. 딥러닝 모델이 이 **적합 구간**에서 학습을 마친다면 가장 좋겠지만, 그렇게 쉬운 문제는 아닙니다. 학습이 진행되면서 비용 함수, 즉 총 오차 값이 줄어들다가 다시 증가하는 변곡점이 있기 때문입니다.

가장 이상적인 시점에 학습을 멈출 수만 있다면 가장 낮은 편향과 분산뿐만 아니라 총 오차 값을 가지는 학습된 최적의 딥러닝 모델을 택할 수 있습니다. 적합Goodfitting 구간에서 학습이 더 진행된다면 분산이 커지면서 편향이 낮아지기 시작하는데, 그 시점부터 과적합이 일어나기 때문입니다.

딥러닝이 근본적으로 추구하는 목표는
딥러닝이 학습하는 데 필요한 학습용 데이터 세트뿐만 아니라,
학습된 딥러닝 모델의 성능을 검증하는 테스트용 데이터 세트에서도
동일하게 높은 성능을 나타내는 것입니다.

이와 같이 학습용 데이터 세트를 통해서 학습이 완료된 딥러닝 모델이 이전에 전혀 경험해 보지 못한 **새로운 입력 데이터 세트에도 뛰어난 예측 능력을 보이는 것을 일반화**Generalization라고 부릅니다.

그러나 실제로는 딥러닝 모델을 학습하는(훈련하는) 것뿐만 아니라 새로운 데이터 세트에 대한 딥러닝 모델의 일반화도 쉬운 일이 아닙니다.

과적합은 학습 데이터의 기본적인 특징을 학습할 뿐만 아니라 학습이 진행되면서 학습 데이터에 포함된 잡음까지도 학습한다는 단점이 있기 때문입니다. 학습된 잡음은 데이터 세트에 따라 다르기 때문에 같은 문제의 영역이라도 완전히 새로운 데이터 세트를 접하면 딥러닝 모델의 성능은 낮을 수밖에 없습니다.

그 이유는 **딥러닝 모델의 복잡도가 지나치게 높기 때문**입니다. 즉, **학습 능력이 뛰어나기 때문에** 우리가 원하지 않는 특징까지도 학습한다는 것입니다. 다른 말로 표현하자면 오지랖 넓게 원하지도 않는 특징까지 학습해 버린다고도 볼 수 있죠. 어떻게 보면 딥러닝이 우리가 생각하는 것만큼 지능적이지 않다는 것입니다.

이것을 직관적으로 이해하기 위해 **그림 5-38**을 살펴보죠.

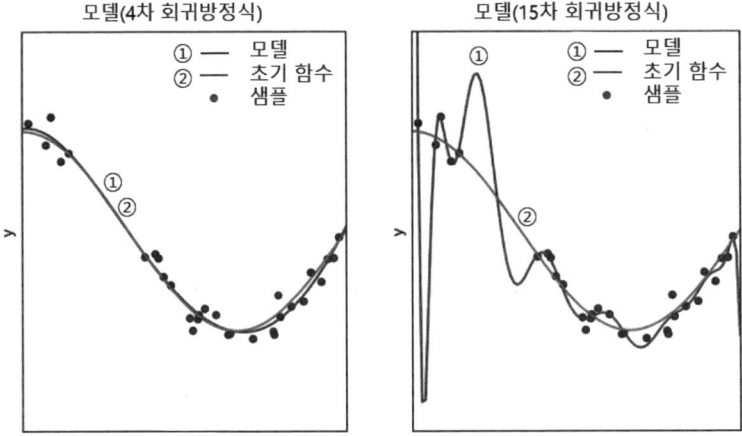

그림 5-38 복잡도에 따른 모델의 분산 크기 (출처 : DeepLearning Academy)

같은 데이터 세트를 가지고 높은 차원의 복잡도를 가지고 있는 회귀 방정식을 구했을 때 **그림 5-38**의 오른쪽 방정식 그래프처럼 분산이 높음을 알 수 있습니다. 이러한 분산을 줄이기 위해서(과적합을 줄이기 위해서) **그림 5-38**의 왼쪽 방정식 그래프와 같이 낮은 차원의 모델로 해결할 수 있음을 알 수 있습니다.

이쯤되면 어떤 독자는 '딥러닝 모델의 복잡도를 줄여서 학습 능력을 낮추면 과적합을 막을 수 있지 않을까?'라고 생각할 수도 있을 겁니다. 맞습니다. 이러한 방법에는 조기 종료와 조정화 그리고 드롭아웃이 있습니다.

드롭아웃이나 조정화는 딥러닝 모델의 구조를 직접 조정하는 적극적인 방법으로, 조기 종료와 같은 방법은 간접적으로 접근하는 소극적인 방법으로 분류할 수 있겠죠. 이 3가지 방법에 대해 자세히 살펴보겠습니다.

조기 종료

실질적으로 우리는 새로운 테스트용 데이터 세트(**그림 5-35** 참조)로 검증하기 전까지는 학습된 딥러닝 모델의 성능을 알 수 없습니다. 그러나 학습 과정에서 알아 볼 수 있는 방법은 있습니다.

과적합을 방지하는 첫 번째 방법으로 **조기 종료**Early Stopping를 들 수 있습니다. 앞에서 설명한 것처럼 조기 종료도 학습 과정에서 딥러닝 모델에 일정한 '제재'나 '조정'을 가하는 방법 중 하나입니다.

조기 종료가 어떻게 이루어지는지 확인해 볼까요? 먼저 학습 과정에서 과적합이 일어나는 시점을 알기 위해 교차 검증용 데이터 세트를 준비해 보겠습니다. 앞서 살펴본 데이터 세트의 구성(**그림 5-35** 참조)대로 학습용과 검증용 그리고 테스트용 데이터 세트를 각각 60 : 20 : 20의 비율로 준비해 봅시다. 자, 이렇게 준비한 검증용 데이터 세트를 통해 학습 과정에서 일정한 주기 또는 매 주기마다 딥러닝 모델의 학습 상태를 파악한다면 과적합이 언제 일어나는지 알 수 있지 않을까요?

물론 검증용 데이터 세트로 가중치 벡터를 갱신하는 것은 아닙니다. 새로운 검증용 데이터는 학습 과정에서 편향되지 않은 상태에서 딥러닝 모델의 학습 상태를 알려주는 역할을 하기 때문입니다.

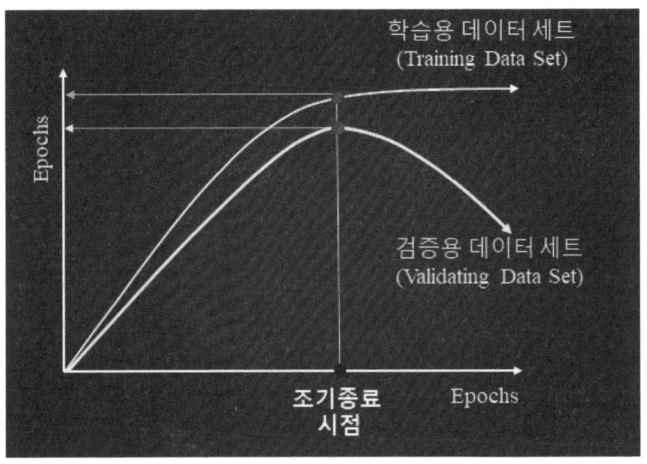

그림 5-39 조기 종료 시점

여기서 중요한 것은 모든 데이터 세트의 분포는 동일해야 하며 학습 후에 우리가 기대하는 예측 값을 반영하도록 선택되어야 한다는 것입니다. 교차 검증용 데이터 세트를 통해 과적합이 일어나는 시점을 알 수 있기 때문에 그 시점에 학습을 조기 종료함으로써 과적합을 방지할 수 있습니다.

그림 5-37과 **그림 5-39**처럼 교차 검증용 데이터 세트를 이용한다면 학습 진행 과정에서 수시로 정확도와 총 오차값을 모니터링할 수 있습니다. 정확도가 일정 수준 밑으로 떨어지거나 총 오차값이 일정 수준 이상으로 높아지는 지점을 택해서 학습을 종료하면 되겠죠. 쉽게 말해 딥러닝 모델이 오지랖을 부려 주변의 잡음을 가지고 놀며 과적합을 일으키기 전에 막는 거죠.

조기 종료는 딥러닝 모델을 학습할 때 학습 속도가 느려지는 현상을 피할 수 있는 방법 중 하나입니다. 그리고 테스트용 데이터 세트는 딥러닝 학습을 종료한 후 딥러닝 모델의 마지막 정확도를 평가하는 목적으로 사용하면 됩니다.

조정화

딥러닝이 지나치게 오지랖을 부리지 않도록 조정이나 제재를 가하는 것을 **조정화**Regularization라 하며 조기 종료와 마찬가지로 과적합을 해결하는 또 다른 방법입니다. 조정화는 학습 과정에서 딥러닝 모델의 복잡도를 줄임으로써 과적합을 방지하는 기법입니다.

조정화 기법으로는 $L1$ 조정화 $L1$ Regularization와 $L2$ 조정화 $L2$ Regularization 그리고 드롭아웃Dropout 기법이 많이 사용되고 있습니다. 특히 $L1$과 $L2$ 조정화는 수십 년 전부터 선형회귀Linear Regression와 로지스틱 회귀Logistic Regression와 같은 선형 모델에서 애용해온 기법이죠.

$L2$ 조정화는 가중치 감쇠Weight Decay 또는 릿지 회귀Ridge Regression라고도 부르는데, 조정화 기법 중 가장 널리 쓰이는 기법이기도 합니다. 쉽게 말해 **비용 함수에 조정화 항목 $\Omega(w)$을 추가함으로써 딥러닝 모델의 능력에 제재나 조정을 가하는 식**으로 말이죠. 딥러닝 모델의 비용 함수와 조정화 항목은 다음과 같습니다.

$$J(w) = \frac{1}{2}(\hat{y} - y)^2 = \frac{1}{2}\left[\hat{y} - f(w^T x)\right]^2$$

$$\Omega(w) = \|w\|_2^2 = \sum_i \sum_j w_{ij}^2$$

조정화 항목은 가중치 벡터의 유클리디안 노옴 또는 $L2$ 노옴$L2$ Norm으로 정의할 수 있으며 이는 가중치 벡터의 제곱합과 같습니다. 가중치 벡터에 조정화 계수 α를 곱한 후 최소화할 새로운 비용 함수 $\hat{J}(w)$는 다음과 표현할 수 있습니다.

$$\hat{J}(w) = \frac{\alpha}{2}\|w\|_2^2 + J(w) = \frac{\alpha}{2}\sum_i \sum_j w_{ij}^2 + J(w)$$

조정화 계수, α는 딥러닝 모델을 얼마나 많이 조정할 것인지를 결정하는 새로운 계수입니다. 이제 새로운 비용 함수로부터 기울기를 계산한 후 가중치를 갱신하는 식을 구해 보죠.

$$\nabla \hat{J}(w) = \alpha w + \nabla J(w)$$
$$w_{new} = w_{old} - \eta(\alpha w_{old} + \nabla J(w_{old}))$$

이 식으로부터 우리는 일반 가중치 갱신 방법과는 별도로 아주 작은 값으로 추가 갱신이 이뤄짐을 알 수 있습니다.

먼저 $L1$ 조정화는 라소 회귀Lasso Regression라고도 알려져 있으며 **가중치 벡터에서 각 가중치의 절댓값의 합을 조정화 항목으로 사용하는 것**을 의미합니다.

$$\Omega(w) = \|w\|_1 = \sum_i \sum_j |w_{ij}|$$

$L2$ 조정화에서 가중치 벡터를 갱신하는 방법과 마찬가지로 $L1$ 조정화를 통해 다음과 같이 가중치 벡터를 갱신할 수 있습니다.

$$(w) = \alpha \|w\|_1 + J(w)$$
$$\nabla \hat{J}(w) = \alpha . sign(w) + \nabla J(w)$$
$$w_{new} = w_{old} - \eta(\alpha . sign(w_{old}) + \nabla J(w_{old}))$$

그렇다면 조정화는 어떤 식으로 동작하는 걸까요? 어떻게 해서 $L1$, $L2$ 조정화가 과적합 문제를 줄일 수 있을까요? 다음 **그림 5-40**을 통해서 조정화의 동작 원리를 살펴보겠습니다.

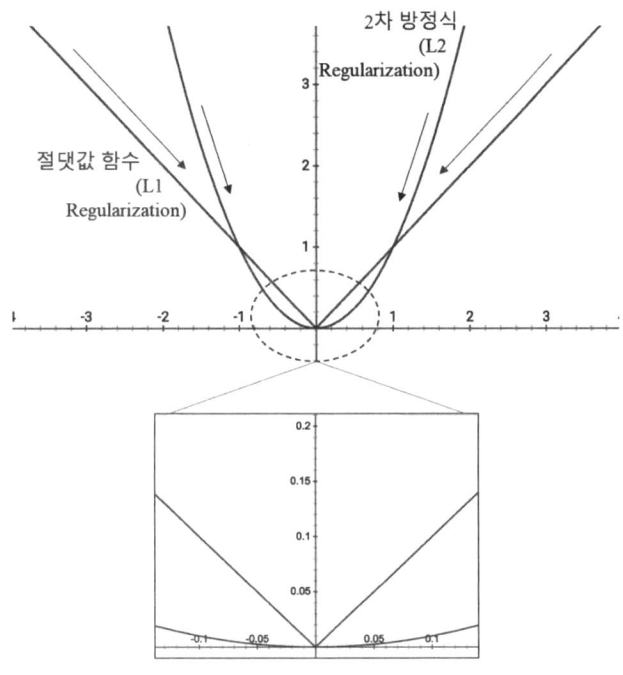

그림 5-40 절댓값 함수와 2차 함수 (출처 : Alexander LeNail's Blog)

$L1$ 조정화를 표현하는 빨간색 그래프와 $L2$ 조정화를 나타내는 파란색 그래프를 살펴보겠습니다. 조정화 항목을 포함하여 새롭게 정의된 비용 함수를 최소화하면 가중치 벡터가 0으로 쏠립니다. 즉, 조정화 항목을 추가함으로써 가중치 벡터가 더 빠르게 0이 됨을 직감적으로 알 수 있죠. 하지만 $L2$ 조정화는 처음에는 빠르게 0으로 접근하다가 0에 근접한 지점에서 느려진다는 단점이 있습니다. 그 이유는 0 근처에 평평한 영역Flat Region이 있기 때문이죠. 그러나 $L1$ 조정화는 $L2$ 조정화와 달리 평평한 영역이 없기 때문에 가중치 벡터가 항상 0을 향해 조정됩니다.

여기서 주의할 점은 조정화 계수 α가 큰 값으로 설정되면 딥러닝 모델이 너무 간단해지기 때문에 미적합을 야기할 수 있습니다. 반대로 작은 값으로 설정하면 복잡도가 높아질 수 있기 때문에 과적합이 쉽게 일어날 수 있습니다.

L2 조정화 계수는 0.01~0.4 안에서 선택이 가능하지만, 모델의 선택에 따라서 달라질 수 있습니다. 또한 더 깊은 딥러닝 모델을 사용한다면, 조정화만으로 과적합 문제를 해결할 수 없을지도 모릅니다. 이 경우 또 다른 과적합 방지 기법인 드롭아웃을 사용하는 것이 더 효과적일 수 있습니다.

드롭아웃과 앙상블

아폴로 신드롬Apollo Syndrome은 2012년 영국의 경영학자 메러디스 벨빈Dr. Meredith Belbin이 발견한 현상으로, 뛰어난 천재들이 모인 집단에서 오히려 낮은 성과가 나타나는 현상이죠. 쓸데없는 논쟁을 하는 데 시간을 허비해 결국 일치된 합의를 이끌어내지 못함으로써 시급한 문제에 대응하지 못하기 때문입니다. 즉, 아폴로 신드롬을 통해 전체 구성원의 팀워크가 얼마나 중요한지를 깨달을 수 있죠.

이와 같은 현상이 딥러닝 학습 과정에서도 일어납니다. 딥러닝 모델은 수많은 층과 뉴런으로 구성되어 있는데, 각 뉴런의 학습 능력은 동일합니다. 학습 과정에서 특정 뉴런의 가중치가 지나치게 커지면 이웃하는 뉴런들의 학습 능력이 떨어지거나 동작을 멈추는 현상이 발생합니다. 마치 지나치게 가중치가 커진 뉴런을 시기 질투하는 것처럼 말이죠. 이 현상을 **상호작용**Co-adaptation이라고 부릅니다. 딥러닝 모델에서 일어나는 상호작용으로 인해 전반적으로 학습 속도가 느려지거나 학습이 제대로 진행이 되지 않는 과적합 문제가 발생할 수 있다는 거죠.

어떻게 하면 뉴런 간 시기, 질투 없이 각각의 역할을 꿋꿋이 수행하도록 할 수 있을까요?

앞에서도 설명한 것처럼 딥러닝 모델의 복잡도가 지나치게 높으면 그만큼 학습 능력도 뛰어납니다. 바로 이때 딥러닝 모델의 복잡도를 줄일 필요가 있습니다. 이때 쓸 수 있는 기법이 딥러닝 모델의 구조를 적극적으로 변경시키는 **드롭아웃**Dropout 기법입니다.

드롭아웃은 딥러닝 모델 학습 시 확률 p(일반적으로 $p=0.5$)만큼 은닉층의 뉴런을 무작위로 비활성화시킵니다. 이해를 돕기 위해 이 과정을 **그림 5-41**과 **그림 5-42**를 통해 살펴보겠습니다.

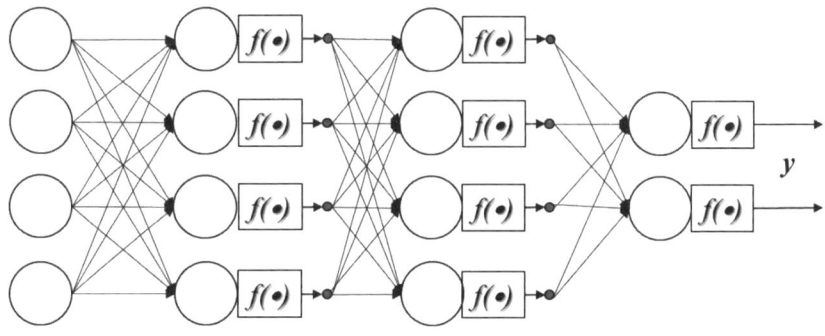

그림 5-41 딥러닝 신경망 구조_$f(\cdot)$는 활성화 함수, y는 예측값

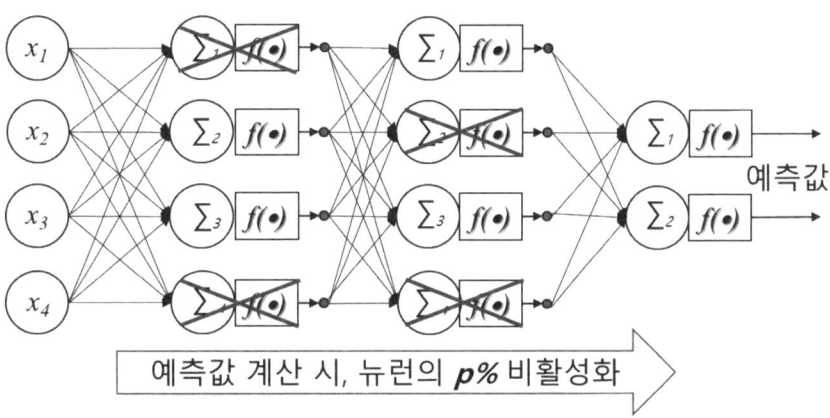

그림 5-42 그림 5-41과 같은 딥러닝 신경망에서 드롭아웃 $p=0.5$ 적용

그림 5-42는 **그림 5-41**과 같은 구조를 가지고 있는 신경회로망이지만, 확률 50%로 2개의 은닉층에 있는 뉴런을 비활성화시킴으로써 드롭아웃 기법을 적용한 것입니다. **그림 5-42**에서 엑스로 표시한 것이 드롭아웃된 비활성화 뉴런들입니다.

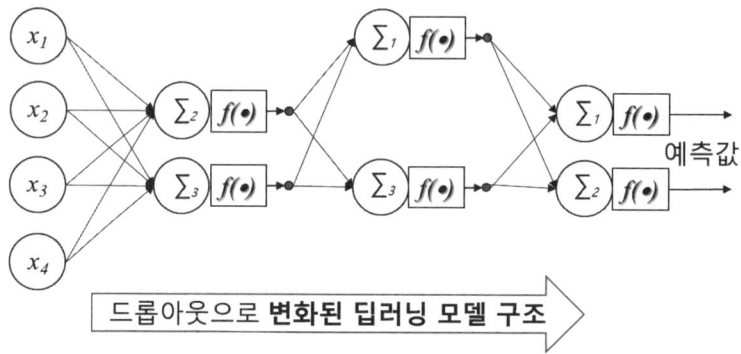

그림 5-43 드롭아웃된 뉴런을 제거한 딥러닝 신경망 구조(개념)

그림 5-43은 **드롭아웃된 뉴런을 제거한 새로운 구조의 딥러닝 모델**의 개념을 보여 주고 있습니다. 이처럼 새로운 구조를 띠는 딥러닝 모델을 서브 네트워크Sub_Networks라고 부르죠. 이 경우 반복 때마다 오차 역전파를 통해 활성화된 뉴런(드롭아웃되지 않은)과 연결된 가중치만 갱신이 됩니다.

즉, 수학적으로 각 층의 출력 y는 $f(wx) \cdot m$이며 $m_i \sim Bernoulli(1-p)$입니다. w는 각 층의 가중치 벡터이며 m은 드롭아웃 마스크Mask, 즉 가중치 벡터에 0 또는 1을 곱하는 것으로, 0을 곱하면 드롭아웃이 됩니다. 딥러닝 모델이 드롭아웃 기법으로 학습한 후 각 층의 출력값은 $y = (1-p)f(wx)$으로 계산이 됩니다.

이렇게 학습이 완료된 딥러닝 모델을 **테스트용 데이터 세트로 성능을 확인할 때는 반드시 원래의 딥러닝 모델, 즉 기본 구조를 사용**해야 합니다(그림 5-29 참조). 주의할 것은 학습 시 드롭아웃 비율이 p%라면 모든 가중치는 $(1-p)$%를 곱해야 합니다. 그 이유를 **그림 5-43**의 예를 통해 알아보도록 하죠.

드롭아웃 비율 p=0.5일 때 테스트 시 가중합 a'는 학습 시 가중합 a의 약 2배가 됩니다. 왜냐하면 테스트 시 드롭아웃을 적용하지 않고 모든 뉴런이 살아 움직이기 때문입니다. 그래서 드롭아웃 비율 p%일 때 테스트 시 모든 가중치에 $(1-p)$%만큼 곱해야 합니다.

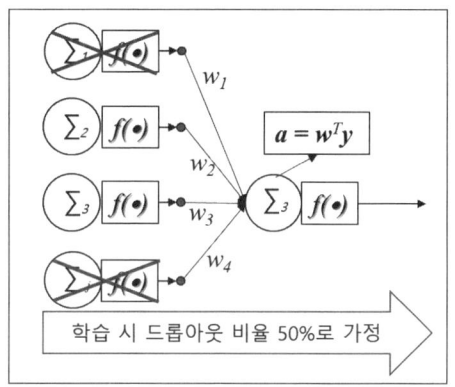
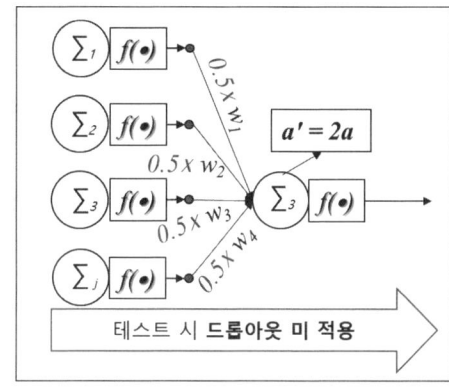

그림 5-44 테스트 시 가중치 조정 예

딥러닝 모델에 드롭아웃을 적용할 때의 계산 과정은 다음과 같습니다. 여기서는 은닉층에 있는 뉴런에만 드롭아웃을 적용합니다.

1. 은닉층 드롭아웃 비율 p와 목표값(목표 예측값) y를 설정한다.
2. 딥러닝 모델의 가중치를 임의의 수로 초기화한다.
3. While (! 멈춤 조건) // 비용 함수
4. 미니배치 데이터 세트 B를 선택한다.
5. for $(i = 1\ to\ |B|)$ // B의 각각의 데이터 세트에 대해서
6. 은닉층 뉴런을 p의 비율로 드롭아웃한다.
7. 드롭아웃된 뉴런을 제외한 상태에서 '예측값'을 계산한다.
8. 오차 역전파를 이용하여 기울기 $\nabla_i^{Dropout}$를 계산한다.
9. 미니배치의 모든 데이터 세트에서 기울기 평균 $\nabla_{average}^{Dropout}$을 구한다.
10. 평균 기울기를 이용하여 가중치를 갱신한다. $w = w - \rho \nabla_{average}^{Dropout}$
11. $\hat{y} = y$

드롭아웃 기법을 이용해 딥러닝 모델을 학습하면 과적합 문제를 해결할 수 있을 뿐만 아니라 또 다른 이득을 얻을 수 있습니다. 반복 때마다 드롭아웃되는 뉴런은 확률 p에 따라서 또 다시 무작위로 비활성화되어 또 다른 구조의 서브 네트워크로 변한다는 것입니다. 만약 **딥러닝 모델에** n개의 뉴런이 있다면 학습 과정에서 서로 다른 구조의 서브 네트워크 2^n개가 만들어집니다.

학습이 끝난 후 원래 구조의 딥러닝 모델로 학습하면 실질적으로 2^n개의 서로 다른 구조를 가진 단일 신경회로망들의 연합체가 된다는 것입니다. 이것을 **앙상블 네트워크**Ensemble Network라고 부릅니다. 일반적으로 앙상블 모델은 여러 개의 서로 다른 모델을 학습시킨 뒤 그 결과를 종합해서 결과를 예측하는 방식으로, 딥러닝 모델의 정확도를 높이는 기법 중 하나입니다.

수많은 모델을 일일이 학습시키는 방법은 시간과 노력이 많이 든다는 단점이 있죠. 하지만 드롭아웃 기법은 실제로 수많은 딥러닝 모델을 만들지 않고도 학습 과정에서 자연스럽게 앙상블 네트워크의 효과를 낼 수 있습니다.

그럼 여러 가지 앙상블 기법 중에서 드롭아웃으로 얻은 앙상블 네트워크의 구조와 비슷한 모델을 살펴보겠습니다. **그림 5-45**는 4개의 서로 다른 딥러닝 모델을 병렬로 연결해 학습용 데이터 세트를 균일하게 분배함으로써 학습하는 과정을 보여 줍니다. 4개의 모델은 같은 구조를 가질 수도 있고 서로 다른 모델로 학습할 수도 있습니다.

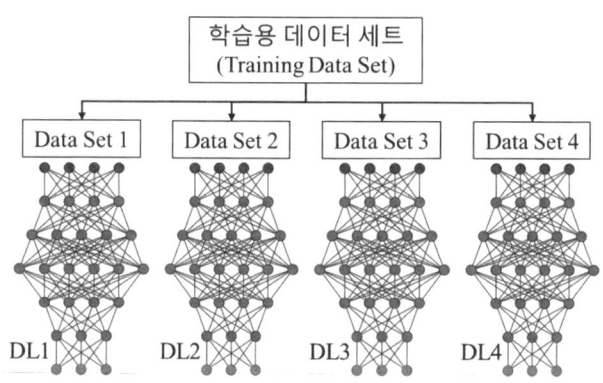

그림 5-45 병렬로 앙상블 모델을 학습시키는 모습

이렇게 병렬로 학습된 앙상블 모델은 테스트용 데이터 세트를 통해서 성능을 검증합니다. 그림 5-46에서 보는 것처럼 서로 다른 학습된 딥러닝 모델(DL1~DL4)은 같은 테스트용 데이터 세트로 예측값을 출력합니다. 예측된 출력값은 평균값을 취할 수도 있고 다수결 보팅Voting을 통해서 최종 예측값을 얻을 수도 있습니다.

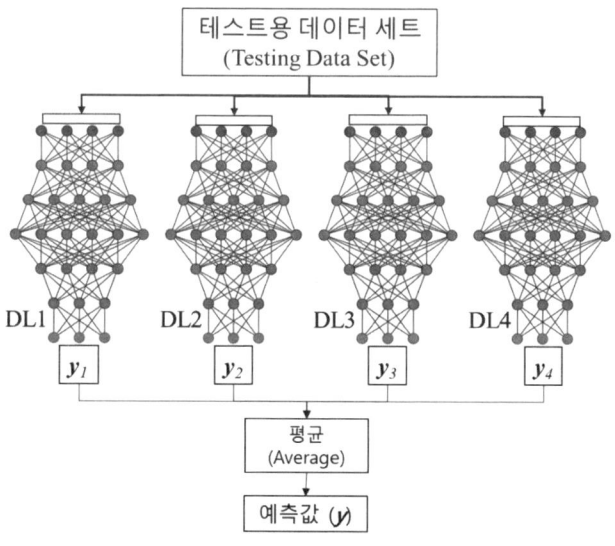

그림 5-46 앙상블 모델의 검증 방법(예)

그렇다면 서로 다른 딥러닝 모델을 병렬로 연결한 앙상블 네트워크가 일반 단일 딥러닝 모델보다 더 좋은 성능을 보이는 이유는 무엇일까요?

> "미래의 창조성은 개인이 아닌 집단의 협력에서 나온다.
> 창조성은 협력을 통해 생겨나며 어떤 일에 대한 개인의 창조적 아이디어도
> 이전에 다른 사람들과 공유한 많은 아이디어에 영향을 받게 된다."
> -키스 소여(Keith Sawyer)의《그룹 지니어스(Group Genius)》중에서

쉽게 말해 한 명의 천재보다, 여러 명의 둔재가 더 뛰어나다는 뜻입니다. 딥러닝 모델 또한 마찬가지입니다.

다시 본론으로 돌아가 보겠습니다. p=0.5 비율로, **그림 5-47**과 같은 모델에 드롭아웃 기법을 적용해서 과적합 방지 효과를 얻은 후 테스트용 데이터 세트로 검증을 하면 다음 **그림 5-48**과 같이 새로운 구조(앙상블 네트워크)를 얻을 수 있습니다.

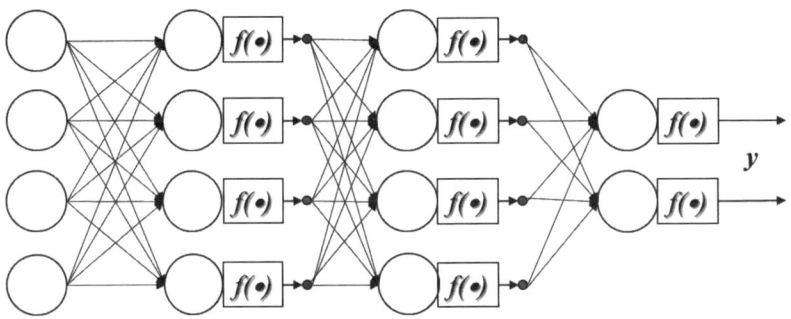

그림 5-47 딥러닝 신경망 구조_$f(\cdot)$는 활성화 함수, y는 예측값 (그림 5-40과 동일)

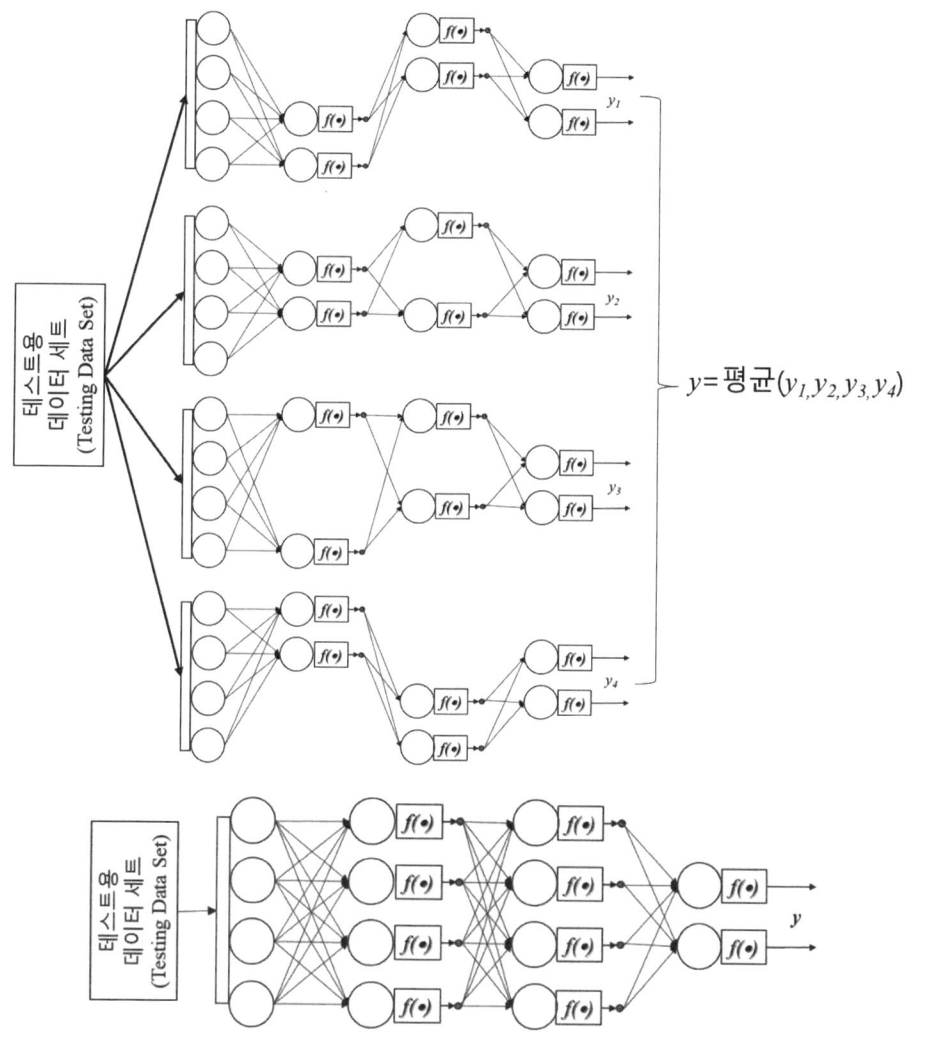

그림 5-48 드롭아웃을 이용한 학습 후 얻은 앙상블 네트워크(테스트 시)

드롭아웃 기법은 각 층의 뉴런에 뿐만 아니라 추론할 때 샘플링 연산이 포함된 몬테 칼로 드롭아웃Monte Carlo Dropout 등 십여 가지가 연구·개발하여 사용되고 있습니다.

5.7 기울기 소실 문제

기울기 소실 문제로 넘어가기 전에 딥 신경회로망인 딥러닝 모델(**그림 5-29** 참조)에 대해서 살펴보겠습니다. 앞에서도 언급한 것처럼 딥러닝 모델은 다층 신경회로망의 기본 구조에서 층수와(# of Layer) 각 층의 뉴런 수(# of Neuron)를 확장한 것입니다. 즉, 은닉층의 개수를 2개 이상 깊게 그리고 각 층의 뉴런 수를 확장한 신경회로망이죠.

그 결과 딥러닝 모델은 복잡도가 높아지고, 뛰어난 학습 능력을 가지게 됩니다. 그러나 그 이면엔 단점도 존재합니다. 복잡도가 높아짐에 따라 과적합 문제가 발생할 수 있고 더불어 신경회로망의 층 수가 깊어짐에 따라 기울기 소실 문제가 발생할 수 있습니다. 기울기 소실 문제의 원인과 그 해결 방안에 대해서 살펴보겠습니다.

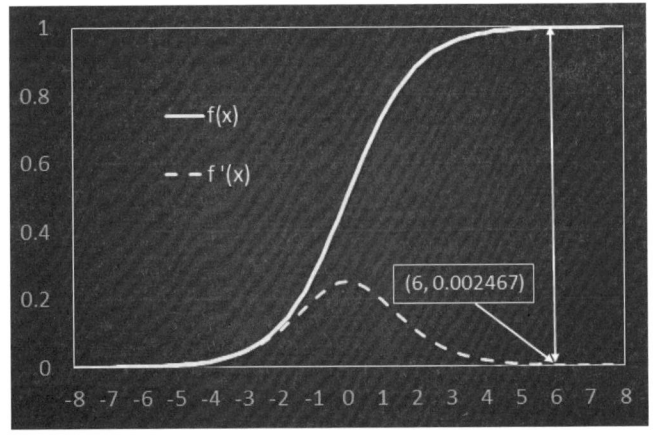

그림 5-49 시그모이드 함수와 미분 함수

그림 5-49처럼 시그모이드 함수와 같은 활성화 함수는 입력값이 클 경우 0과 1 사이의 값으로 출력을 제한함을 알 수 있습니다. 시그모이드 함수의 입력이 크게 변해도 활성화 함수의 특성상 출력에는 큰 변화가 없습니다. 또 오차 역전파 과정에서 가중치를 갱신할 때 활성화 함수의

미분을 통해 계산된 기울기로 가중치를 갱신합니다. 그림에서 보는 것처럼 값이 클 경우 아주 작은 값의 미분, 즉 기울기 값이 됨을 알 수 있습니다(6, 0.002467).

자, 그렇다면 딥러닝 학습에서 왜 이것이 문제가 될까요? 깊지Deep 않은, 얕은Shallow 신경회로망에서는 그렇게 큰 문제가 되지 않지만, 신경망이 깊어지면 학습 효과 측면에서 문제가 됩니다. 오차 역전파 과정에서 가중치 갱신 시 활성화 함수를 미분해서 기울기를 계산하는데, 값이 너무 작아지면 효과적으로 학습이 되지 않기 때문입니다.

앞 절에서 우리는 다층 신경회로망을 배웠고 또 오차 역전파를 통해 가중치 벡터를 갱신시키는 계산식도 유도해 보았습니다. 여기서 입력층과 2개의 은닉층 그리고 출력층으로 구성된 다층 신경망의 가중치를 갱신하던 것을 떠올려보세요.

마지막 층의 가중치 갱신은 다음과 같습니다.

$$\Delta w_{ij}^3 = -\eta \Delta J\left(w_{ij}^3, b_i^3\right) = \eta\left(\hat{y}_i - y_i^3\right) f^{3'}\left(a_i^3\right)\left(y_j^2\right)^T$$

그리고 다음 식과 같이 첫 번째 층의 가중치 갱신이 이뤄집니다.

$$\Delta w_{kl}^1 = -\eta \Delta J\left(w_{kl}^1, b_k^1\right) = \eta\left(w_{jk}^2\right)\left(w_{ij}^3\right)\{\left(\hat{y}_i - y_i^3\right) f^{3'}\left(a_i^3\right) f^{2'}\left(a_j^2\right)\} f^{1'}\left(a_k^1\right)(\text{x1})^T$$

두 식에서 a_i^3, a_j^2, a_k^1 값이 클 경우 $f^{3'}\left(a_i^3\right), f^{2'}\left(a_j^2\right), f^{1'}\left(a_k^1\right)$는 **그림 5-49**의 붉은 색 그래프인 $f'(x)$ 그래프 양단에 위치하게 되고 상대적으로 작은 값이 됩니다. 만약에 가중합이 6이라면 기울기는 0.002467이 되겠죠? 출력층과 가장 가까운 가중치 계산은 다음과 같습니다.

$$\Delta w_{ij}^3 = \eta\left(\hat{y}_i - y_i^3\right) \times 0.002467 \times \left(y_j^2\right)^T$$

반면 출력층과 가장 멀리 떨어진 첫 번째 층의 가중치 갱신은 다음과 같이 이뤄집니다.

$$\Delta w_{kl}^1 = \eta \left(w_{jk}^2 \right) \left(w_{ij}^3 \right) \{ \left(\hat{y}_i - y_i^3 \right) \times 0.002467 \times 0.002467 \} \times 0.002467 \times \left(x1 \right)^T$$

이 식을 따라 0.002467을 3번 곱하면 0.000000015라는 아주 작은 값이 됩니다. 즉, 기울기 소실이 발생해 더 이상 가중치 갱신이 일어나지 않습니다. 가중치 갱신이 된다고 해도 학습하는 데 오랜 시간이 걸리겠죠.

오차 역전파에서 가중치 갱신은 출력층에서 가장 가까운 가중치부터 입력층과 가장 가까운 가중치까지 역으로 계산합니다. 앞의 식처럼 비록 층이 4개일지라도 기울기 소실 문제가 발생함을 알았습니다. 만약 우리가 산업용 문제나 의료용 영상을 분류하는 것 같이 복잡한 문제를 해결하는 데 딥러닝 모델을 사용한다면 층 수만 수십 개 이상이 될 것입니다. **그림 5-50**은 각 층의 기울기가 동일하게 0.25라고 가정했을 때 각 층의 기울기에 대한 영향이 얼마나 크게 미치는지를 보여주고 있습니다.

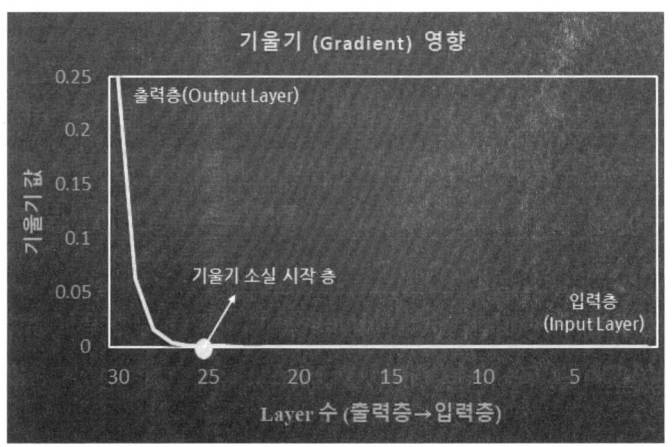

그림 5-50 딥러닝에서 기울기 소실의 영향을 보여주는 예

이 그림에서 다루는 딥러닝 모델의 층은 30개로, 그중 5번째 가중치에서 심각한 가중치 소실 문제가 발생함을 알 수 있습니다. 이 문제가 계속된다면 층이 깊은 것이 오히려 독이 되니 층을 깊게 할 이유가 전혀 없겠죠!

딥러닝이 딥러닝답기 위해서는

기울기 소실 문제는 해결되어야 합니다.

ReLU 활성화 함수

기울기 소실 문제는 결국 입력층과 가까운 층일수록 가중치 벡터에 어떤 변화도 일어나지 않는다는 의미입니다. 결국 딥러닝 모델 전체 성능을 저하시키는 거죠. 그럼 이 문제를 어떻게 해결할 수 있을까요?

지금까지 기울기 소실 문제를 언급하면서 가장 많이 사용한 표현이 **활성화 함수를 미분한 기울기**였습니다. 그럼 기울기 소실 문제의 주범 중 하나가 '활성화 함수'라는 것을 직관적으로 알 수 있겠죠. 가중합이 클 경우 활성화 함수를 미분한 기울기가 아주 작은 값이 된다는 것입니다.

그렇다면 활성화 함수를 다른 것으로 대체하면 문제를 해결할 수 있지 않을까요? 그렇습니다. 가중합이 클 경우 활성화 함수를 미분한 기울기가 작은 값이 되지 않는 활성화 함수를 찾거나 새로 디자인하면 이 문제를 해결할 수 있겠죠.

그렇게 해서 등장한 해결책 중 하나가 바로 **ReLU**Rectified Linear Unit라는 활성화 함수입니다. ReLU가 어떤 특징을 가지고 있기에 시그모이드 활성화 함수의 문제를 해결할 수 있을까요?

$$ReLU(x) = \begin{cases} 0, & if\ x < 0 \\ x, & if\ x \geq 0 \end{cases} \Rightarrow ReLU(x) = \max(0, x)$$

ReLU 활성화 함수는 가중합이 0보다 작을 경우 단순하게 0을 출력하고 그외에는 가중합을 그대로 출력하는 간단한 함수입니다. 즉, 계산이 빠르다는 장점도 있죠. 게다가 기울기를 구하는 데에는 복잡한 계산이 필요 없습니다. 쉽게 말하면 입력(가중합)이 0보다 작으면, 기울기는 항상 0이고 0보다 크거나 같으면 기울기는 1과 같습니다. 이것을 식과 그림으로 표현하자면 다음과 같습니다.

$$\frac{d}{dx}\{ReLU(x)\} = \begin{cases} 0, & if\ x < 0 \\ 1, & if\ x \geq 0 \end{cases}$$

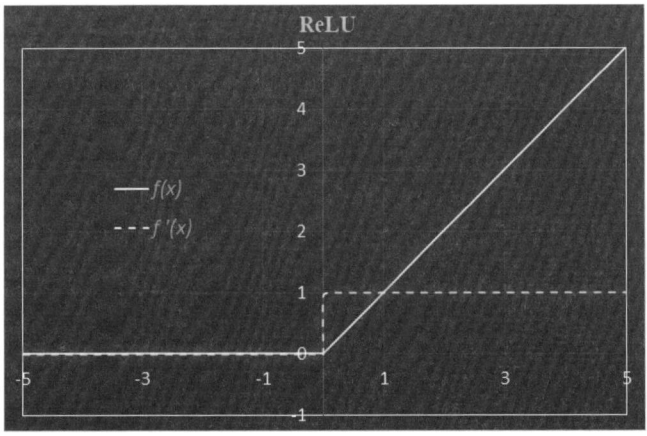

그림 5-51 ReLU 활성화 함수 및 미분 함수

그림에서 보는 것처럼 가중합이 양수가 되면 기울기는 0이 아닌 1이 되기 때문에 가중치 벡터의 갱신이 이뤄지죠. 그런데 가중합이 음수가 되면 가중치 갱신이 이뤄지지 않는 것을 알 수 있습니다(이 문제에 대한 자세한 내용은 뒤에서 다루겠습니다).

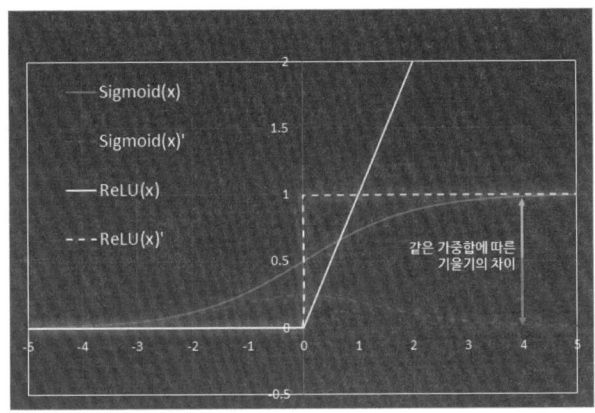

그림 5-52 활성화 및 미분 함수 비교 그래프 (시그모이드, ReLU)

그럼 시그모이드와 ReLU 활성화 함수를 하나의 그래프로 그려서 살펴보도록 하겠습니다. 활성화 함수를 바꾼 것뿐인데 직관적으로 기울기 소실 문제가 해결(많이 완화됨)되는 것을 알 수 있습니다.

배치 정규화

여러분도 앞으로 딥러닝 모델을 다양하게 응용하다 보면 여러 가지 문제에 부딪치게 될 겁니다. 문제를 해결하기 위해 문헌을 조사하고 전문가에게 물어도 답을 찾지 못할 때도 있죠. 그렇다면 새로운 문제를 해결할 기회가 생겼음에 기뻐하시기 바랍니다. 딥러닝 세계에서 여러분의 이름을 알릴 좋은 기회가 온 겁니다. 또한 문제가 있는 곳에 답이 있기 때문이죠.

다시 본론으로 돌아가 ReLU 활성화 함수도 과적합 문제를 해결하는 데 큰 공을 세웠지만, 완벽한 해결책은 아닙니다. 즉, 단점도 존재하죠. 이에 대한 자세한 내용은 **활성화 함수** 절에서 자세하게 다루고 우선은 과적합을 줄일 또 다른 방법을 알아보겠습니다.

앞에서 설명한 것처럼 과중합이 클 경우 미분한 활성화 함수의 양 끝단으로 매핑된 값을 출력합니다. 문제는 그 값이 너무 작다는 거죠. 그렇다면 과중합이 미분한 활성화 함수의 끝단으로 매핑이 되지 않도록 하면 문제를 해결할 수 있지 않을까요?

바로 그 역할을 **배치 정규화**Batch Normalization가 할 수 있습니다. 그럼 배치 정규화에 대해서 알아보도록 하죠.

그림 5-53 축구 선수와 탁구 테이블

탁구 테이블 양쪽에 축구 선수를 배치한 상태로 축구를 연습하게 한다면 어떻게 될까요? 좁은 공간도 공간이지만 탁구 테이블이 공간을 가로막고 있어 경기를 제대로 진행하는 것 자체가 불가능할 것입니다. 아마도 탁구 테이블 위가 아닌 탁구 테이블 주위를 맴돌면서 연습을 하겠죠. 따라서 연습은 제대로 되지 않을 거고 경기 실력도 떨어질 수 있습니다. 이는 다른 선수들의 사기도 떨어뜨릴 것이고 전체적으로 팀의 역량을 낮추는 잘못된 배치가 될 것입니다.

여기서 만약 탁구 테이블은 고정되어야만 한다면, 탁구 테이블을 마음껏 활용할 수 있도록 하기 위해서는 어떻게 해야 할까요? 답은 간단합니다. 축구 선수가 아닌 탁구 선수를 배치하면 됩니다.

여기서 탁구 테이블이 딥러닝 모델의 '활성화 함수', 선수들을 '입력'이라고 가정한다면 좀 더 명확한 그림이 그려지겠죠? 훈련(학습) 과정 중 활성화 함수 중앙에서 선수들이 뛰는 것이 아니라 활성화 함수 양단에서만 훈련이 이뤄지기 때문에 훈련은 늦어지고 결국에는 훈련되지 않은 상태로 남게 될 것입니다.

이제 우리는 딥러닝 학습 과정에서 각 층의 입력값(입력층은 입력 벡터, 은닉층은 가중합)이 지나치게 클 경우 과적합이나 기울기 소실 문제가 발생할 수 있다는 것을 알고 있습니다. 이 문제를 해결하기 위해서 배치 정규화가 제안되었습니다. 배치 정규화는 각 층의 입력 벡터를 조정함으로써 **활성화 함수의 그린 존**Green Zone에 포진시키는 기법입니다.

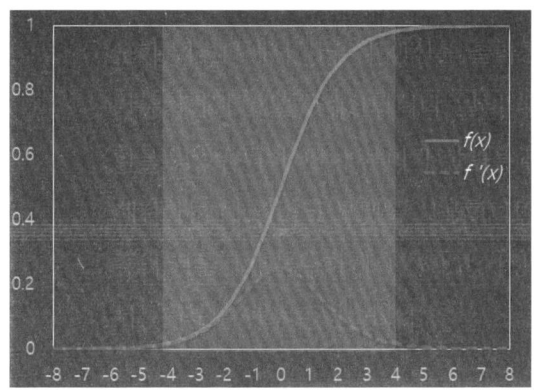

그림 5-54 배치 정규화로 인한 그린 존

필요에 따라서 입력 벡터에만 적용할 수 있고 입력 벡터와 모든 층에 걸쳐 적용할 수도 있습니다. 모든 층에 걸쳐 배치 정규화를 적용하면 각 층은 다른 층의 학습과는 독립적으로 진행된다는 장점이 있습니다. 만약 배치 정규화 없이 학습을 진행한다면 딥러닝 학습 중 네트워크에 **내부 공변량 이동**Internal Covariate Shift이라는 문제가 발생합니다.

내부 공변량 이동은 학습 과정에서 각 층의 가중치 벡터가 끊임없이 갱신되어 각 층의 출력 벡터 분포가 변한다는 뜻입니다. 이때 바로 앞 층의 출력 벡터는 다음 층의 입력 벡터가 되는데 앞 층의 출력 벡터 분포가 변함으로써 다음 층은 백지에서부터 다시 학습을 시작하는 부작용을 가져올 수 있습니다.

다시 말해 활성화 함수의 그린 존 안과 밖을 오가면서 학습이 이뤄지는 것과 같겠죠. 이러한 내부 공변량 이동 때문에 학습 시간이 오래 걸리는 문제를 배치 정규화로 해결할 수 있습니다.

배치 정규화 기법이 모든 층에 걸쳐 진행된다면 각 층의 분산이 줄어들어 학습 계수를 높일 수 있다는 장점이 있습니다. 즉, 배치 정규화로 인해 각 층의 입력 벡터를 조정함으로써 가중합을 활성화 함수의 그린 존에 포진시키는 효과를 얻을 수 있기 때문입니다. 그 결과 최적의 학습 효과를 얻을 수 있겠죠.

배치 정규화 수행을 위해서는 먼저 **미니 배치**Mini Batch의 평균과 분산은 **그림 5-55**와 같이 미니 배치 사이즈 m만큼 주어진 은닉층의 뉴런 수, n 차원만큼 독립적으로 계산합니다.

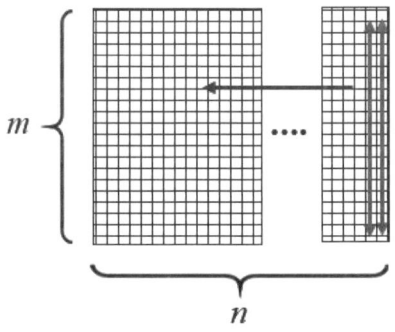

그림 5-55 미니 배치에서 평균과 분산을 계산하는 순서

실질적으로 배치 정규화는 각 은닉층의 입력 벡터인 가중합 벡터를 사용합니다. 다시 말해 각 은닉층의 활성화 함수 전에 이뤄지도록 하는 것이 효과적입니다. 그 이유는 **배치 정규화 그 자체가 하나의 활성화 함수의 기능**을 하며 활성화 함수의 활성화 구간, 즉 그린 존 내에 위치하도록 돕기 때문입니다.

그럼 **그림 5-56**에서 은닉층이 2개인 딥러닝 모델을 통해 배치 정규화에 대해 알아보겠습니다.

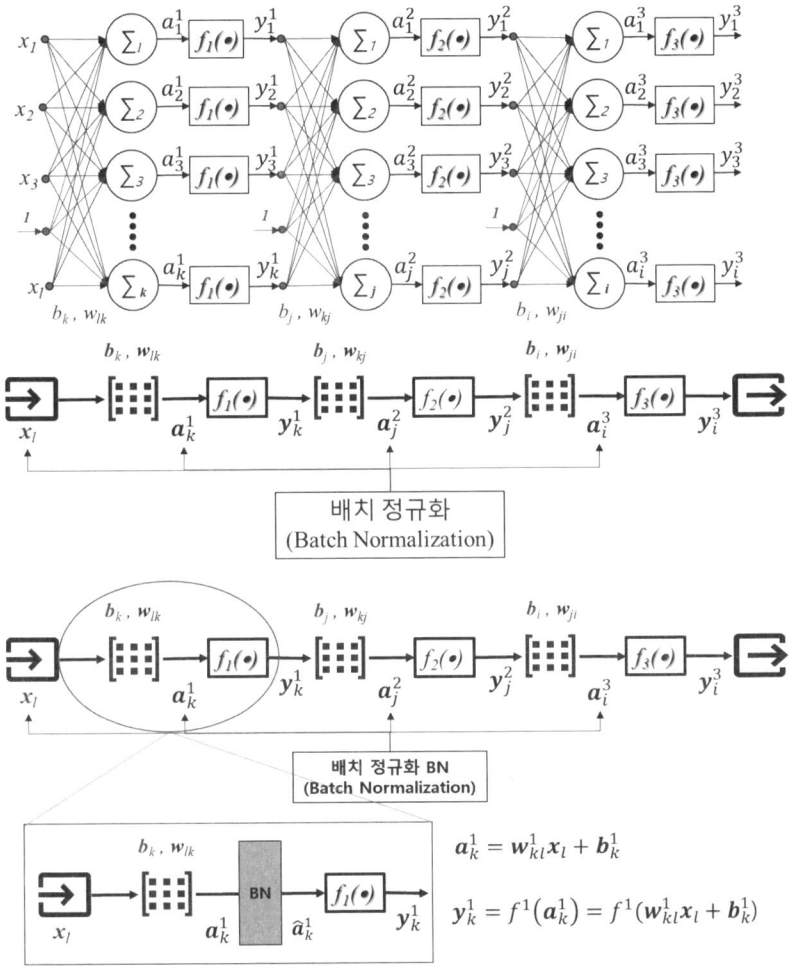

그림 5-56 배치 정규화 개념도

첫 번째 은닉층은 입력층으로부터 입력 벡터 X_l와 가중치(b_k, w_{lk})로부터 가중합(a_k^1)을 계산합니다. 가중합 벡터로부터 평균 μ_{mb}와 표준 편차 σ_{mb}를 계산한 후 정규화된 새로운 가중치 벡터를 계산합니다.

$$\mu_{mb} = \frac{1}{k}\sum_{i=1}^{k} a_k^1, \quad \sigma_{mb} = \frac{1}{k}\sum_{i=1}^{k}\left(a_k^1 - \mu_{mb}\right)^2$$

$$\hat{a}_k^1 = \frac{\left(a_k^1 - \mu_{mb}\right)}{\sigma_{mb}}$$

이렇게 계산된 새로운 가중합 벡터($\hat{a}_k^1$)는 활성화 함수에서 출력 벡터(y_k^1)를 매핑하겠죠.

$$y_k^1 = f(\hat{a}_k^1) = f\left(\frac{\left(a_k^1 - \mu_{mb}\right)}{\sigma_{mb}}\right)$$

그런데 이렇게 배치 정규화 후 학습 과정에서 편향(b)의 효과가 사라지는 문제가 있을 수 있습니다(이 문제에 대한 자세한 증명은 논문 Batch Normalization, Ioffe and Szegedy, 2015 2페이지를 참조하기 바랍니다). 이 문제를 해결하기 위해서 다음 식과 같이 정규화 후 척도와 이동 요소를 추가해서 사용합니다.

$$(\hat{a}_k^1)_{bn} = \gamma \cdot \frac{\left(a_k^1 - \mu_{mb}\right)}{\sigma_{mb}} + \beta, \quad y_k^1 = f\left((\hat{a}_k^1)_{bn}\right) = f\left(\gamma \cdot \frac{\left(a_k^1 - \mu_{mb}\right)}{\sigma_{mb}} + \beta\right)$$

이것을 배치 정규화라 하고, 척도(γ)와 이동 계수(β)는 학습 과정에서 갱신됩니다. 이렇게 배치 정규화를 하면 다음과 같은 장점이 있습니다.

- 편향(b)의 효과가 사라지지 않고 이동 계수(β)가 편향(b)의 역할을 대신한다.
- 척도(γ)와 이동 계수(β)를 조정함으로써 가중합의 분포를 원하는 대로 조정할 수 있다.
- 기울기 소실 문제가 네트워크상에서 완화되어 시그모이드나 하이퍼볼릭 탄젠트 등 활성화 함수를 사용할 수 있다.
- 각 층의 입력 분포가 안정되기 때문에 내부 공분산 이동을 방지할 수 있으며 학습 속도가 안정적이고 빠르다. 또한 학습 계수를 초기에 높게 설정해 학습할 수 있다.

물론 배치 정규화가 만능은 아닙니다. 하지만 **다른 기법들과 함께 사용하면 시너지 효과를 내어 더 좋은 결과를 얻을 수 있을 것입니다.** 기억할 것은 층의 깊이가 깊은 딥러닝 신경회로망인 딥러닝 모델에서는 꼭 사용하기를 권합니다. 그리고 배치 정규화를 수행한 후 오차 역전파를 이용한 학습은 다음 식과 같이 이뤄집니다(참조: Batch Normalization, Ioffe and Szegedy, 2015).

$$\frac{\partial l}{\partial \hat{x}_i} = \frac{\partial l}{\partial y_i} \cdot \gamma$$

$$\frac{\partial l}{\partial \sigma_B^2} = \sum_{i=1}^{m} \frac{\partial l}{\partial \hat{x}_i} \cdot (x_i - \mu_B) \cdot \frac{-1}{2}(\sigma_B^2 + \varepsilon)^{-3/2}$$

$$\frac{\partial l}{\partial \mu_B} = \left[\sum_{i=1}^{m} \frac{\partial l}{\partial \hat{x}_i} \cdot \frac{-1}{\sqrt{(\sigma_B^2 + \varepsilon)}}\right] + \frac{\partial l}{\partial \sigma_B^2} \cdot \frac{\sum_{i=1}^{m} -2(x_i - \mu_B)}{m}$$

$$\frac{\partial l}{\partial x_i} = \frac{\partial l}{\partial \hat{x}_i} \cdot \frac{1}{\sqrt{(\sigma_B^2 + \varepsilon)}} + \frac{\partial l}{\partial \sigma_B^2} \cdot \frac{2(x_i - \mu_B)}{m} + \frac{\partial l}{\partial \mu_B} \cdot \frac{1}{m}$$

$$\frac{\partial l}{\partial \gamma} = \sum_{i=1}^{m} \frac{\partial l}{\partial y_i} \cdot \hat{x}_i$$

$$\frac{\partial l}{\partial \beta} = \sum_{i=1}^{m} \frac{\partial l}{\partial y_i}$$

배치 정규화의 단점은 미니 배치의 크기에 결과가 많이 좌우된다는 것입니다. 그래서 배치 정규화로 영감을 얻은 많은 연구자가 또 다른 정규화 기법을 개발했는데 그중 하나가 **가중치 벡터 정규화**Weight Normalization로, 미니 배치를 정규화하는 대신 각 층의 가중치 벡터를 정규화하는 기법입니다. 그외 **층 정규화**Layer Normalization, **인스턴스 정규화**Instance Normalization 그리고 **그룹 정규화**Group Normalization 등 다수가 있습니다.

5.8 경사 하강법에 기반한 학습 방법

앞에서 배운 것을 다시 한번 복습해 보겠습니다. 경사 하강법은 파라미터에 관한 비용 함수의 기울기(경사, $\nabla J(w)$)의 반대 방향으로 파라미터를 갱신함으로써 비용 함수 ($J(w)$)를 최소화하는 방법입니다. 여기서 **파라미터는 가중치 벡터**입니다.

앞서 2개의 은닉층을 가지고 있는 딥러닝 신경회로망을 간단하게 표시한 모식도, **그림 5-27**을 다시 보겠습니다.

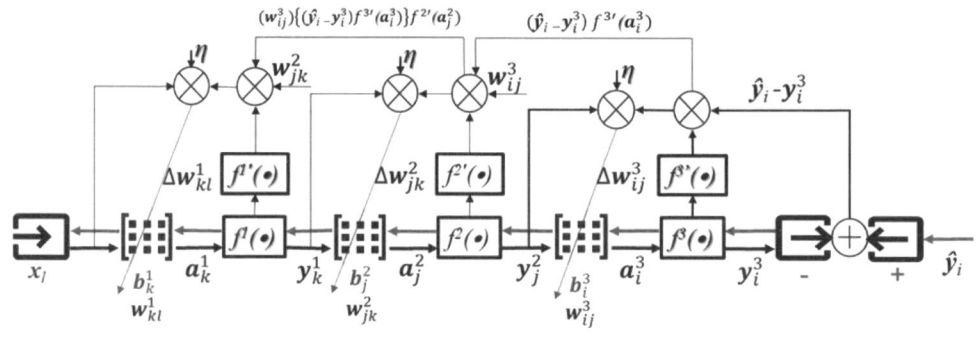

그림 5-57 오차 역전파법에 의한 가중치 벡터 갱신 방법에 대한 개념도(그림 5-27과 동일)

여기서 딥러닝 신경회로망에 대한 비용 함수($J(w)$)는 다음 식과 같이 표현할 수 있습니다.

$$J(w) = \frac{1}{2}(\hat{y} - y)^2 = \frac{1}{2}\left[\hat{y} - f\left(w^T x + b\right)\right]^2$$

이 식으로부터 가중치 벡터에 대한 비용 함수($J(w)$)의 기울기 벡터는 다음과 같이 계산할 수 있겠죠. 그리고 비용 함수($J(w)$)의 값이 점점 작아지도록 학습하면서 $w^{(i-1)} + \mu_i \Delta w^{(i)}$의 위치로 이동하게 됩니다. 이것이 **경사 하강법에 의한 학습 방법**입니다.

$$\nabla J(w) = -(\hat{y} - y) f'(w^T x + b) x$$

$$\Delta w = -\eta \nabla J(w) = \eta (\hat{y} - y) f'(w^T x + b) x$$

$$w(k+1) = w(k) - \eta \nabla J(w(k)) = w(k) + \eta (\hat{y} - y) f'(w(k)^T x + b) x$$

이 3개의 식은 경사 하강법을 통해 임의의 점에서 시작해 원하는 목표인 전역 최솟값 Global Minima 을 찾습니다. 하지만 전역 최솟값을 찾는 것이 쉬운 일만은 아닙니다. 다음 그림처럼 말이죠.

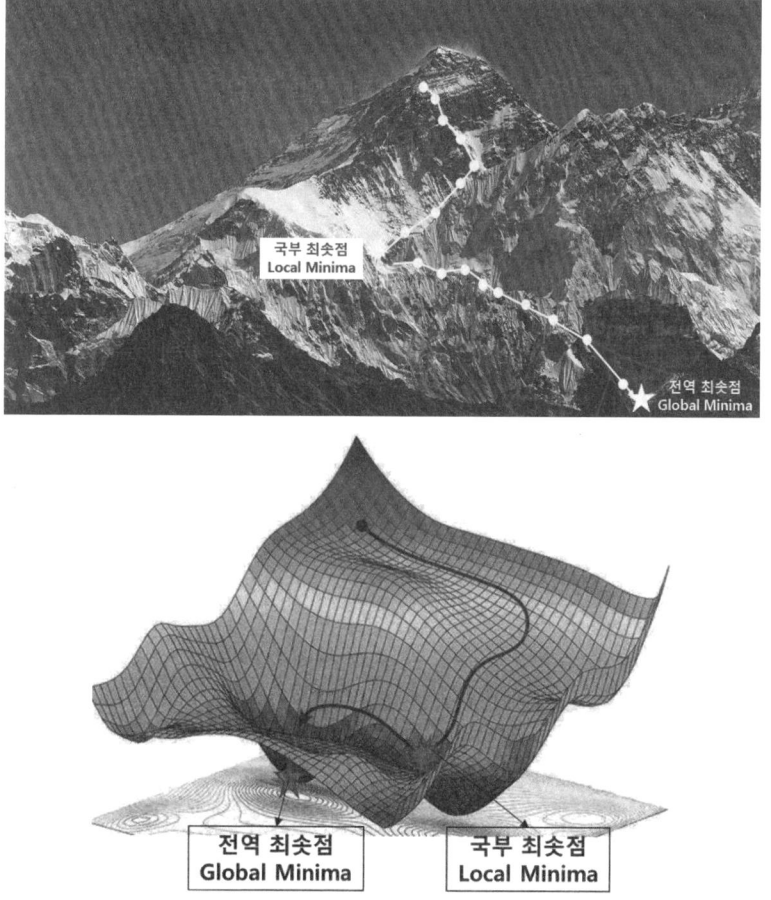

그림 5-58 경사 하강법에 의한 학습 개념도 (출처 : 등고선 그림 easyai.tech)

배치 경사 하강법 Batch Gradient Descent은 반복 때마다 모든 데이터 세트를 가지고 학습을 진행하는 기법으로, 가중치 벡터 갱신은 기본적인 경사 하강법과 동일하지만 학습 데이터 세트 수만큼 평균을 취해서 이뤄집니다. 그렇다면 n을 전체 학습 데이터 세트에 포함된 데이터 수라고 가정해 보죠. 일반적으로 경사 하강법이라고 하면 배치 경사 하강법이라고 보면 됩니다.

$$w(k+1) = w(k) + \frac{1}{n}\eta(\hat{y}-y)f'\left(w(k)^T x + b\right)x$$

배치 경사 하강법은 한 번의 가중치 갱신을 위해 전체 학습 데이터 세트에 대한 기울기 값을 계산하는데, 학습 속도가 느리고 온라인상에서 학습하거나 적용하는 데 한계가 있을 수 있습니다. 뿐만 아니라 전체 학습 데이터 세트를 처리하기 때문에 메모리 문제가 있을 수 있겠죠.

미니 배치 경사 하강법 Mini-batch Gradient Descent은 일반적인 경사 하강법과 배치 경사 하강법의 장점만 취한 기법으로, 반복 때마다 일정한 개수의 학습 데이터 세트를 무작위로 선택한 후 평균한 기울기 값만큼 가중치 벡터를 갱신합니다. 배치 경사 하강법과 달리 전체 학습 데이터 세트를 사용하지 않아 훨씬 가볍다는 장점이 있죠.

예를 들어 k를 전체 학습 데이터 세트로부터 무작위로 샘플링된 데이터 수라고 가정해 보죠. 그렇게 되면 앞의 식은 다음과 같습니다.

$$w(k+1) = w(k) + \frac{1}{k}\eta(\hat{y}-y)f'\left(w(k)^T x + b\right)x$$

미니 배치 경사 하강법은 가중치 갱신의 분산을 줄일 수 있기 때문에 더 안정적으로 학습이 가능한데다 효과적으로 기울기 값을 계산할 수 있습니다. 다만 미니 배치 데이터 세트의 크기를 최적으로 설정해야 하는 문제가 남아 있습니다. 일반적으로 미니 배치 데이터 세트의 사이즈는 50~260개지만, 응용 분야에 따라 그리고 데이터의 질과 양에 따라 다르게 설정할 필요가 있습니다.

그리고 미니 배치 데이터 세트의 크기가 작으면 학습 계수도 작은 값으로 설정해야 하며 학습 목표를 달성하는 데 많은 시간이 소요될 수 있습니다.

흔히들 높은 산은 오르는 것보다 내려올 때가 더 위험하다고 합니다. 경사 하강법 또한 마찬가지입니다. 경사 하강법을 통해 전역 최솟점에 도달하기까지 수많은 문제를 접하게 됩니다. 그 중 하나가 국부 최솟점Local Minima에 빠지는 것입니다. 학습 계수를 조정하고 배치 정규화도 적용하는 등 수많은 해결책이 있습니다.

그렇다면 경사 하강법을 기본으로 해서 어떻게 하면 원하는 목표인 전역 최솟점에 안전하게, 국부 최솟점에 빠지지 않고 빨리 도착하기 위해 어떤 기법들을 사용할 수 있는지 살펴보겠습니다.

확률적 경사 하강법

확률적 경사 하강법SGD, Stochastic Gradient Descent은 반복 때마다 전체 학습 데이터 세트에서 하나의 학습 데이터 세트를 무작위로 선택한 후 가중치 벡터를 갱신하는 방법입니다. 그렇기 때문에 딥러닝 신경회로망은 바로 전 반복에서 선택한 데이터 세트와 전혀 관련이 없는 새로운 데이터 세트로 학습하게 됩니다.

$$w(k+1) = w(k) - \eta \nabla J(w(k)) = w(k) + \eta(\hat{y} - y) f'\left(w(k)^T x + b\right) x$$

따라서 확률적 경사 하강법은 (배치) 경사 하강법에 비해 계산이 쉽고 빠릅니다. 반복 때마다 n번(학습 배치 데이터 세트 수)의 기울기를 계산하는 것이 아니라 단 한 번 계산하기 때문입니다. 중요한 것은 실험실이 아닌 **산업 현장에서 필요한 온라인 학습과 실행이 가능**하다는 것입니다.

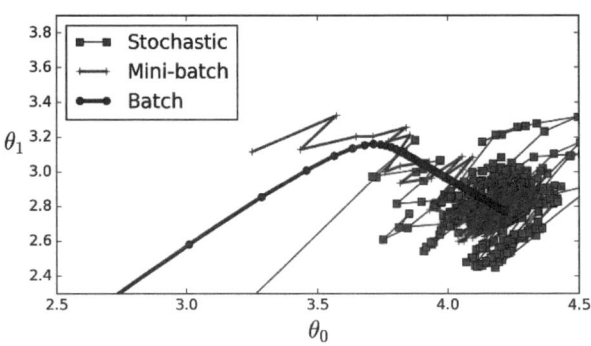

그림 5-59 경사 하강법 종류에 따른 학습 과정 (출처: Orelly.com)

또 학습 과정에서 학습 계수(η)를 천천히 줄이면 (배치) 경사 하강법과 비슷한 수렴성을 가집니다. 그러나 높은 분산을 가지고 빈번하게 가중치 갱신이 이뤄지기 때문에 비용 함수가 심하게 변동된다는 단점이 있습니다.

하지만 확률적 경사 하강법은 국부 최솟점을 돌파할 수 있는 잠재력이 있기 때문에 결국에는 원하는 목표인 전역 최솟점에 도달하게 됩니다.

모멘텀

물리적으로 **모멘텀**SGD with Momentum은 질량과 그 질량이 움직이는 속도의 곱으로 표시합니다. 쉽게 말해 물체의 동적인 관성이라고 할 수 있습니다. 관성이란 외부 힘이 가해지지 않았을 때 정지한 물체는 정지한 상태를 유지하고, 움직이는 물체는 움직이던 속도와 방향으로 계속 움직이려는 경향을 말합니다.

일반적으로 1차 미분한 기울기 값만을 이용하기 때문에 비용 함수에 대한 곡률 지형Curvature Terrain을 알 수 없습니다. 이 곡률 지형을 알기 위해서는 2차 미분인 헤시안Hessian, $\nabla^2(f(w))$을 계산해야 하는데 적용성 측면에서 계산이 복잡해지기 때문에 합리적인 방법은 아닙니다.

그러던 중 1964년, 러시아 수학자 보리스 폴약Boris Polyak이 모멘텀 기법에 대한 첫 번째 논문을 발표합니다. 모멘텀 기법은 비용 함수의 곡률 지형에 대한 정보를 간접적으로 알 수 있도록 해줍니다. 다음 그림을 살펴보죠.

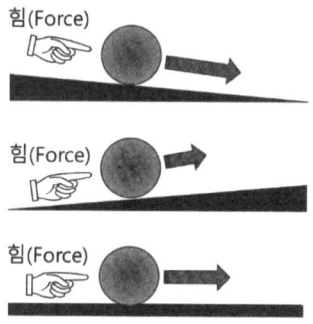

그림 5-60 모멘텀에 대한 개념도

그림 5-60에서 아래로 굴러가는 공에 힘을 가하면 공은 더 빨리 굴러가겠죠. 그런데 굴러 내려오는 공의 반대 방향에서 힘을 가하면 공은 움직임을 멈추거나 반대로 힘을 받은 방향으로 움직일 것입니다.

먼저 모멘텀에 대한 계산식을 통해 이 기법이 어떻게 효과적으로 가중치 벡터를 갱신하는지 알아보죠.

$$v(k+1) = \gamma v(k) - \eta \nabla J(w(k)) = \gamma v(k) + \eta(\hat{y} - y) f'\left(w(k)^T x + b\right) x$$

$$w(k+1) = w(k) + v(k+1)$$

두 식에서 속도 벡터Velocity Vector v는 그 층에서의 가중치 벡터와 같은 차원을 가집니다. 그리고 모멘텀 계수($\gamma \in [0,1]$)는 바로 전 단계의 속도 값이 새로운 속도 값에 얼마나 영향을 미치게 할지를 결정합니다. 그리고 모멘텀 계수(γ)가 0이면 (배치) 경사 하강법과 같은 식이 됩니다.

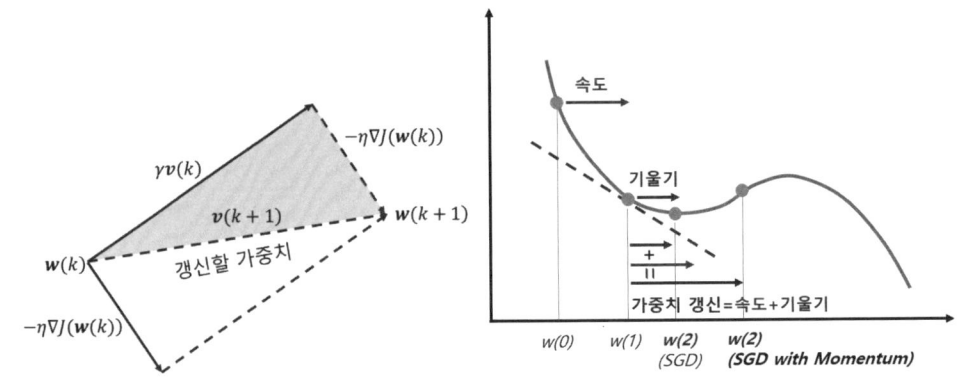

그림 5-61 모멘텀 가중치 갱신 방법 모사도

모멘텀은 일종의 단기 기억Short Term Memory과도 같은 역할을 하며 가중치 벡터 갱신 과정은 정적인Static 시스템이 아니라 동적인Dynamic 시스템임을 알 수 있습니다. 그래서 가중치 벡터 갱신은 시스템 식별System Identification에 많이 쓰이는 망각 요소Forgetting Factor를 사용해서 바로 전 단계의 값을 취하는 것이 아니라 여러 단계까지 고려해 가중치 벡터를 갱신하는 알고리즘을 개발하는 시도도 있습니다.

그림 5-61에서 보는 것처럼 현재($w(1)$) 위치에서 가중치 갱신은, 바로 전 단계인($w(0)$)에서의 속도 값과 현재($w(1)$) 위치에서의 기울기 합으로 이뤄집니다. 현재($w(1)$) 위치에서 기울기는 음수이기 때문에 가중치 갱신은 + 방향으로 그리고 전 단계에서의 속도 값은 양수이기 때문에 + 방향으로 정해집니다. 이것이 (배치) 경사 하강법에 의한 가중치 갱신보다 더 빨리 수렴이 되는 이유입니다.

이처럼 모멘텀 가중치 갱신은 이전 단계에서 가중치 벡터가 어떻게 갱신되었는가에 대한 정보를 사용하기 때문에 같은 방향으로 움직일 때는 관성으로 인해 빨리 수렴하거나, 국부 최솟점을 탈출하는 등 학습하는 데 효과적입니다.

그러나 전역 최솟점 근처에서는 현재 기울기와 바로 전 단계의 속도 값 방향이 같다면 관성으로 인해 전역 최솟점을 통과하게 됩니다. 그래서 수렴하는 과정에 시간이 더 걸린다는 문제가 있습니다. 관성으로 인해 방향 전환이 어렵기 때문이죠. 마치 달리기에서 속도는 빠르지만 방향을 전환하는 데 약하다면 왕복 달리기 종목에 취약한 것과 같죠.

그렇다면 모멘텀 기반 경사 하강법의 이러한 단점이 NAG 경사 하강법과 같은 방법을 통해서 어떻게 해결되는지 알아보도록 하겠습니다.

NAG 경사 하강법

1983년, 벨기에 수학자 유리 네스테로프Yurii Nesterov가 가속화된 기울기에 기초한 방법을 제안한 것이 **NAG 경사 하강법**Nesterov Accelerated Gradient, 이하 NAG입니다. NAG 경사 하강법이 모멘텀 기법과 무엇이 어떻게 다른지 알아보기 위해 가중치 벡터 갱신에 대한 수식을 살펴보겠습니다.

$$v(k+1) = \gamma v(k) - \eta \nabla J(w(k) + \gamma v(k))$$
$$w(k+1) = w(k) + v(k+1)$$

모멘텀과 NAG의 차이는 **기울기를 계산하는 시점**입니다. 식을 자세히 살펴보면 모멘텀은 현재 시점에서 가중치 벡터에 대한 기울기를 계산합니다. 즉, 속도 벡터는 가중치 벡터의 기울기($\nabla J(w(k))$)에 의해서 갱신이 되기 때문에 한 단계 전의 기울기, 즉 히스토리History에 의존합니다.

반면 NAG는 현재 시점에서 가중치 벡터에 대한 기울기뿐만 아니라 속도 벡터에 대한 기울기도 계산합니다. 즉, 속도 벡터는 현 시점에서의 가중치 벡터뿐만 아니라, 속도 벡터에 대한 기울기($\nabla J(w(k) + \gamma v(k))$)에 의해서 갱신됩니다.

이 두 기법은 물리적인 의미에서 어떤 차이를 가지고 있을까요? 바로 NAG 기법은 한 단계 전의 속도 값뿐만 아니라 현 시점 속도 벡터의 기울기까지도 고려해서 속도 벡터의 갱신이 이뤄진다는 것입니다. 현 시점에서 속도 벡터의 기울기를 고려한다는 것은 바로 한 단계 앞을 바라본다는(예측한다는) 의미입니다. 앞서 식에서 $\nabla J(w(k)+\gamma v(k))$의 $\nabla J(\gamma v(k))$ 항목이 그 역할을 합니다. 이 두 기법을 그림으로 표현하면 다음과 같습니다.

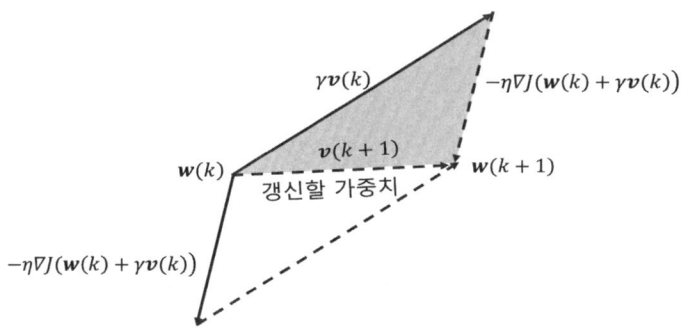

그림 5-62 NAG의 도식적 표현

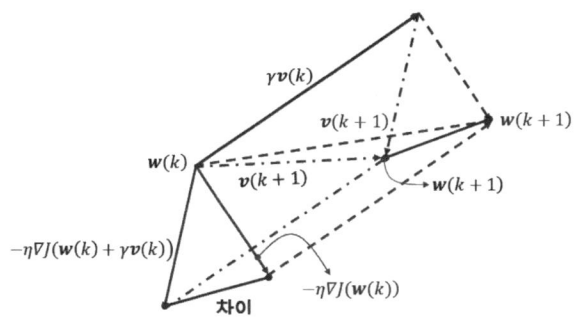

그림 5-63 모멘텀과 NAG의 차이

그림 5-63은 모멘텀과 NAG를 하나로 도식화한 것입니다. 정리하자면, NAG는 모멘텀에 브레이크Brake 기능을 추가한 것이라고 볼 수 있습니다. 과거만 믿고 무작정 앞으로 가는 것이 아니라 앞을 보고 경사가 완만하면 속도를 줄이는 역할을 하는 것이 NAG입니다. 도형 아래에 있는 진한 선이 두 기법 사이의 차이를 뜻합니다.

모멘텀은 과거 경험에만 의존하면서 움직이기 때문에 이후 상황에는 관심이 없습니다. 하지만 NAG는 이제까지 학습 과정에서 경험한 것을 바탕으로 직후에 어떤 상황이 벌어질지를 예측하고 움직입니다.

모멘텀의 단점으로 꼽은 것 중 하나가 전역 최솟점 근처에서 최솟점을 관성으로 지나친다는 것이었습니다. 하지만 NAG는 현재 속도 벡터의 기울기를 고려하기 때문에 이전 기울기에 현재 기울기를 뺀 상태로 가중치 갱신 값을 계산합니다. 그래서 오버슛Overshoot이나 요동치는 문제가 많이 줄어듭니다(**그림 5-64** 참조).

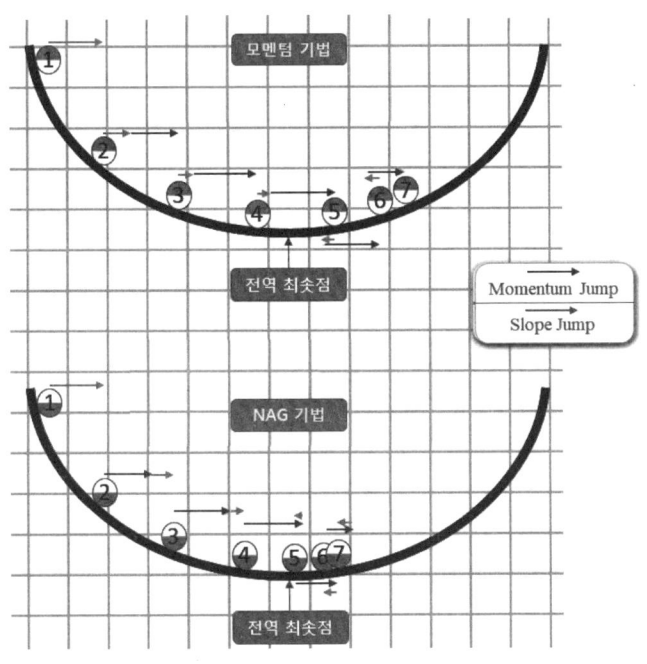

그림 5-64 모멘텀과 NAG에서 가중치 갱신 모사(출처 : stats.stascexchange.com)

그림 5-64을 보면 모멘텀은 값이 점점 증가하지만 NAG 기법에서는 점점 줄어드는 것을 볼 수 있습니다.

아다그라드 알고리즘

아다그라드AdaGrad, Adaptive Gradient는 존 두치John Duchi 등이 2011년에 발표한 학습 계수를 조정하는 최적화 알고리즘입니다. 이 알고리즘의 기반 아이디어는 가중치 벡터를 갱신할 때 가중치 벡터마다 학습 계수를 다르게 설정하는 것입니다. 즉, 학습 과정에서 적게 또는 빈번하게 갱신이 이뤄지지 않는 가중치에 대해서는 큰 학습 계수를, 그 반대는 작은 학습 계수를 부여하는 것입니다.

이것은 크게 또는 빈번하게 가중치 갱신이 이뤄진 것은 최적점Optimal Point 근처에 있을 확률이 높기 때문에 학습 계수를 줄임으로써 오버슛이나 요동치는 것을 방지할 수 있기 때문입니다.

이제까지 설명한 경사 하강법 기반의 학습 알고리즘들은 학습 과정에서 동일한 학습 계수를 사용했다면 아다그라드 알고리즘은 가중치 벡터마다 서로 다른 학습 계수를 가진다는 것이 다릅니다.

$$G(k) = G(k-1) + \left(\nabla J(w(k))\right)^2$$
$$w(k+1) = w(k) - \frac{\eta}{\sqrt{G(k)+\varepsilon}} \nabla J(w(k))$$

학습 계수는 이 식을 바탕으로 다음 식과 같이 각 가중치에 대해 갱신됩니다.

$$\eta(k+1) = \frac{\eta}{\sqrt{G(k)+\varepsilon}}$$

여기서 ε은 일반적으로 $10^{-4} \sim 10^{-8}$ 정도의 작은 값으로, 분모가 0으로 나뉘는 것을 방지하기 위해 쓰이는 상수입니다.

학습 과정에서 반복 때마다 기울기의 제곱합Sum of Squares은 저장됩니다. 그리고 학습 과정에서 크게 또 자주 변하는 가중치로 인해 $G(k)$값과 더불어 식의 분모항도 커집니다. 따라서 그 가중치에 해당하는 학습 계수 ($\eta(k+1)$)의 값은 작아지죠.

참고로 $G(k)$를 갱신하는 식에서 제곱은 각 요소별로 곱하는 하다마드 곱Hardamard Product을 사용합니다.

아다그라드 알고리즘을 사용하면 학습 계수를 신경 쓰지 않아도 된다는 점은 편하지만, 학습이 계속될수록 $G(k)$가 계속 증가하기 때문에 학습이 오래 되면 학습 계수가 작아지고 학습이 잘 이뤄지지 않는다는 문제가 있을 수 있습니다.

RMSProp 알고리즘

RMSPropRoot Mean Square Propagation은 테이먼 틸레만Tijmen Tieleman과 제프리 힌턴Geoffrey Hinton이 2012년에 아다그라드의 단점을 보완하기 위해 제안한 알고리즘으로, 아다그라드 알고리즘의 식에서 기울기의 제곱값을 더해서 구한 $G(k)$ 항목을 합이 아니라 지수평균으로 바꾼 것입니다.

덕분에 $G(k)$가 무한정 커지는 것을 방지하면서 각 가중치에 대한 상대적인 크기는 서로 다르게 학습 계수를 가질 수 있게 되었습니다.

이를 식으로 표현하면 다음과 같습니다.

$$G(k) = \gamma G(k-1) + (1-\gamma)(\nabla J(w(k)))^2$$

$$w(k+1) = w(k) - \frac{\eta}{\sqrt{G(k)+\varepsilon}} \nabla J(w(k))$$

$$\eta(k+1) = \frac{\eta}{\sqrt{G(k)+\varepsilon}}$$

RMSProp 알고리즘은 지수 감쇠 평균을 사용하기 때문에 국부 최솟점을 벗어날 수 있다는 장점을 가지고 있습니다.

아다델타 알고리즘

아다델타AdaDelta, Adaptive Delta 알고리즘은 단조로울 정도로 강하게 학습 계수를 감소시키는 아다그라드 알고리즘의 단점을 보완하기 위해 제안된 방법입니다. 아다그라드 알고리즘이 학습 전 과정에서 기울기에 대한 제곱을 누적(제곱합)하는 것과 달리 아다델타 알고리즘은 일정한 구간 내에서 기울기에 대한 제곱을 누적해서 사용합니다.

아다델타의 델타Delta는 현재 가중치와 새롭게 갱신할 가중치 사이의 차이 ($\Delta w(k) = w(k) - w(k-1)$)를 의미합니다. 또 아다델타 알고리즘은 RMSProp 알고리즘과 달리 학습 계수를 없애고 대신 델타 제곱의 지수 이동 평균D, Exponential Moving Average을 사용합니다.

가중치 갱신을 하는 데 있어서 기울기의 지수 이동 평균을 사용하는 것은 현재 계산한 기울기만으로는 부족하기 때문입니다. 그래서 이전에 계산한 기울기 정보를 사용해 현재 계산한 기울기와 합치면 가중치 갱신에 도움이 되기 때문입니다.

이 두 기울기의 평균을 사용하면 중요성이 동일하게 작용하기 때문에 지수 이동 평균을 사용하여 과거 정보에 더 많은 비중을 두고 현재 움직임에 지나치게 민감하지 않도록 하는 것입니다.

$$w(k+1) = w(k) - \frac{\sqrt{D(k-1)+\varepsilon}}{\sqrt{S(k)+\varepsilon}} \cdot \frac{\partial J(w)}{\partial w(k)}$$

이 식에서 **D**와 **S**를 0으로 초기화합니다. 각 식은 다음과 같습니다.

$$D(k) = \beta D(k-1) + (1-\beta)(\Delta \mathbf{w}(k))^2$$

$$S(k) = \beta S(k-1) + (1-\beta)\left(\frac{\partial J(\mathbf{w})}{\partial \mathbf{w}(k)}\right)^2$$

아담 알고리즘

아담Adam, Adaptive Moment Estimation 알고리즘은 디데릭 킹마D. Kingma와 지미 바Jimmy Ba가 2014년에 제안한 알고리즘으로, 모멘텀과 RMSProp을 결합하여 가중치를 각각 다르게 갱신하는 또 다른 기법입니다.

아담 알고리즘은 모멘텀 기법과 같이 학습 과정마다 계산된 기울기의 지수 이동 평균을 누적하고, RMSProp 알고리즘과 같이 기울기의 제곱값의 지수 이동 평균을 누적합니다. 그렇다면 지수 이동 평균을 취하는 이유는 뭘까요? 만약 β_1과 β_2를 큰 값으로 설정하면 다음 식의 두 번째 항목이 줄어듭니다.

$$m(k) = \beta_1 m(k-1) + (1-\beta_1)\nabla J(\mathbf{w})$$

$$v(k) = \beta_2 v(k-1) + (1-\beta_2)(\nabla J(\mathbf{w}))^2$$

결국 과거 값에 대한 반영 비율이 높아진다는 뜻입니다. 만약 β_1과 β_2를 작은 값으로 설정하면 현재 값(기울기)을 더 반영하겠다는 의미입니다. $m(k)$와 $v(k)$는 0 벡터로 초기화되기 때문에 학습이 진행되는 초기에는 0으로 편향되는 문제를 해결할 수 있습니다. 그래서 이 편향을 교정하는 과정이 필요합니다. 교정하기 위한 식은 다음과 같습니다.

$$\hat{m}(k) = \frac{m(k)}{(1-\beta_2(k))}$$

$$\hat{v}(k) = \frac{v(k)}{(1-\beta_1(k))}$$

$$w(k+1) = w(k) - \frac{\eta}{\sqrt{\hat{v}(k)+\varepsilon}} \hat{m}(k)$$

아담 알고리즘은 모멘텀과 RMSProp 알고리즘의 장점을 모두 가지고 있다고 보면 됩니다. 보통 β_1은 0.9, β_2는 0.999 그리고 ε은 10^{-8} 정도의 값을 주로 사용합니다. 덕분에 아담 알고리즘은 최근까지 가장 효과적인 학습 기법으로 널리 사용되고 있습니다.

이제까지 딥러닝 모델 가중치 벡터를 갱신하는 여러 가지 최적화 알고리즘Optimization Algorithm에 대해서 살펴보았습니다. 이외에도 여러 가지 알고리즘이 있지만, 최근에 소개된 알고리즘인 아다바운드와 PID 제어 알고리즘에 기초한 최적화 알고리즘에 대해서 살펴보고자 합니다. 이 두 알고리즘을 소개하는 것은 성능이 다른 알고리즘보다 탁월해서가 아니라 다른 전공 분야Discipline에서 널리 알려진 기법을 딥러닝 학습 기법에 적용했기 때문입니다.

이처럼 전공이 다른 사람과 문제를 공유하는 것은 의외로 훌륭한 아이디어를 얻는 경로가 될 수 있습니다. 내 전공 분야에서 해결 방법이 없어도, 다른 전공 분야에서는 또 다른 누군가가 이미 고민했었고 또 해결책을 찾은 문제일 수 있기 때문입니다. 딥러닝이 신경회로망을 넓게 확장시키고 망의 깊이를 확장해서 탁월한 성능을 보이는 것처럼, 여러분도 인간 관계를 넓고 깊게 확장하는 **딥 인간 관계 네트워크**Deep Relationship Network를 가지기를 추천합니다.

자, 그럼 아다바운드와 PID 제어 기법을 적용한 딥러닝 가중치 벡터 최적화 알고리즘에 대해서 살펴보도록 하겠습니다.

아다바운드 알고리즘

아담 알고리즘보다 빠르게, SGD 알고리즘보다 뛰어난 성능으로 딥러닝 모델을 학습시키는 최적화 알고리즘으로는 아다바운드AdaBound, Adaptive Gradient Method with Dynamic Bound를 꼽을 수 있습니다. 먼저 2019년 논문에 게재된 성능 비교표를 살펴보고 어떻게 이런 결과가 나오는지 자세히 알아보겠습니다.

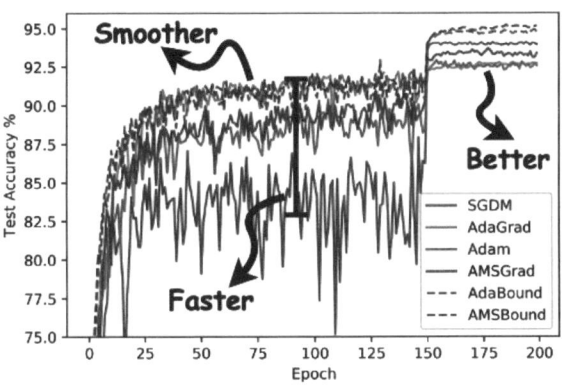

그림 5-65 아다바운드 알고리즘의 학습 효과 (출처 : Liangchen Luo, and et al, 2019)

일반적으로 딥러닝 모델의 가중치 벡터를 최적화하는 알고리즘의 성능을 '뛰어나다'고 평가하는 기준은 크게 2가지로 볼 수 있습니다. 하나는 **전역 최솟점으로 수렴하는 속도**와 **새로운 데이터 세트에 대한 일반화 정도**입니다. 딥러닝 학습에 널리 사용하는 아담 알고리즘이나 SGD 알고리즘도 이 모두를 100% 만족시키는 것은 아닙니다.

기본적으로 아다바운드 알고리즘은 학습 계수에 동적 제한Dynamic Bound을 더하여 SGD로 자연스럽게 전환하는 식으로, 아담 알고리즘을 변형한 기법입니다.

이렇게 변형된 아다바운드 알고리즘은 동적 제한/경계Dynamic Bound를 잘 설계함으로써 넓은 범위에서도 SGD로 수렴될 수 있도록 유도할 뿐만 아니라 더 나은 일반화도 가능합니다.

아담 알고리즘과 같은 학습 계수를 개별적으로 조정하는 최적화 기법은 보통 학습 계수 자체가 발산할 가능성이 있기 때문에 반드시 안전장치를 마련해야 합니다.

많은 연구자가 아담이나 RMSProp과 같은 최적화 알고리즘은 학습 계수를 지나치게 높게 조정할 경우 학습 과정 자체가 불안정해지고 일반화 정도가 낮아지는 문제가 있다고 지적해 왔습니다. 그래서 이러한 알고리즘은 갱신된 학습 계수가 학습 과정 자체를 불안정하게 만들지 않도록 학습 계수의 상한 및 하한 제한을 두는 동적 제한/경계 개념을 추가하는 것이 필요합니다. 이렇게 해서 제안된 것이 아다바운드와 AMS바운드 AmsBound 알고리즘입니다.

앞서 설명한 것을 바탕으로 동적 제한이 어떻게 동작하는지 그림으로 표현하면 다음과 같습니다. 다음 그림의 흰색 불꽃은 학습 과정에서 학습 계수가 동적 경계와 부딪히고 결국에는 동적 경계 안으로 제한되고 있음을 상징적으로 표현한 것입니다.

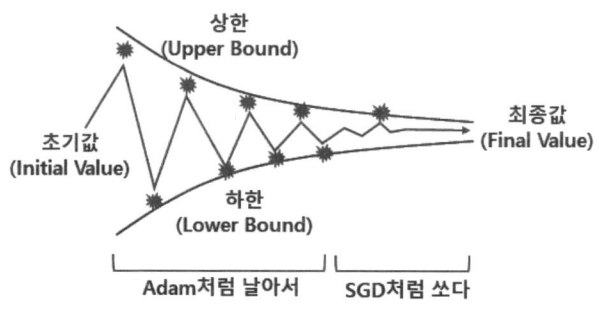

그림 5-66 아다바운드에서 동적 제한 (Dynamic Bound)

아래 알고리즘에서 보는 것처럼 학습 초기에 적응형 기법으로 $\hat{\eta}_t = Clip\left(\frac{\alpha}{\sqrt{V_t}}, \eta_l(t), \eta_u(t)\right)$에 따라 학습 계수를 요소별로 $[\eta_l, \eta_u]$의 범위 내로 제한하는 기법입니다. 학습이 진행되면서 점차 SGD나 모멘텀으로 끝나게 됩니다.

1 컨벡스 세트Convex Set를 만족하는 x_1을 선택한다. 그리고 스텝 사이즈Step Size α, 계수 $\{\beta_{1t}\}_{t=1}^{T}$과 β_2 그리고 하한과 상한 경계인 η_l과 η_u를 설정한다.

2 m_0와 v_0를 각각 **0**으로 초기화한다.

3 g_t, m_t, v_t를 계산한다.

$$g_t = \nabla f_t(x_t)$$

$$m_t = \beta_{1t}m_{t-1} + (1-\beta_{1t})g_t$$

$$v_t = \beta_2 v_{t-1} + (1-\beta)g_t^2 \; and \; V_t = diag(v_t)$$

4 초기값과 3에서 계산된 결과로부터 $\hat{\eta}_t$와 η_t를 계산한다.

$$\hat{\eta}_t = Clip\left(\frac{\alpha}{\sqrt{Vt}}, \eta_l(t), \eta_u(t)\right) and \; \eta_t = \frac{\hat{\eta}_t}{\sqrt{t}}$$

5 x를 다음과 같이 갱신한다.

$$x_{t+1} = \prod\nolimits_{\mathcal{F}, diag(\eta_t^{-1})}(x_t - \eta_t \odot m_t)$$

6 3~5 과정을 설정한 시간 **T**까지 반복한다.

아다바운드에서 사용하고 있는 하한 및 상한 함수는 다음과 같습니다.

$$\eta_l(t) = 0.1 - \frac{0.1}{(1-\beta_2)t + 1}$$

$$\eta_u(t) = 0.1 + \frac{0.1}{(1-\beta_2)t}$$

이렇게 개발된 최적화 알고리즘은 MNIST 데이터를 이용해 아담 알고리즘과 비교함으로써 일반화에서 우수함을 보여 주었으며, CIFAR-10 데이터 세트를 통해서는 학습 과정 초반에 빠른 속도와 향상된 정확도를 보여 주었습니다.

PID 제어 기법 기반 알고리즘

앞서 **Chapter 5.2 자동 제어 기법을 통한 학습 개념 이해하기**에서 비례 적분 미분 제어기 Proportional Integral Derivative Controller, 즉 PID 제어 기법을 자세하게 살펴보았습니다. 더불어 각 제어 동작의 특성에 대해서도 배웠죠. 이제까지 **Chapter 5.8 경사 하강법에 기반한 학습 방법**에서 언급한 다양한 알고리즘의 특성이 PID 제어 기법과 일맥상통함을 알 수 있습니다.

참고로 2019년에 하오치얀 왕Haoqian Wang을 비롯한 연구자들이 발표한 〈PID Controller based Stochastic Optimization Acceleration for Deep Neural Networks〉라는 논문을 살펴보면 그야말로 Chapter 5.2에서 살펴본 내용들이 그대로 녹아 있는 것을 볼 수 있습니다.

특징적인 것은 미분 계수를 최적화하기 위해 유명한 PID 제어 이득을 조정하는 지글러 니콜스Ziegler-Nichols의 이득 조정Parameter Tuning 기법을 사용했다는 것입니다. SGD 알고리즘은 비례 제어 동작을, 모멘텀은 비례와 적분 제어 동작과 유사합니다. 더 자세한 내용은 다음 식을 통해서 알아보도록 하겠습니다.

$$w(k+1) = w(k) - \eta \nabla J(w(k))$$

$\nabla J(w(k))$를 PID 제어 기법에서 $e(t)$ 또는 $e(k)$로, η를 제어 이득(K_c)로 투영시킨다면 SGD 알고리즘은 비례 제어 동작과 동일함을 알 수 있습니다.

$$v(k+1) = \gamma v(k) - \eta \nabla J(w(k))$$

$$w(k+1) = w(k) + v(k+1)$$

모멘텀 알고리즘에서 $v(k)$는 지나간 기울기를 누적하는 항목으로, PID 제어 기법에서 적분 제어 동작과 같음을 알 수 있습니다. 식의 두 번째 항목은 비례 제어 동작을 모사하고 있음을 앞에서 설명한 바 있습니다. 따라서 모멘텀 알고리즘에 미래에 대한 정보를 제공하는 미분 항목을 추가함으로써 PID 제어 기법에 기반한 딥러닝 모델 가중치 벡터를 효과적으로 최적화시키는 알고리즘이 만들어졌습니다.

$$v(k+1) = \gamma v(k) - \eta \nabla J(w(k))$$

$$D(k+1) = \gamma D(k) + (1-\gamma)(\nabla J(w(k)) - \nabla J(w(k-1)))$$

$$w(k+1) = w(k) + v(k+1) + k_d D(k+1)$$

PID 제어 이득을 조정하는 데 널리 사용되는 지글러 니콜스 기법으로 앞의 식에 표현된 K_d를 다음과 같이 초기화합니다.

$$K_d = 0.25\, r + 0.5 + \frac{\left(1 + \frac{16}{9}\pi^2\right)}{r}$$

그림 5-67은 PID와 모멘텀만을 비교해서 PID가 얼마나 뛰어난지를 보여주는 그래프입니다. 곧 업그레이드 버전이 발표될 예정이라고 하니 얼마나 더 뛰어난 성능을 보여줄지 무척 기대됩니다.

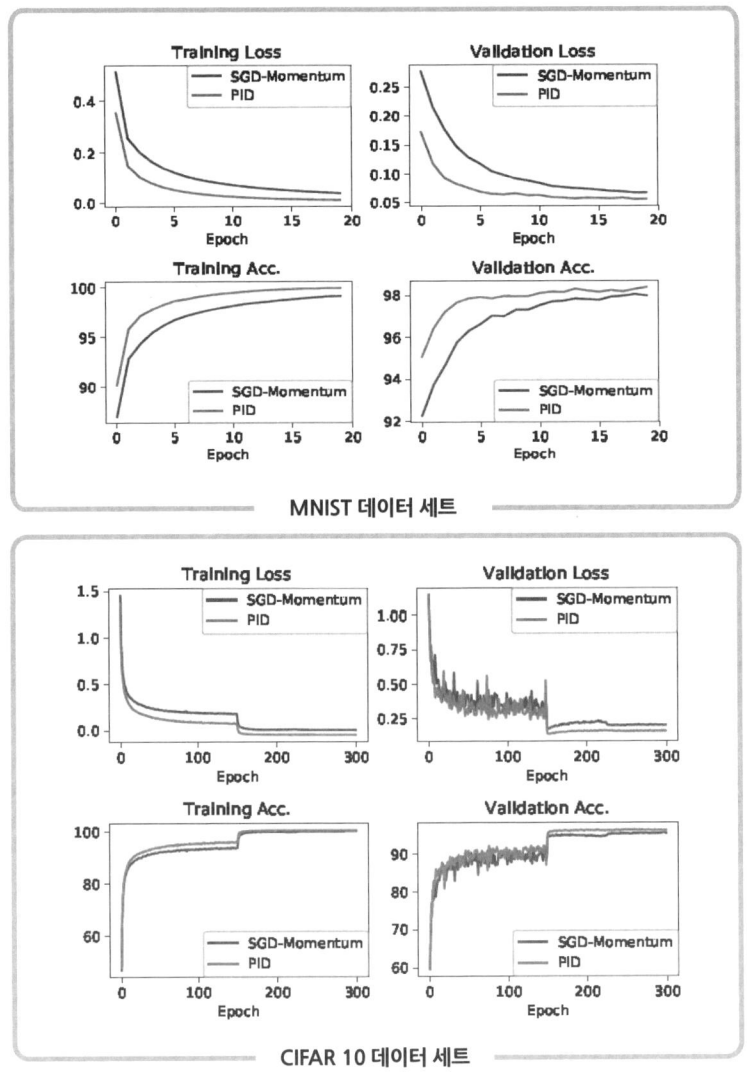

그림 5-67 PID vs. 모멘텀 성능 비교 (출처: Wangpeng An, and et al., 2019)

5.9 활성화 함수

신경회로망에서 활성화 함수는 왜 필요할까요? 이 질문에 답하기 전에 활성화 함수가 없는 신경회로망을 생각해 보겠습니다.

신경회로망 구조에서 가중합은 활성화 함수를 통해 각 층에 있는 각 뉴런의 출력값으로 매핑됩니다(**Chapter 5.4 다층 신경회로망과 딥러닝**의 **그림 5-23**, **그림 5-24** 참조). 신경회로망에서 단일 뉴런을 선택했을 때 가중합(a)과 출력(y)은 다음과 같이 계산합니다.

$$a = w^T x + b$$

$$y = f(a) = f(w^T x + b)$$

활성화 함수 ($f(\cdot)$)가 없다면 가중합(a) 자체가 뉴런의 출력이 되며 이는 다음과 같이 표현할 수 있습니다.

$$a = w_1 x_1 + w_2 x_2 + \cdots + w_n x_n + b$$

단순하게 숫자를 더하고 곱한 것뿐입니다. 이 출력은 다음 층 입력 벡터의 한 요소가 되며 다시 한번 단순히 더하고 곱한 값을 구하고 그 값은 그 층에 있는 어떤 뉴런의 출력이 됩니다.

활성화 함수가 없는 신경회로망에서는 선형 매핑만 이뤄집니다. 즉, 활성화 함수가 없는 신경회로망은 선형 변환만 수행하죠. 간단하지만 복잡한 패턴을 학습할 수도 없고 성능이 낮을 수밖에 없습니다.

그래서 **신경회로망이 비선형 변환을 통해 뛰어난 성능을 가지도록 하는 것이 바로 '활성화 함수'입니다**. 즉, 신경회로망에 비선형 활성화 함수($f(\cdot)$)가 추가되면 각 뉴런은 다음과 같이 비선형 변환/매핑된 출력값을 만듭니다.

$$y = f(a) = f(w^T x + b) = f(w_1 x_1 + w_2 x_2 + \ldots + w_n x_n + b)$$

비선형 활성화 함수의 주요 기능은 선형 입력 벡터를 비선형 출력 벡터로 변환하는 것입니다. 이는 딥러닝 신경회로망으로 하여금 고차 방정식의 학습이 가능하도록 도우미 역할을 한다는 의미입니다. 따라서 (딥러닝) 신경회로망은 비선형 활성화 함수가 필수입니다. 높은 차원의 학습과 성능을 위해서 말이죠.

보편적 근사 정리

비선형 활성화 함수를 장착한 신경회로망 모델에 어떤 놀라운 기능이 있을까요? 1989년, 조지 시벤코George Cybenko가 사용하여 유명해진 용어인 **보편적 근사 정리**Universal Approximation Theorem입니다. 보편적 근사 정리란, 유한한 수의 뉴런을 가진 하나의 은닉층으로 구성된 신경회로망(다층 신경회로망)은 임의의 정확성을 가지게 되어 어떤 연속 함수든지 근사화할 수 있다는 것입니다. 조지 시벤코가 이 내용을 발표할 당시 언급한 비선형 활성화 함수 중 하나가 시그모이드 함수였습니다.

활성화 함수(비선형 활성화 함수를 의미)의 또 다른 주요 기능은 각 뉴런의 출력값을 제한하는 것입니다. 만약 뉴런의 출력값을 제한하지 않는다면 계산 과정에서 문제를 일으킬 수 있기 때문이죠. 더군다나 딥러닝 모델의 회로망이 깊으면 깊을수록 이 문제는 더 심각해질 수 있습니다.

물론 활성화 함수 덕분에 딥러닝 신경회로망이 뛰어난 성능을 가지게 된 것은 분명하지만 그 이면엔 단점도 존재합니다. 바로 **Chapter 5.6 과적합 문제**에서 언급한 과적합과 기울기 소실 등이 그렇죠.

그럼 이제부터 딥러닝 신경회로망에서 사용되고 있는 활성화 함수와 이들의 장단점에 대해서 알아보도록 하겠습니다.

시그모이드 함수

종종 로지스틱 함수Logistic Function나 스쿼싱 함수Squashing Function라고도 불리는 시그모이드 함수는 가장 많은 사랑을 받고 있는 활성화 함수 중 하나입니다. 시그모이드 함수의 가장 큰 장점은 무엇보다 이해하기 쉽다는 것을 꼽을 수 있죠. 시그모이드 함수는 딥러닝 신경회로망보다는 얕은 신경회로망Shallow Neural Networks에서 주로 사용됩니다.

$$f(x) = \left(\frac{1}{\left(1 + exp^{-x}\right)} \right)$$

얕은 신경회로망에 주로 사용하는 이유는 신경회로망이 깊을 경우 기울기 포화Gradient Saturation와 늦은 수렴 속도 그리고 중심이 0이 아닌 특성 때문입니다. 이로 인해 학습 과정에서 다른 방향으로 기울기 갱신이 진행된다는 문제가 있습니다. 이를 해결하기 위한 대안 중 하나가 하이퍼볼릭 탄젠트 함수입니다.

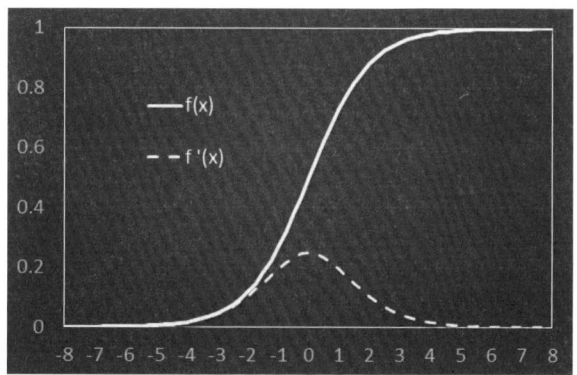

그림 5-68 시그모이드 활성화 함수

시그모이드 활성화 함수의 계통으로는 하드 시그모이드 함수Hard Sigmoid Function와 실루SiLU, Sigmoid-Weighted Linear Unit 그리고 디실루dSiLU, Derivative of Sigmoid-Weighted Linear Units가 있습니다.

하이퍼볼릭 탄젠트 함수

하이퍼볼릭 탄젠트 함수는 시그모이드 활성화 함수와 달리 중심이 0인 부드러운 곡선으로, 다음과 같이 표현합니다.

$$f(x) = \left(\frac{e^x - e^{-x}}{e^x + e^{-x}} \right)$$

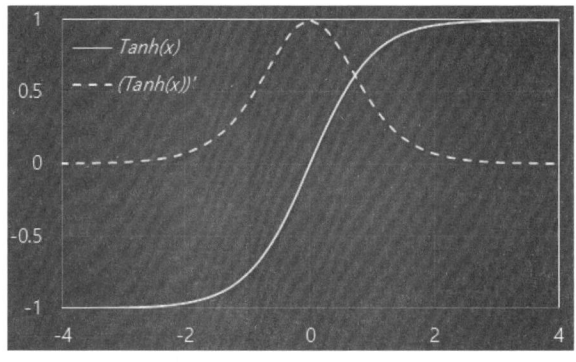

그림 5-69 하이퍼볼릭 탄젠트 함수

하이퍼볼릭 탄젠트 함수는 다층 신경회로망에서 시그모이드 활성화 함수보다 학습 성능은 뛰어나지만, 기울기 소실 문제로부터 자유롭지 못합니다. 하지만 중심이 0이기 때문에 오차 역전파 학습 과정에 유리합니다. 하이퍼볼릭 탄젠트 함수는 자연어 처리나 음성 인식용으로 RNN에 애용되고 있습니다. 하이퍼볼릭 탄젠트 함수와 같은 계통의 또 다른 활성화 함수로는 하드 하이퍼볼릭 함수Hard Hyperbolic Function가 있습니다.

ReLU 함수

ReLU 함수Rectified Linear Unit Activation Function는 2010년에 비노드 나이르Vinod Nair와 제프리 힌턴이 제안한 활성화 함수로, 현재까지도 뛰어난 성능으로 사랑받는 활성화 함수 중 하나입니다. 딥러닝 응용에 가장 널리 사용되고 있죠. ReLU 함수는 시그모이드나 탄 함수보다 딥러닝 모델에서 일반화와 성능면에서 뛰어납니다.

$$f(x) = \max(0, x) = \begin{cases} x_i, & \text{if } x_i \geq 0 \\ 0, & \text{if } x_i < 0 \end{cases}$$

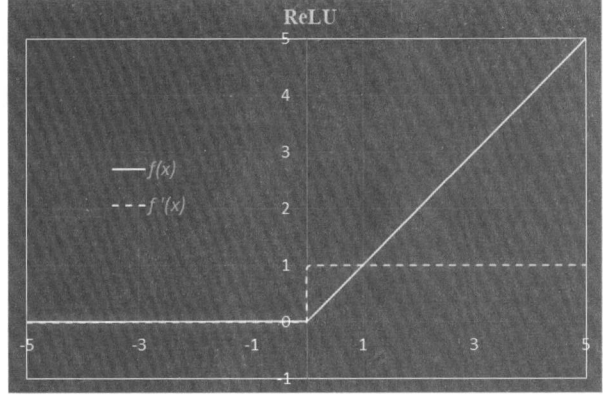

그림 5-70 ReLU 함수

ReLU 함수는 입력값을 0보다 작은 값으로 변형시켜 입력값을 0으로 유도합니다. 그런 다음 입력값이 양수가 되면 기울기는 1을 가지기 때문에 기울기 소실 문제가 발생하지 않는 것이죠.

그러나 가중합이 음수가 되면 일부 뉴런이 더 이상 아무 동작도 하지 않고 0만 출력하는 **죽은 뉴런**Dead Neuron이 발생할 가능성이 있습니다. 한번 이런 현상이 발생하면 가중합이 음수에서 기울기가 0이기 때문에 죽은 뉴런을 되살리는 것은 매우 어렵습니다.

LReLU 함수

앞서 ReLU 함수의 단점으로 가중합이 음수가 되면 죽은 뉴런이 발생한다는 것을 꼽았습니다. 바로 이 문제를 해결하기 위해 고안된 것이 LReLU 함수Leaky Rectified Linear Unit Activation Function입니다. LReLU 함수는 전 학습 과정에서 가중치 갱신이 지속적으로 일어날 수 있도록 2013년에 제안된 것으로, ReLU 활성화 함수에 작은 음의 기울기를 부여한 것이 특징입니다.

$$f(x_i) = \begin{cases} x_i, & if\ x_i > 0 \\ \alpha_i x_i, & if\ x_i \leq 0 \end{cases}$$

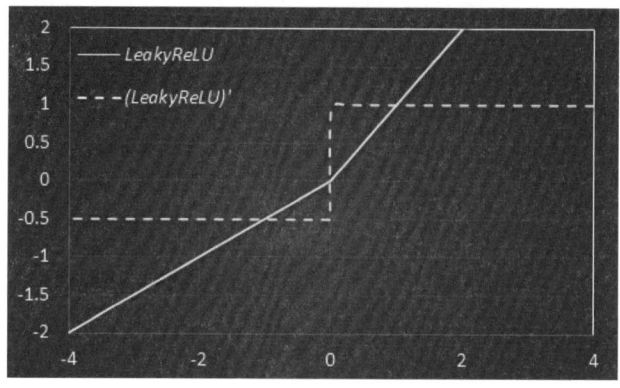

그림 5-71 LReLU 함수

계수 α는 ReLU 활성화 함수가 학습 과정에서 어떤 시점에 기울기가 0이 되어 더 이상 가중치 벡터의 갱신이 일어나지 않는, 즉 죽은 뉴런이 발생하는 문제를 완화하기 위해 제안되었습니다. LReLU 함수는 전 구간에서 일정한 값의 기울기를 가지고 있기 때문에 기울기 소실 문제로부터 비교적 자유롭다는 장점도 있습니다.

그러나 ReLU와 비교하면 전 학습 과정에 걸쳐 기울기가 0이 되는 것을 줄인다는 것 외에는 특별한 차이는 없습니다. 또 LReLU 함수는 복잡한 분류에는 사용할 수 없다는 단점이 있습니다.

PReLU 함수

ReLU 함수의 또 다른 계통인 PReLU 함수Parametric Rectified Linear Unit Activation Function는 2015년에 제안된 것으로, 양수 영역에서는 선형인 반면 음수 영역에서는 계수의 변경이 가능한 것이 특징입니다.

$$f(x_i) = \begin{cases} x_i, & if \ x_i > 0 \\ \alpha_i x_i, & if \ x_i \leq 0 \end{cases}$$

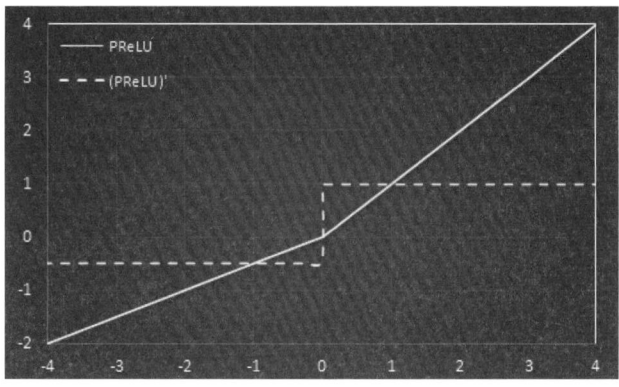

그림 5-72 PReLU 함수

α_i는 음의 영역 기울기를 조정하는 계수이며 오차 역전파를 통한 학습 과정에서 갱신이 가능한 것이 특징입니다. 물론 α_i가 0이면 PReLU 함수는 ReLU 함수와 같은 활성화 함수가 되겠죠.

앞으로는 학습 과정에서 PReLU 활성화 함수처럼 기울기 갱신이 가능한 하나의 계수를 가지는 활성화 함수가 많이 연구될 것이며 가중치 벡터처럼 오차 역전파 가중치 갱신 알고리즘의 일부로 등장하게 될 것입니다.

PReLU 활성화 함수는 대규모 영상 인식 분야에서 ReLU보다 뛰어나며, 새로운 딥러닝 기법이 제안된 경우 그 기법의 성능을 객관적으로 평가받을 수 있는 ILSVRCImageNet Large Scale Visual Recognition Challenge, 2010년부터 시작된 세계적 대회에서 처음으로 인간의 수준인 94.9%보다 뛰어난 95.06%의 이미지 분류 성능을 보여 주었습니다.

Elu 함수

Elu 활성화 함수Exponential Linear Unit Activation Function는 딥러닝 신경회로망의 학습 속도를 높이기 위해 널리 사용되며 양수 영역에서 기울기가 1이기 때문에 기울기 소실 문제를 완화하는 데 효과적입니다. 또한 전체적으로 평균 출력을 0으로 몰아 주기 때문에 학습 시간이 줄어든다는 연구 결과도 보고된 바 있습니다.

하지만 가중합이 양수일 때 출력값이 무한대로 증가한다는 문제가 있습니다.

$$f(x) = \begin{cases} x, & if\ x > 0 \\ \alpha \exp(x) - 1, & if\ x \leq 0 \end{cases}$$

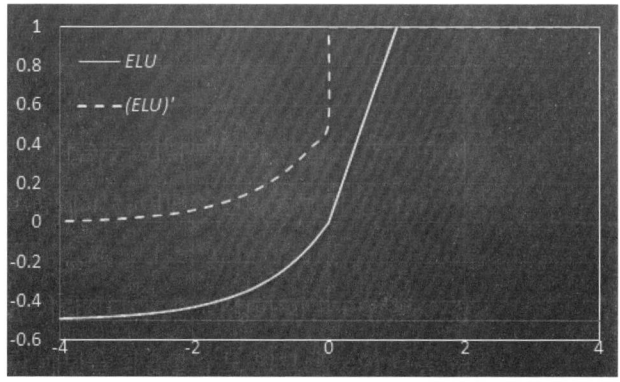

그림 5-73 Elu 함수

지금까지 다양한 활성화 함수에 대해 살펴보았습니다. 딥러닝 신경회로망에서 가장 주목할 부분 중 하나가 **활성화 함수**입니다. 물론 다른 여러 요인도 있지만, 비선형 활성화 함수가 없었다면 없이 지금의 딥러닝 신경회로망 역시 없었다고 봐도 무방할 정도입니다.

> 딥러닝을 가장 딥러닝답게 만드는 것이
> 활성화 함수입니다.

활성화 함수에 대한 연구 영역은 아직도 열려 있습니다. 아직 우리가 경험해 보지 못한 응용 분야는 무궁무진하기 때문입니다. 일반적으로 딥러닝 모델은 하나의 '응용'에 특화된 것으로 개발이 되었습니다. 예를 들면, 음성 인식에 특화된 딥러닝 모델, 영상 분류에 특화된 딥러닝 모델이 그렇죠.

하지만 앞으로는 서로 종류가 다른 변수들을 입력으로 사용하는 다양식Multimodal 개념이 딥러닝에 적용될 것입니다. 실제로 지금도 음성과 영상 그리고 문자와 같은 변수를 입력으로 받아 처리하는 다양식 딥러닝Multimodal Deep Learning 대한 연구가 활발하게 진행되고 있습니다. 왜냐하면 하나의 딥러닝 신경회로망이 음성과 영상 그리고 냄새와 문장 등과 같은 양식이 다른 여러 데이터를 학습하면 더 뛰어난 성능이나 결과를 도출할 수 있기 때문이죠.

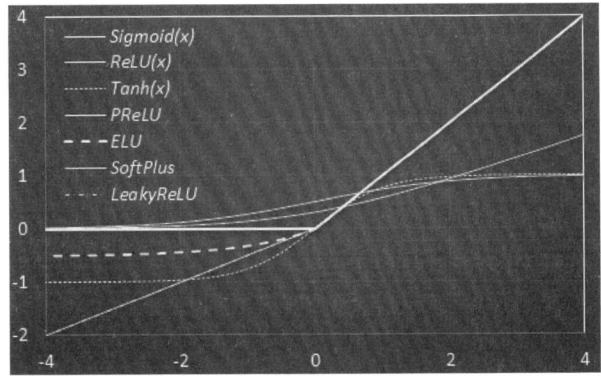

그림 5-74 활성화 함수

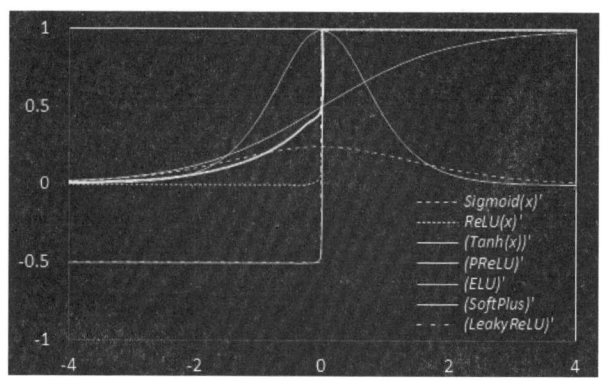

그림 5-75 활성화 함수 도함수

그렇다면 여기에 특화된 활성화 함수가 필요하지 않을까요? 지금도 각 은닉층마다, 각 뉴런마다 다른 활성화 함수를 사용하는 연구가 활발하게 진행되고 있습니다.

그런 의미에서 여러분이 영감을 얻을 수 있도록 앞서 언급한 활성화 함수와 그 미분 함수의 평균을 그려 보았습니다. 어떤 활성화 함수와 가장 닮았는지 시간을 들여서 살펴보길 바랍니다. 활성화 함수 하나로 딥러닝 성능을 괄목할 정도로 높일 수 있기 때문입니다.

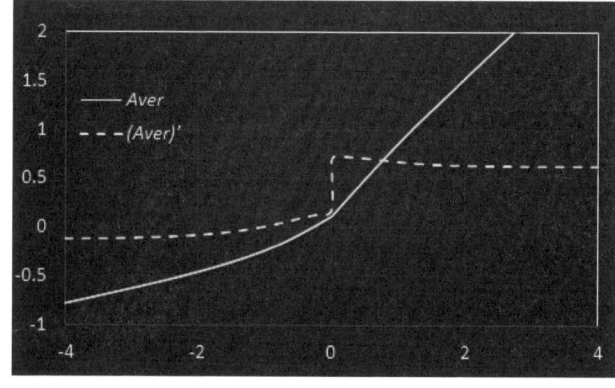

그림 5-76 활성화 함수와 그 도함수의 평균

Chapter 06 주요 딥러닝 모델과 응용하기

Chapter 1에서 4까지는 기초 수학, 유사도 척도, 예측과 최적화 기법 그리고 데이터 전처리 등 딥러닝의 기초를 다졌고 Chapter 5에서는 딥러닝의 핵심 요소들을 배우며 기본기를 다졌습니다. 더불어 실제로 모델에 적용할 때 발생할 수 있는 문제와 원인 그리고 해결방안에 대해서도 배웠죠.

딥러닝 모델의 종류는 무척 다양합니다. 예를 들면 합성곱 신경회로망만 봐도 르넷LeNet, 알렉스넷AlexNet, 구글넷GoogleNet, 레즈넷ResNets 등과 이들을 융합한 모델 등 수십 가지에 이를 정도입니다.

이번 장에서는 다양한 딥러닝 모델 중에서도 주요 핵심 딥러닝 모델 2가지를 소개하고자 합니다. 많이 알려진 딥러닝 모델 중에서도 가장 기본이 되는 **합성곱 신경회로망**CNN과 **적대적 생성 신경망**GAN입니다.

6.1 합성곱 신경망

딥러닝 모델 중 가장 활발하게 연구되고 적용되는 것을 꼽으라면 단연코 합성곱 신경망CNN, Convolutional Neural Networks일 것입니다. 합성곱 신경망이 이미지 처리 분야에 강점을 가진 딥러닝 모델이라는 사실은 너무 잘 알려져 있죠.

합성곱 신경망의 태동

1959년, 데이비드 허블David H. Hubel과 토르스튼 위즐Torsten Wiesel은 시각 피질Visual Cortexes 구조에 대한 실험을 했습니다. 이들은 실험을 통해서 고양이와 원숭이의 시각 피질에 많은 뉴런이 작은 영역에서 개별적으로 반응하는 국부 수용영역Local Receptive Field이 있음을 발견했습니다.

국부 수용영역은 우리가 눈을 통해 보는 모든 것에 반응하는 것이 아니라 제한된 범위 안에 있는 시각적 자극에만 반응한다는 것을 뜻합니다. 여러 시각적 자극을 한꺼번에 받아들이기도 하는데 이런 자극들을 합쳐 전체 이미지를 구성합니다. 이들이 발견한 것 중 가장 주목할 만한 부분은 단순 세포Simple Cell는 직선 형태의 이미지에만 반응하고, 복잡 세포Complex Cell는 더 큰 수용장Receptive Field을 가지고 있어서 더 복잡한 패턴의 이미지에 반응한다는 것이었습니다.

이들의 연구 결과에 영감을 받은 쿠니히코 후쿠시마Kunihiko Fukushima는 1980년에 〈네오코그니트론Neocognition〉이라는 논문을 발표하였습니다. 이 논문에서 저자는 합성곱 층Convolutional Layer과 다운 샘플링 층Down Sampling Layer을 제안한 공로를 인정받아 합성곱 신경망의 시초라 불리고 있습니다.

그후 1998년 컴퓨터 공학자 얀 르쿤Yann LeCun을 비롯한 4명의 과학자들이 수표에 쓰여진 숫자를 인식하는 LeNet-5라는 딥러닝 모델을 발표한 것이 오늘날 합성곱 신경망의 초석이라고 할 수 있습니다. 그림 6-1은 이들이 발표한 LeNet-5의 구조를 보여주고 있습니다.

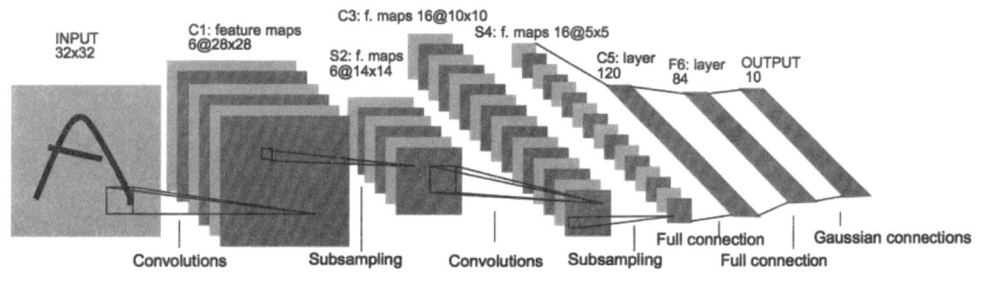

그림 6-1 LeNet-5 구조

LeNet-5가 나오기 전엔 이미지 처리에 주로 완전 연결 신경망을 사용했습니다. 새로운 딥러닝 모델이 생겨난 데는 그 이유가 있죠. 완전 연결 신경망Fully Connected Networks에 어떤 문제가 있었는지 살펴보고 LeNet-5에 대해서 알아보겠습니다.

완전 연결 신경망의 문제점

합성곱 신경망이 널리 사용되기 전에는 **그림 6-2**와 같은 **완전 연결 신경망**Fully Connected Neural Networks을 사용해 이미지를 처리했습니다.

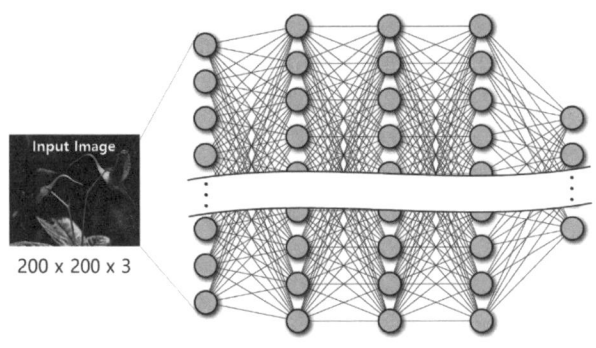

그림 6-2 완전 연결 딥러닝 신경망을 이용한 이미지 처리

이미지(2차원 행렬 데이터)를 각 픽셀의 행을 위에서 아래로 순차적으로 직렬 변환한 1차원 데이터를 완전 연결 신경망의 입력 신호로 사용하는 식입니다. **그림 6-2**의 입력 이미지는 RGB라는 3개의 채널을 가진 컬러 이미지로, 이를 직렬화하면 200×200×3 = 120,000개, 즉 입력 신호 완전 연결 신경망의 입력 노드는 총 12만 개가 됩니다.

첫 번째 은닉층의 뉴런 수가 1,000개라면 입력층과 첫 번째 은닉층 사이에 필요한 가중치의 숫자만 해도(편의상 편향 가중치 제외) 120,000×1,000 = 120,000,000, 즉 1억 2천만 개나 됩니다. 어마어마한 숫자죠. 만약 고해상도의 이미지를 사용한다면 그만큼 계산할 숫자가 급격하게 증가해 효율이 떨어질 수 밖에 없을 것입니다.

또 다른 문제로는 이미지의 픽셀 간 연결이 약해진다는 것입니다. 이미지의 특성상 픽셀 하나하나는 제각기 역할을 하는 것이 아니라 주변 픽셀과 밀접하게 관계를 맺고 있습니다. 즉 인접성Locality이 있습니다. 하지만 완전 연결 신경망에서는 **직렬화된 1차원 데이터의 특성상 인접성을 상실**하는 문제가 있습니다. 이 현상은 3개의 채널(RGB)을 가지고 있는 컬러 이미지의 경우 더 심각하게 나타날 수 있습니다. 주변의 픽셀뿐만 아니라 앞뒤 픽셀 정보도 중요하기 때문입니다. 앞뒤 픽셀 정보는 공간적인 구조를 가지고 있지만, 완전 연결 신경망의 입력 신호인 직렬화한 1차원 데이터는 이 공간적인 구조를 무시하는 결과를 야기합니다. 즉, **3차원 데이터의 공간적인 정보가 소실된다**는 문제가 발생할 수 있습니다.

그림 6-3 인접성 상실 문제 개념

따라서 영상 전체 특성을 고려하지 않는 입력 데이터의 특성 때문에 작은 이미지 변형에 취약할 수밖에 없습니다. 이를 만회하기 위해 학습 데이터의 수가 절대적으로 늘어날 수밖에 없으며(과적합 방지 목적) 학습 데이터를 준비하는 데 들이는 시간과 노력이 크다는 문제도 있었습니다. 결과적으로 완전 연결 신경망은 이미지 처리에 적합하지 않음을 알게 되었죠.

그렇다면 합성곱 신경망은 어떻게 완전 연결 신경망의 문제점들을 극복하고 이미지 처리에 분야의 절대적 강자로 떠올랐을까요? 먼저 합성곱 신경망의 구조부터 찬찬히 알아보겠습니다.

합성곱 신경망의 구조

합성곱 신경망(이하 CNN)을 이해하기 위해서는 먼저 이미지 필터링에 대해 알아야 합니다. 이미지 필터링Image Filtering은 이미지 처리에 널리 사용되고 있으며, 이미지로부터 테두리 부분을 검출하거나 예리한 이미지로 만드는 등 필요에 따라 다양한 필터링 기법을 선택해서 사용하고 있습니다.

필터링 기법으로는 에지Edge 추출 필터, 블러링Blurring 효과 필터, 엠보싱Embossing 효과 필터 등 많은 종류가 있습니다. 참고로 테두리를 검출하기 위한 수직 마스크와 수평 마스크 중 하나인 소벨 에지 필터Sobel Edge Filter/Mask는 다음과 같습니다.

-1	0	1
-2	0	2
-1	0	1

(수직 필터/마스크)

1	2	1
0	0	0
-1	-2	-1

(수평 필터/마스크)

그림 6-4 소벨 에지 마스크

일반적인 CNN의 구조는 **그림 6-5**와 같습니다. 마지막 층에는 입력된 이미지로부터 추출한 특징을 바탕으로 이미지를 분류하기 위해 완전 연결 신경망을 배치합니다.

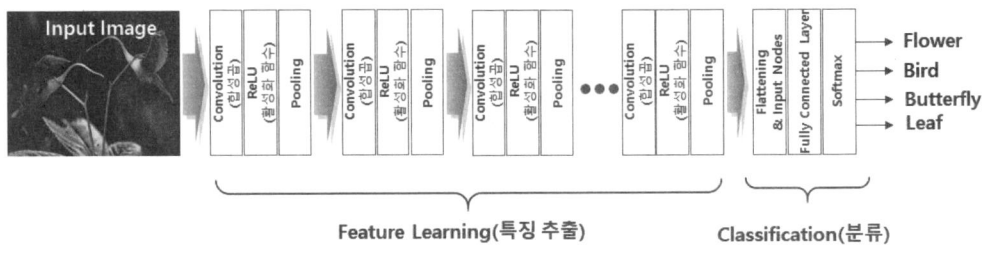

그림 6-5 합성곱 신경망의 일반적인 구조

CNN은 입력 이미지로부터 정보를 받아서 합성곱과 ReLU 활성화 함수 그리고 풀링Pooling이라는 3가지 기능이 결합된 하나의 계층이 반복해서 층을 쌓는 구조입니다. 이 계층은 입력 이미지로부터 중요한 특징을 추출하는 기능Feature Extraction을 하고 있습니다. 이렇게 추출된 이미지 특징 정보는 마지막에 배치된 완전 연결 신경망에서 분류 작업을 합니다.

합성곱 층 Convolutional Layer은 CNN에서 가장 중요한 구성 요소이며 완전 연결 신경망과 달리 **입력 데이터의 형상, 즉 인접성을 유지**합니다. 컬러 이미지도 3차원 이미지 그대로 입력층으로 입력되며 출력 또한 차원을 유지하며 다음 계층으로 전달됩니다. 바로 이런 특징 덕에 CNN이 **이미지 데이터처럼 인접성이 중요한 데이터를 처리하는 데 강점**을 가지게 된 것이죠.

다음 그림은 합성곱 계산에 대한 이해를 돕기 위한 간단한 예로 1차원 이미지(흑백 사진)의 경우를 보여주고 있습니다. 여기서 (c)는 합성곱을 의미합니다.

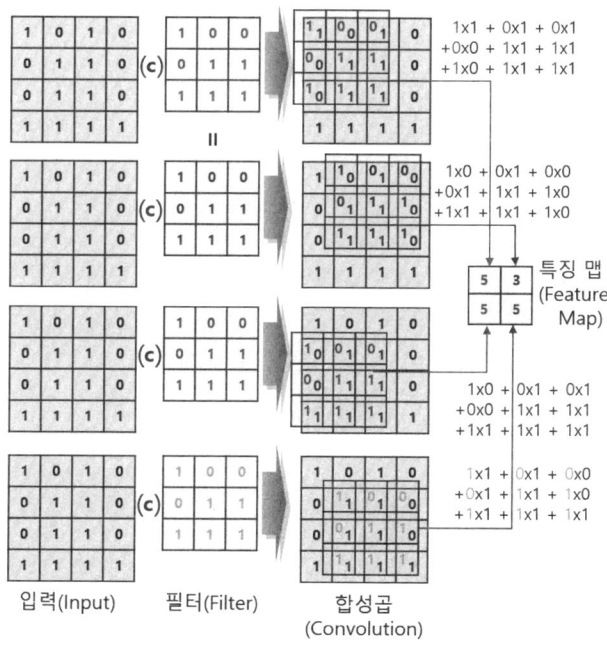

그림 6-6 합성곱 연산

2차원 행렬 형태의 필터는 동일하게 2차원 행렬 형태인 이미지에 쉽게 적용할 수 있습니다. 마찬가지로 필터링된 이미지도 행렬 형태가 되는데 필터링된 이미지는 원본 이미지와 필터의 합성곱Convolution으로 계산할 수 있습니다. 합성곱은 행렬을 겹쳤을 때 대응하는 요소들끼리의 곱의 합으로 표현하며, 필터는 이미지 전체에 대해서 차례로 스트라이드Stride, 스캐닝, 즉 필터를 일정한 패턴으로 이동하면서 마무리합니다. CNN에서 합성곱 계층의 스트라이드는 주로 1을 사용합니다.

합성곱을 통해서 또 다른 행렬인 특징 맵Feature Map을 만드는데, CNN에서는 수용 영역Receptive Field이라는 필터를 커널Kernel이라 부르기도 합니다.

앞서 간단한 예로 **그림 6-6**을 통해 1차원 이미지인 흑백 사진의 경우를 설명했습니다. 그렇다면 3차원 이미지인 RGB로 구성된 컬러 이미지는 어떻게 합성곱 연산을 하면 될까요? 바로 3차원 수용 영역을 가지고 있는 3차원 필터를 사용하면 됩니다.

RGB에 대응하는 각각의 필터는 같은 값을 가진 동일한 필터를 가질 수도 있고 다른 종류의 필터를 사용할 수도 있습니다. RGB 컬러 이미지에 필터를 적용한 간단한 예로 **그림 6-7**을 살펴보겠습니다. 여기서 특징 맵은 각 합성곱의 결과를 합산한 것입니다.

이 밖에도 커널의 크기를 증가시키지 않고 수용 영역을 증가시키는 Dilated Convolution 등 응용 분야에 따라 여러 가지 합성곱이 있습니다. 확장형 합성곱Dilated Convolution은 커널(필터) 요소 사이에 빈 공간을 추가함으로써 커널을 키우는 기능을 합니다.

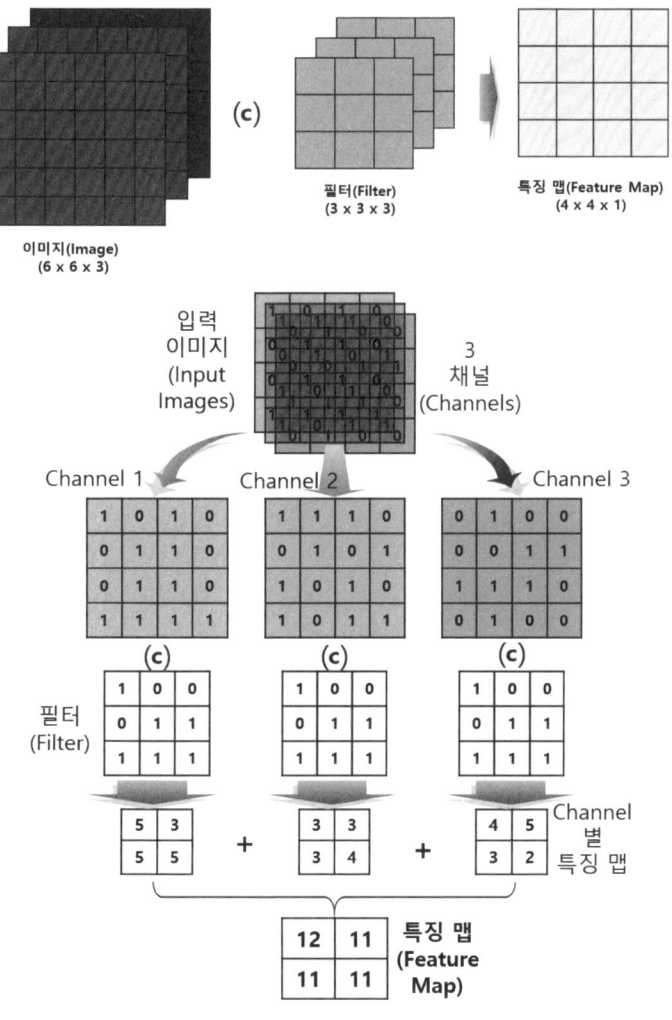

그림 6-7 컬러 이미지에 대한 합성곱 연산

특히 CNN 구조에 따라 종종 합성곱 연산을 진행한 방향과 반대 방향으로 변환을 하기도 합니다. 이것을 전치 합성곱Transposed Convolution 또는 디컨벌루션Deconvolution이라고 부릅니다. 합성곱 연산은 다운 샘플링Down Sampling이 되지만 전치 합성곱은 업 샘플링Up Sampling이 됩니다. 업 샘플링이란 말 그대로 변환된 이미지의 크기가 커졌다는 의미입니다.

전치 합성곱은 오토 인코더Auto-encoder나 시맨틱 분할Semantic Segmentation과 같이 낮은 차원의 특징 맵을 높은 차원으로 매핑하거나 고해상도 이미지를 생성하는 데 사용됩니다.

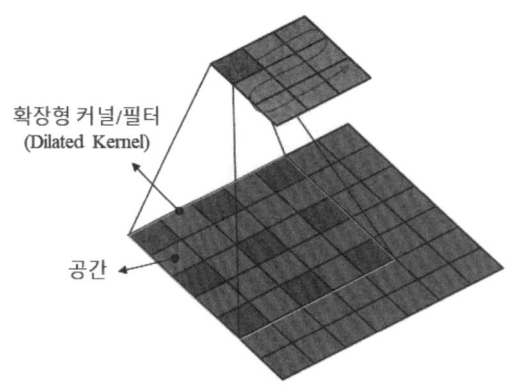

그림 6-8 전치 합성곱 개념도

ReLU 활성화 함수에서 ReLU는 Rectified Linear Unit을 의미하며 ReLU 처리는 $f(x) = \max(0, x)$입니다. **Chapter 5.10 활성화 함수**에서 배운 것처럼 **ReLU 활성화 함수를 사용하는 목적은 CNN에 비선형성을 부여하**는 데 있습니다. 하이퍼볼릭 탄젠트나 시그모이드 활성화 함수를 사용할 수도 있지만, 상대적으로 CNN의 성능 측면에서 ReLU가 우수하기 때문에 많이 사용되고 있습니다. ReLU 활성화 함수를 이용한 간단한 예를 살펴보도록 하겠습니다.

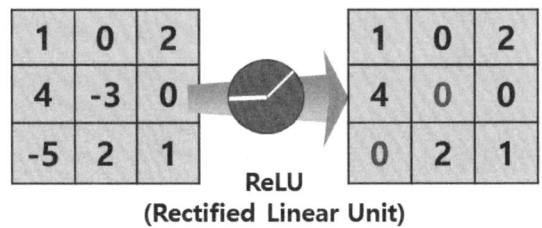

그림 6-9 ReLU 동작 예

종종 합성곱 연산을 할 경우 특징 맵이 작아지는 경우가 있습니다(**그림 6-6** 참조). 이런 현상을 막기 위해 입력 이미지와 크기가 동일한 특징 맵을 가지는 합성곱을 실행하고 싶을 때 입력 이미지 바깥 영역에 데이터를 채워주는 것을 **패딩**Padding이라고 합니다. 즉, 패딩을 하면 입력 이미지와 동일한 크기의 특징 맵을 얻을 수 있습니다. 그것을 **그림 6-10** 예제를 통해서 알 수 있습니다.

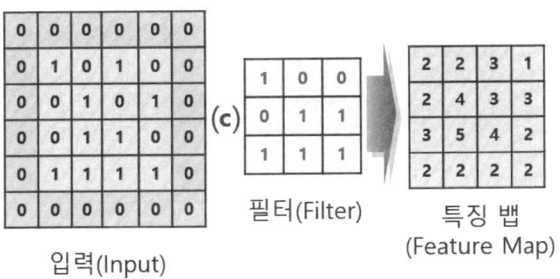

그림 6-10 패딩에 대한 예제

패딩(P)과 스트라이드(S), 입력 이미지(높이 IH, 넓이 IW)와 필터(높이 FH, 넓이 FW)의 크기가 주어졌을 때 특징 맵(높이 OH, 넓이 OW)은 다음과 같이 구할 수 있습니다.

$$(OH, OW) = \left(\frac{(IH + 2P - FH)}{S} + 1, \frac{(IW + 2P - FW)}{S} + 1 \right)$$

풀링 층 Pooling Layer에 대해 알아보겠습니다. **풀링은 계산된 특징이 이미지 내에서 위치에 대한 영향을 덜 받도록 하기 위해서 사용**됩니다. 예를 들면 이미지 내에 어떤 위치에 있는 특징이 다른 위치에 있더라도 크게 영향을 받지 않아야 합니다. 즉, **풀링을 통해 불변성**Invariance**을 찾음으로써 공간적 변화에 대한 문제를 해결**할 수 있습니다.

풀링은 차례로 처리되는 데이터의 크기를 줄이는 특징을 가지고 있습니다. 풀링에는 Max 풀링과 평균 풀링이 있는데, Max 풀링은 해당 영역에서 최댓값을 찾는 것이고, 평균 풀링은 해당 영역에서 평균값을 계산합니다. 이미지 처리 분야에서는 Max 풀링을 주로 사용합니다.

그림 6-11은 풀링에 대한 간단한 예를 보여주고 있습니다.

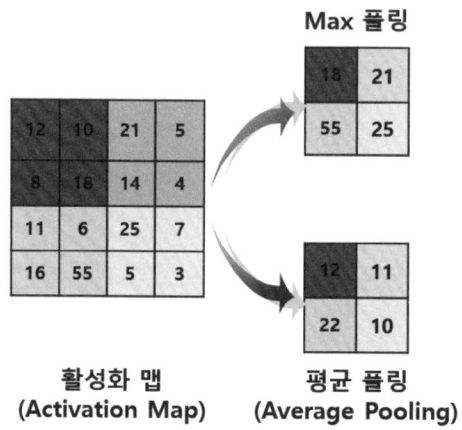

그림 6-11 풀링에 대한 예제, Max 풀링 & 평균 풀링

풀링의 계산은 입력 이미지의 각 채널마다 병렬로 실행됩니다. 또한 풀링 층의 출력 채널 수는 입력 이미지의 채널 수와 동일해야 합니다. **풀링 층은 합성곱 층과 달리 학습해야 할 가중치인 매개변수가 없습니다.** 최댓값이나 평균값을 취하는 간단한 연산만으로 처리가 가능하기 때문입니다.

풀링 층은 서브 샘플링Sub-sampling을 목적으로 구성되어 있으며 **Max 풀링은 풀링을 통해 특징 맵에서 가장 두드러진 특징만을 선택**하는 것입니다. 이것은 마치 우리가 어떤 이미지를 볼 때 가장 뚜렷한 특징이 제일 먼저 눈에 띄는 것과 같은 원리입니다. 또한 풀링은 **입력 이미지 사이즈보다 CNN에서 처리해야 할 데이터의 양을 줄이는 기능**이 있습니다.

풀링 층에서 특히 주목해야 할 부분은 **입력 이미지의 사소한 변화에 영향을 적게 받는다는 것**입니다. 예를 들어 입력 이미지의 최댓값이 변하지 않고 주위 값(Noise 성분 등)이 변한다고 해도 Max 풀링은 값이 변하지 않는다는 강건함을 가지고 있습니다.

플래트닝Flattening은 풀링 층에서 연산이 끝난 특징 맵 행렬을 완전 연결 신경망의 입력 층으로 전달하기 위한 과정입니다. 이 과정에서 맵 행렬(2차원)은 1차원 벡터로 변환됩니다.

그림 6-12는 플래트닝에 대한 예제를 보여주고 있습니다.

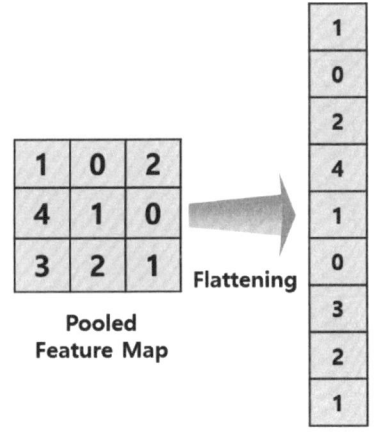

그림 6-12 플래트닝에 대한 예제

앞서 완전 연결 신경망을 사용해 이미지 처리를 할 경우 발생하는 문제와 이를 해결하기 위해서 합성곱 층과 풀링 층에서 각종 연산을 했습니다. 입력 이미지 데이터는 합성곱 층과 풀링 층으로 조합된 계층을 하나 이상 통과하면서 중요한 특징을 추출했었죠. 이렇게 추출한 이미지의 특징은 완전 연결 신경망을 통해서 분류됩니다.

완전 연결 신경망을 통해서 분류 작업이 이뤄질 때 주의해야 할 점은 과적합입니다. 앞서 과적합 문제를 해결하기 위해서 **학습 과정 중에 드롭아웃**을 한다고 배웠습니다. 드롭아웃을 함으로써 의도치 않게 하나의 딥러닝 모델 내에 여러 신경회로망 모델이 만들어지는 효과에 대해서도 다뤘었죠. 이처럼 여러 가지 모델의 출력을 평균하는 것은 언제나 좋은 결과를 낳는다는 것이 드롭아웃의 핵심 효과입니다.

CNN 결과를 보면 각 클래스를 0~1.0 범위 내에서 출력하는 것을 볼 수 있습니다. 그 이유는 CNN의 마지막 층인 **Softmax 층**(또는 Unit) 때문입니다(**그림 6-5** 참조).

그림 6-13에서 Softmax(활성화 함수) 층에서 출력되는 예를 보여 줍니다.

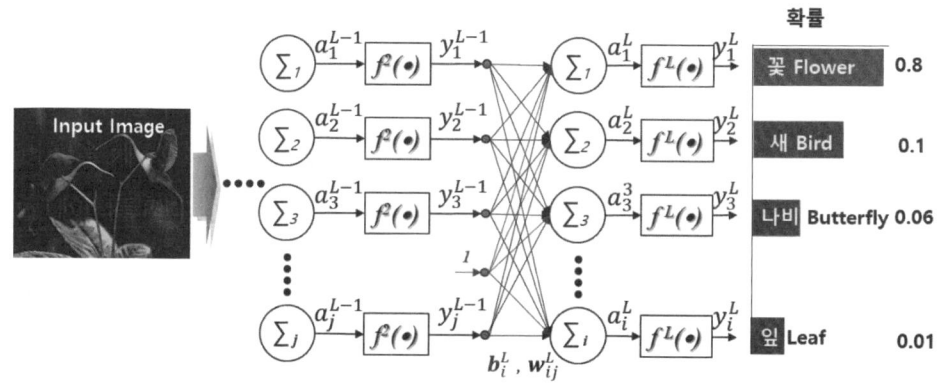

그림 6-13 Softmax 층으로부터 각 클래스별 출력값

Softmax 함수는 0~1.0 사이의 값으로 출력 범위를 제한하는 스쿼싱 함수입니다. 그리고 각 클래스별 출력의 합은 1.0이 되어야 합니다. 그렇게 되면 CNN의 출력값은 각 클래스의 **확률** Probability로 직접 해석할 수 있다는 장점이 있습니다.

CNN에서는 주로 마지막 층에 Softmax 활성화 함수를 사용합니다. 그림 **그림 6-13**처럼 마지막 L번째 층의 활성화 함수 $f^L(\cdot)$이 Softmax 활성화 함수이며 다음과 같이 식으로 표현할 수 있습니다.

$$y_k^L = f_k^L\left(a_i^L\right) = \frac{e^{a_k^L}}{\sum_{k=1}^{i}\left(e^{a_k^L}\right)}$$

Softmax 함수는 i개의 값이 존재할 때 각 출력값의 편차를 확대시켜 큰 값은 상대적으로 더 크게, 작은 값은 상대적으로 더 작게 만드는 것으로, 출력값 전체를 정규화시키는 역할을 합니다. 그렇게 되면 입력 이미지가 어떤 클래스에 속하는지 확률을 나타내는 지표가 될 수 있습니다. 다음 식은 i개의 합이 어떻게 1이 되는지 보여주고 있습니다.

$$y_1^L + y_2^L + .. + y_i^L = \frac{e_1^L}{e_1^L + e_2^L + .. + e_i^L} + \frac{e_2^L}{e_1^L + e_2^L + .. + e_i^L} + .. + \frac{e_i^L}{e_1^L + e_2^L + .. + e_i^L}$$

$$= \frac{e_1^L + e_2^L + .. + e_i^L}{e_1^L + e_2^L + .. + e_i^L} = 1$$

6.2 합성곱 신경망의 응용

앞서 CNN을 통해 이미지로부터 특징 값을 추출하고 그것을 바탕으로 그 특징이 어느 클래스에 속하는지 완전 연결 신경망을 통해서 분류하는 과정을 살펴보았습니다. 실제로 딥러닝 적용 분야 중에서도 가장 활발히 이용되는 것 중 하나가 CNN 기반 이미지 분류죠.

의료 영상, 얼굴 인식, 기계나 설비 이상 상태 판정, 대화를 통한 화자의 감정 변화 인식, 농작물의 병해충 발생과 종류 식별, 농작물 수확 시기 판정, 자율 주행 자동차, 로봇을 이용한 자동 조립, 생산 공정에서 제품의 표면 결함 분류 등 CNN은 일상 생활 깊숙이 자리잡고 있습니다.

그럼 이제부터 CNN이 어떤 분야에 어떻게 적용되고 있는지 자세히 알아보도록 하겠습니다.

기계나 설비 이상 상태 판정

CNN을 활용한 기계나 설비 이상 상태 판정은 우선 기계나 설비에 장착된 진동이나 음향 센서를 통해서 검출된 1차원 타임 시리즈Time-series 신호를 2차원 이미지인 스펙트로그램으로 변환하는 것에서 시작합니다(자세한 내용은 **Chapter 4.3 시간-주파수 표현 방법**을 참고하기 바랍니다). 그런 다음 스펙트로그램화된 이미지로부터 특징을 추출하고 이 특징으로부터 완전 연결 신경망을 통해 기계나 설비가 정상 상태인지 이상 상태인지를 분류(판정)합니다.

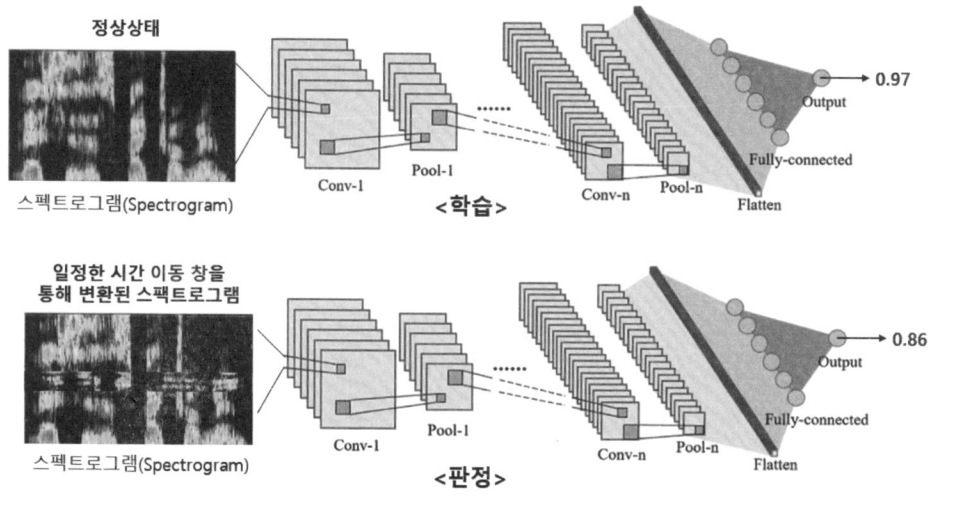

그림 6-14 CNN을 사용한 이상 상태 판정 방법

실제로 이상이 발생한 시점의 데이터를 수집하는 것은 어려울 수 있습니다. 이런 경우 먼저 정상 상태의 데이터를 사용해서 CNN 모델을 학습시킨 후 이동 창Moving Window으로 dt 시간만큼 이동하는 신호를 스펙트로그램화한 이미지를, 학습이 된 CNN에서 입력시킴으로써 특징을 추출하고 분류합니다. CNN 출력값의 추이를 보면서 설정한 기준값Threshold보다 크면 이상 상태로 판정하는 것입니다.

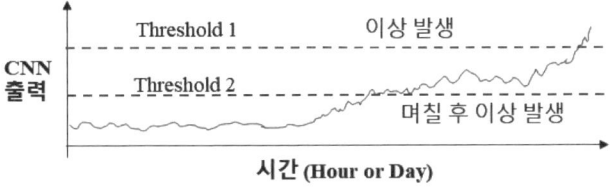

그림 6-15 CNN 출력값을 통한 이상 상태 판정_후처리

즉, 또 다른 설정값을 기준으로 잡고 이 값보다 값이 크면 조만간 이 기계나 설비는 이상이 발생할 수 있기 때문에 예방 정비를 할 수 있죠. 이것은 **그림 6-15**와 같이 후처리Post Processing를 통해 CNN 출력값을 이용하는 하나의 예제입니다.

상담이나 면접 시 화자의 감정 상태 판단

CNN의 이미지 분류 기능을 활용해 상담이나 면접 시 화자의 감정 상태 판단도 가능합니다. 이는 기계나 설비 이상 상태를 판정하는 것과 매우 유사합니다. 상담을 받는 사람이나 면접을 보는 사람의 음성 신호를 2차원 이미지인 스펙트로그램과 CNN을 통해 판단하는 방식으로 이루어지죠.

그러나 기계의 설비나 이상 상태와 달리 다양한 상황이 있을 수 있습니다. 화나거나 슬프거나 기쁠 때 등 화자의 다양한 감정 상태를 판별해야 하기 때문입니다. 하지만 정상 상태, 즉 감정 기복이 일어나지 않은 편안한 상태에서 취득한 음성 신호를 학습한 CNN 출력을 기준으로 감정에 변화가 있음을 판별할 수 있습니다. 또는 비슷한 연령대의 사람들이 화났을 때, 슬플 때, 기쁠 때 등의 음성을 수집해서 학습한 후 감정 상태를 판단하는 데 활용하기도 합니다.

식물 병충해 및 영양 결핍 진단

채소나 과일 그리고 농작물은 우리에게 꼭 필요한 필수 영양소를 공급하는 귀중한 자원입니다. 그러나 많은 농부가 병해충에 대한 전문 지식이 부족해 피해를 입고는 합니다. 그래서 농작물이 병충해에 걸리거나 영양이 결핍되어도 농작물의 겉모습만으로는 원인과 해결 방법을 파악하기가 어려운 경우가 비일비재합니다.

(a) 칼슘 결핍   (b) 칼륨 결핍   (c) 질소 결핍

그림 6-16 각종 식물의 영양소 결핍 현상 (출처 : How Convolutional Neural Netwroks Diagnose Plant Disease, Yosuke Toda and Fumio Okura)

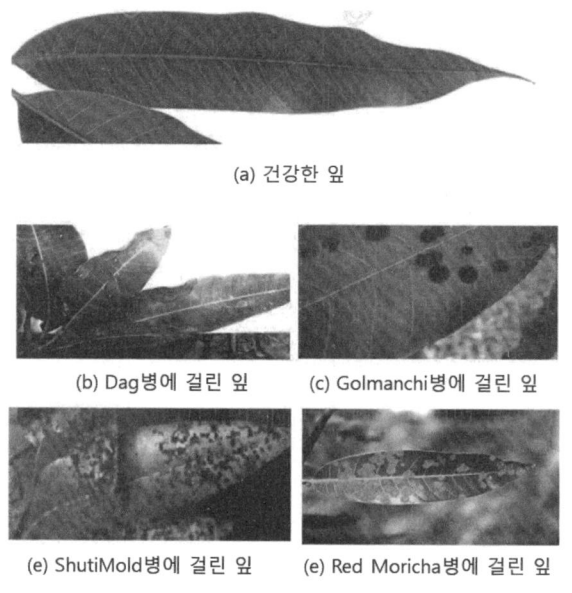

(a) 건강한 잎

(b) Dag병에 걸린 잎   (c) Golmanchi병에 걸린 잎

(e) ShutiMold병에 걸린 잎   (e) Red Moricha병에 걸린 잎

그림 6-17 망고 잎 병충해 (출처 : Mango leaf disease recognition using neural network and support vector machine, Md. Rasel Mia 외 3명)

그림 6-16과 그림 6-17을 보면 식물의 영양 결핍이나 병충해로 인해 잎이나 줄기 또는 열매에 색상 변화나 특이한 패턴이 생기는 것을 알 수 있습니다. 이를 CNN을 이용해 진단하는 과정을 살펴보겠습니다.

먼저 **학습과 검증 그리고 테스트용 이미지 데이터를 준비**합니다(그림 5-34 참조). 각 클래스(칼슘 결핍, 칼륨 결핍, 질소 결핍, Dog 병에 걸린 잎 등)별로 500개 정도의 이미지를 준비합니다.

각 클래스별로 학습용과 테스트용 이미지 데이터를 8:2 비율로 준비하거나 학습용과 검증용 그리고 테스트용 이미지를 각각 6:2:2 비율로 준비합니다. 두 번째 이미지 데이터는 학습 중 상태를 검증하는 검증용 데이터가 있는데, 이는 학습 중 과적합을 방지하기 위한 목적으로 사용합니다.

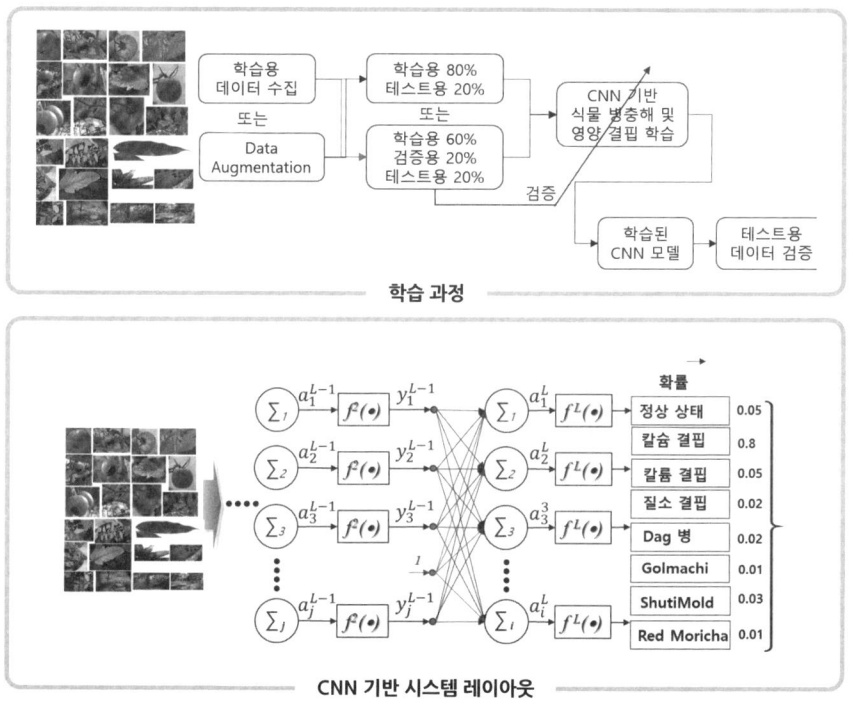

그림 6-18 CNN 기반 식물 병충해 및 영양 결핍 판정 시스템

이렇게 각종 병충해나 영양 결핍 증상을 학습한 CNN 딥러닝 모델을 앱으로 배포해 스마트폰 카메라 기능과 연결하여 잎을 촬영하면 증상을 진단할 수 있도록 합니다.

지능형 표면 검사 시스템

우리가 일상 생활에서 흔히 사용하는 제품 가운데 연속적으로 생산되는 공정들이 상당히 많습니다. 예를 들면 종이와 필름, 옷감 그리고 알루미늄이나 강철과 같은 금속 포일과 코일, 연속적으로 같은 패턴을 인쇄하는 포장지나 종이 등도 이에 해당됩니다.

그림 6-19 종이 연속 생산 공정

그런데 이러한 공정에서 생산된 제품은 고객들이 원하는 품질에 대한 요구 사양을 만족해야 합니다. 품질에 대한 사양 중 하나가 표면 품질입니다. 생산 과정에서 공정 결함이 발생하거나 외부에서 이물질 투입 등으로 제품 표면에 결함을 유발하는 경우가 있기 때문이죠.

결함의 종류는 수 십여 개에 이를 정도로 많으며, 조업 조건이나 새로운 제품을 개발할 경우 이제까지 경험하지 못한 새로운 결함을 접하기도 합니다. 예를 들어 색상이 달라지는 착색성 결함이나 3차원 결함인 요철성 결함이 있을 수 있습니다.

그러나 고객들은 **전장 표면 품질 보증**을 요구하기 때문에 제조사는 전 제품에 표면 품질 검사를 해야 합니다. 광학적인 표면 검사 장비를 이용해 표면 결함 검사와 이를 바탕으로 제품의 표면 품질 등급을 매기죠.

딥러닝 기법이 나오기 전에는 각 결함에 대한 특징들을 특징 값 추출 엔지니어Feature Engineer가 직접 추출했습니다. 왜냐 하면 컴퓨터는 이러한 특징들을 통해서 결함을 인식하기 때문입니다. 컴퓨터는 이렇게 추출된 특징들을 결함을 분류하는 데 사용합니다.

예를 들어, 하나의 결함 클래스당 약 30개의 특징이 있다고 가정해 봅시다. 만약 결함 클래스가 30개라면 특징 값은 약 900개에 달하겠죠. 하지만 900개의 특징 값만으로 각각의 결함을 분류하는 알고리즘을 개발하는 것은 쉽지 않습니다. 이제까지는 주로 결정 트리Decision Tree와 같은 기계학습 기법을 사용했지만 특징 값이 많은 경우에는 결정 트리를 튜닝Tuning해야 하는 번거로움이 생기거나 또 새로운 결함이 발생했을 때 이미 추출한 특징 값과 중복되는지 판단하는 추가 과정이 필요하죠. 이때 필요한 것이 바로 합성곱 신경망인 CNN입니다.

CNN의 가장 놀라운 점 중 하나는
결정 트리를 사용해서 결함을 분류하는 데 필요한 특징 값 추출과
특징 값 추출 엔지니어가 필요하지 않다는 것입니다.

이것은 마치 아이에게 그림 카드를 가지고 개나 고양이를 설명하는 것과 같습니다. 아이에게 고양이의 털 색과 눈의 생김새, 품종 등 세세한 특징을 설명해 주지 않아도 아이는 그림을 보는것만으로 고양이를 고양이라고 학습하게 되죠. 이와 같이 사람은 어떤 사물을 인식할 때 특징 값을 추출하지 않고도 사물을 인식하는 능력을 가지고 있습니다.

CNN을 통한 결함 분류도 이와 같습니다. 결함 이미지에서 그 결함이 무엇인지 네이밍Naming 또는 라벨링Labeling만 하면 됩니다. 나머지는 CNN이 그 결함 이미지로부터 특징을 추출하고 완전 연결 신경망에서 분류가 이뤄지기 때문이죠. 즉, 엔지니어는 각 클래스별 결함의 이름만

CNN에 부여하면 됩니다. 바로 이것이 CNN의 가장 큰 장점입니다.

이것을 **그림 6-20**을 통해서 살펴보겠습니다. 고양이 이미지에서 뻗은 두 갈래 과정 중 위쪽은 엔지니어가 특징을 추출하는 과정이며, 아래쪽은 CNN을 통한 분류 과정입니다.

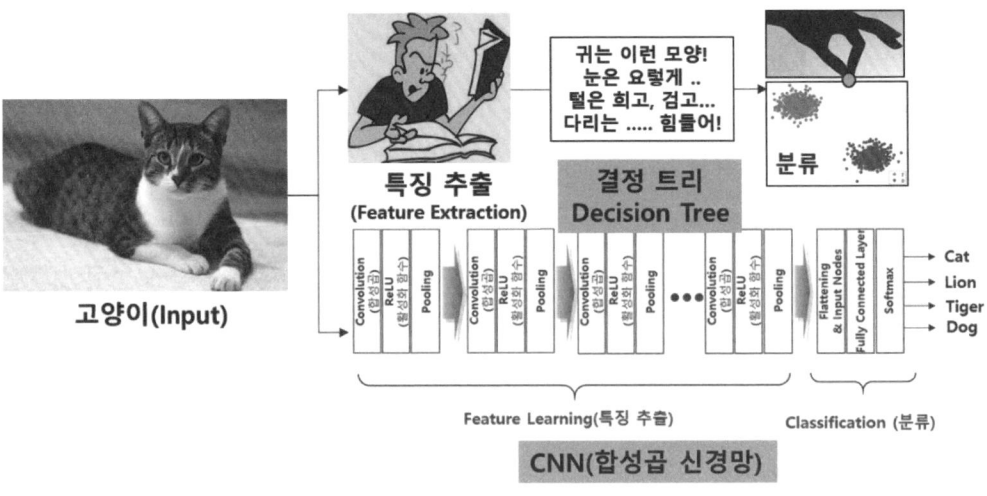

그림 6-20 특징 추출이 필요 없는 CNN의 장점

이제 연속 공정에서 결함을 가지고 있는 이미지를 취득했다고 가정한 다음 결함 이미지를 CNN의 입력으로 어떻게 처리하는지 알아보도록 하겠습니다. 이는 X-ray, MRI, CT 등으로 촬영한 의료용 이미지로부터 CNN을 이용해 환자의 상태를 판정하는 과정과 동일합니다.

그림 6-21에서 설명하고 있지는 않지만, 입력으로 받는 이미지의 크기는 CNN 모델에 따라서 다릅니다. 그러나 우리가 수집한 이미지 내 결함을 표시한 ROI(관심 영역)가 CNN 모델이 수용할 수 있는 크기보다 클 수도 있고 작을 수도 있습니다.

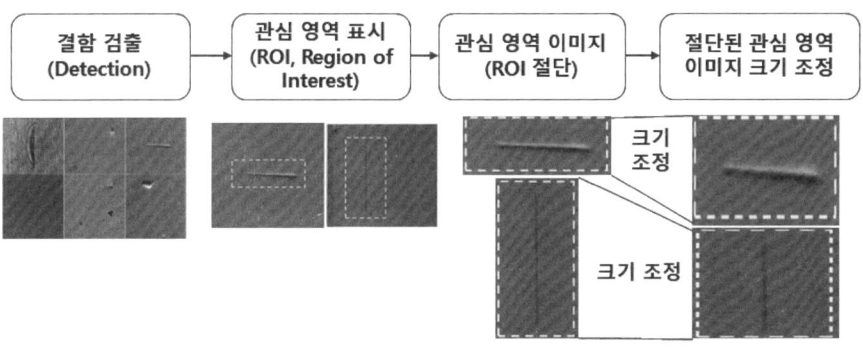

그림 6-21 결함 영상 준비 과정

따라서 CNN 모델이 수용할 수 있는 크기가 되도록 결함이 포함된 ROI를 자르는 크로핑Cropping을 하게 되고, 이미지 크기를 조정하는 리사이징Resizing을 거칩니다. 여기서 주의해야 할 점은 리사이징 과정에서 어떤 클래스의 결함이 다른 클래스의 결함으로 변할 수도 있다는 것입니다. 크게 설정된 ROI로 크로핑된 이미지는 크기를 줄여야 하는데, 줄이는 과정에서 선형 결함(길쭉한 결함)이 점형이나 면적형으로 바뀔 수 있습니다.

그래서 크로핑 후에 작은 이미지는 배경 이미지를 채워 넣고 반대로 큰 이미지는 결함의 크기가 줄어들지 않도록(결함의 특징이 살아있도록) CNN 모델이 수용하는 2~3개의 이미지로 다시 크로핑하는 것도 필요합니다.

리사이징 과정에서 가급적이면 결함의 특징이 왜곡되지 않도록 하는 것이 중요합니다. 그리고 각 결함 이미지는 결함 클래스에 따라 이름을 붙여주는 라벨링 작업을 수행합니다.

여기서 끝이 아닙니다. 마지막 한 가지가 더 남았습니다. 일반적으로 결함 클래스당 학습을 위해 500여 개의 결함 이미지를 모아야 하는데 생산 공정 과정에서 이만한 데이터를 모으려면 많은 노력과 시간이 필요합니다. 이것을 해결하기 위한 방법이 **Chapter 4.1 데이터 전처리**에서 설명한 **데이터 확장**Data Augmentation입니다. 데이터 확장을 통해서 확보한 결함 이미지를 진짜와 비슷한 가짜 결함 이미지를 만들어서 CNN 모델 학습 데이터로 사용할 수 있죠.

또는 적대적 생성 신경망GAN을 이용한 데이터 확장도 가능합니다. 진짜 같은 가짜 결함 이미지를 생성할 수 있다는 것입니다.

이렇게 해서 클래스별로 결함 이미지가 준비되었다면 이제 학습과 검증용 결함 이미지로 CNN 모델 학습을 진행하면 됩니다.

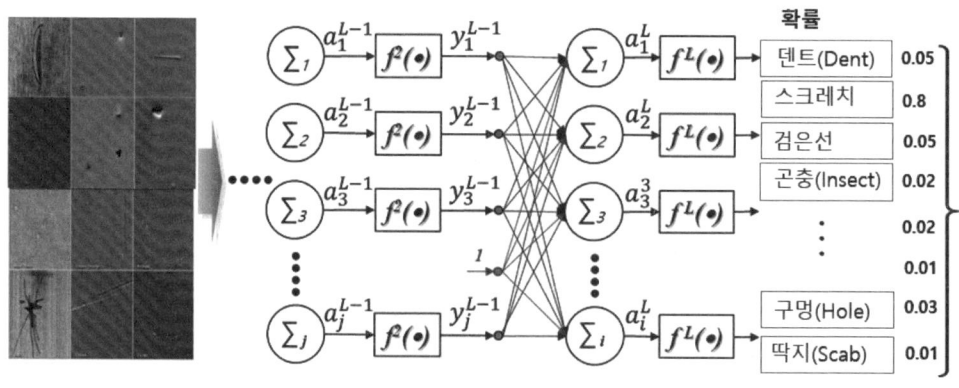

그림 6-22 CNN을 이용한 결함 분류 시스템 레이아웃

학습된 CNN 모델은 새로운 결함을 가진 이미지가 입력되면 그 결함이 어떤 클래스에 속한 것인지 그리고 몇 %의 확률로 그 결함 클래스에 속한 것인지를 출력합니다.

CNN을 이용한 결함 분류 모델은 현재 사람의 분류 능력을 능가하며 결정 트리와 같은 기계 학습 모델보다 10% 이상 뛰어난 분류 성능을 보입니다. 이처럼 CNN은 매우 강력한 분류 기능을 가지고 있기 때문에 적용 분야가 점점 확대되고 있습니다. 앞으로 CNN을 이용한 새로운 응용 제품들이 일상생활을 편리하고 안전하게 할 것으로 기대하고 있습니다.

이제까지 딥러닝 모델 중 가장 활발하게 연구되고 또 적용되고 있는 합성곱 신경망인 CNN에 대해서 알아보았습니다. CNN만 해도 종류는 아주 다양합니다. 이 책에서 다룬 CNN은 가장 기본적이며 극히 일부에 불과하죠.

다음 장에는 CNN에 버금가는 인기를 누리고 있는 딥러닝 모델, 적대적 생성 신경망 GAN에 대해서 배워 보겠습니다. 사실 GAN을 GAN답게 만든 것도 알고 보면 CNN이 큰 역할을 했습니다.

6.3 적대적 생성 신경망

CNN과 함께 가장 많이 연구되고 적용되는 딥러닝 모델을 꼽으라면 단연 적재적 생성 신경망, 즉 GAN_{Generative Adversarial Nets}을 꼽을 것입니다. 다음 그림은 딥러닝 연구원, 이안 굿펠로우_{Ian J. Goodfellow}가 2014년 GAN을 발표한 이래 매년 발간되는 논문의 추이를 보여주고 있습니다. 가파르게 올라가는 그래프 만큼 많은 사람의 관심을 받고 있다는 것을 증명하죠.

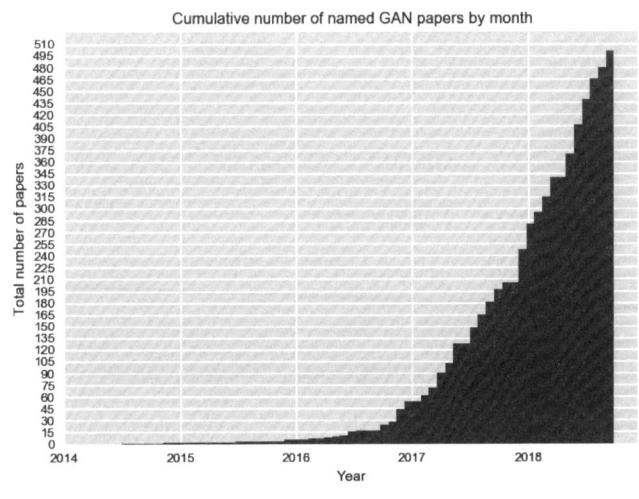

그림 6-23 매년 월별 GAN 관련 연구 논문 발표 수

그럼 왜 GAN이 이토록 인기 있는 딥러닝 모델 중에 하나가 되었을까요? 여러 가지 이유가 있지만, 그중 가장 큰 이유 3가지를 꼽아보자면 다음과 같습니다.

첫째, GAN에서는 데이터에 이름을 붙인 레이블된 데이터Labeled Data가 필요 없는 비지도 학습Unsupervised Learning을 통해 학습이 이뤄지기 때문입니다. 수많은 데이터에 이름을 붙이는 번거롭고 힘든 데이터 라벨링 작업이 생략되면 엔지니어는 데이터 수집과 알고리즘에 집중할 수 있기 때문이죠.

둘째, GAN의 잠재적인 적용 사례들이 많이 있으며 사용자의 관심을 끌 정도로 매력적이라는 것입니다. 흐릿한 사진의 해상도를 높이고, 문장으로부터 이미지를 생성하고, 명화와 비슷한 풍의 사진을 만들어 내거나 음악을 만드는 등 무궁무진한 잠재력을 암시하는 적용 사례가 많기 때문입니다. 이 책의 적용 사례로 배울 'GAN 기반 자동 데이터 확장' 기법 또한 엔지니어의 짐을 덜어 주는 놀라운 기술 중 하나입니다.

셋째, 앞서 GAN 등장 이후 발표된 논문 추이 그래프에서 봤듯이 매년 발표되는 논문의 수가 많아지고 있다는 것은 산업체마다 GAN에 대한 연구에 관심을 기울이고 있다는 것입니다. 특히 디자인 분야에서 그 관심이 높습니다.

적대적 생성 신경망인 GAN은 Generative Adversarial Network라는 이름에서 유추할 수 있듯이 생성망Generative Network과 판별망Discriminator Network으로 구성되어 있습니다. GAN에 사용되는 신경망은 다양한 종류의 딥러닝 모델에 적용할 수 있습니다.

GAN의 학습 과정에는 재미있는 현상이 있습니다. 2개의 신경망이 서로 게임을 하듯이 경쟁하기도 하고, 상대편 신경망을 앞서기도 하는 동시에 도움을 주기도 하며 서로 원하는 학습을 한다는 것입니다. 적대적인 듯 적대적이지 않은 듯한 묘한 경쟁 관계 가운데서 학습이 이뤄지는 것입니다.

수천 번의 반복에 반복을 거쳐서 학습이 이뤄지면 생성망은 '진짜에 가까운 가짜 데이터(이미지)'를 완벽에 가까울 정도로 만들어 냅니다. 반면 판별망Discriminator은 생성망이 만든 데이터가 진짜인지 가짜인지 완벽할 정도로 판별하게 됩니다. **완벽할 정도로 판별한다는 것**은 확률적 의미로 해석하면 됩니다. 즉, 진짜 데이터의 분포와 비슷하다는 의미입니다.

이안 굿펠로우가 발표한 논문과 함께 앞서 설명한 것을 다음 **그림 6-24**를 통해 알아보겠습니다.

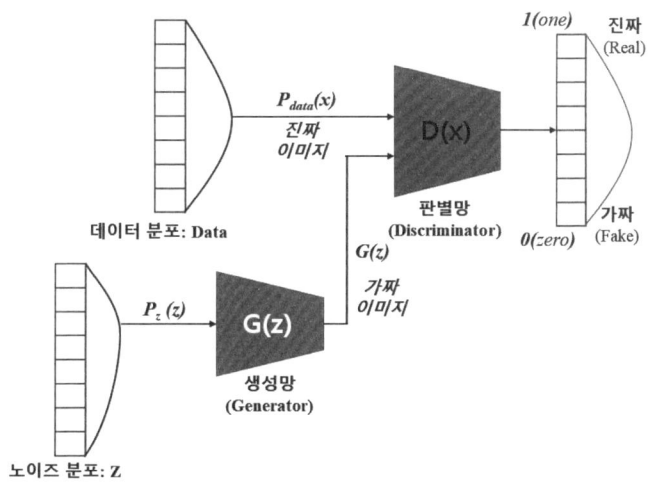

그림 6-24 GAN의 구조도

이 그림은 바닐라 GANVanilla GAN, 부가 기능이나 수정한 것이 없는 기본 상태의 구조도를 보여주고 있습니다.

먼저 어떤 잠재 공간Latent Space, 데이터 내에 잠재된 표현에서 D-차원의 노이즈 벡터Noise Vector, 가우시안이나 균일 분포로부터 샘플링한 학습 벡터Code Vector z를 생성망의 입력으로 보냅니다.

미분 가능한 매개변수 함수인 생성망 $G(z)$는 학습 벡터를 사용하여 새로운 이미지나 데이터인 $G(z)$로 변환합니다. 이때 생성되는 데이터인 $G(z)$의 크기는 판별망에서 진짜와 비교해야 하기 때문에 진짜와 크기가 동일해야 합니다. 그리고 생성된 데이터는 검증받기 위해 판별망으로 입력됩니다. 판별망도 미분 가능한 매개변수 함수입니다. 판별망은 진짜 데이터 세트와 생성망에서 생성된 데이터(이미지)로부터 진짜와 가짜를 구별합니다.

판별망의 출력값은 0과 1 사이며 0에 가까울수록 생성망이 생성한 데이터가 가짜라고 판별하고, 1에 가까울수록 진짜라고 판별합니다. 판별망이 생성망에 속은 것이죠.

GAN에서 생성망 ($G(z)$)은 진짜와 같이 데이터를 생성하여 판별망을 속이려고 학습을 하며 판별망 ($D(x)$)은 속지 않기 위해서 학습을 합니다. 그래서 판별망과 생성망의 관계가 마치 '적대적인 관계'처럼 보이기 때문에 'Adversarial'이라는 이름이 붙었죠. 이안 굿펠로우는 논문에서 GAN의 학습 과정을 **2인 제로섬 게임**Two player minmax game에 비유하기도 했습니다.

그림 6-25는 이제까지 설명한 것을 바탕으로 판별망과 생성망이 학습하는 흐름을 보여 주고 있습니다.

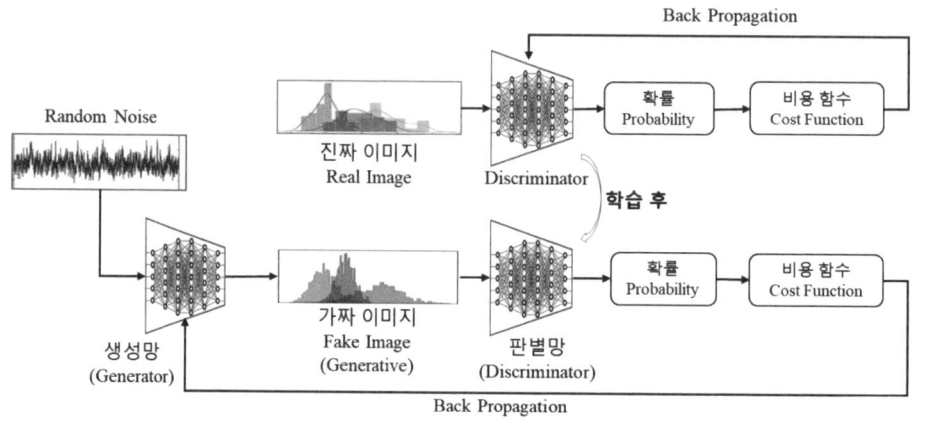

그림 6-25 GAN 학습 과정

GAN은 생성망 $G(z)$와 판별망 $D(x)$에 대해서 가치 함수를 minmax 문제로 접근합니다.

$$\min_G \max_D V(G, D) = E_{X \sim P_{data}(x)}\left[\log D(x)\right] + E_{Z \sim P_z(z)}\left[\log(1 - D(G(z)))\right]$$

생성망 $G(z)$에 대해서는 $E_{Z \sim P_z(z)}\left[\log(1 - D(G(z)))\right]$를 최소화Minimize하고 판별망 $D(x)$에 대해서는 $E_{X \sim P_{data}(x)}\left[\log D(x)\right] + E_{Z \sim P_z(z)}\left[\log(1 - D(G(z)))\right]$를 최대화Maximize하도록 학습이 진행이 됩니다.

이것을 생성망 $G(z)$의 입장에서 먼저 해석해 보도록 하겠습니다. 생성망 $G(z)$에 있어서 가장 이상적인 것은 생성망이 진짜와 아주 유사한 가짜 데이터를 생성하고 판별망 $D(x)$가 그것이 진짜일 확률인 1이라고 속는 것입니다. 그렇게 되면 앞의 식의 두 번째 항 $D(G(z))$가 1에 가까운 분포를 가지게 되고 두 번째 항의 값은 $-\infty$가 되어 최솟값이 됩니다. 생성망 $D(x)$의 입장에서는 가치 함수 $V(D(x), G(z))$를 최소화시키는 목표를 달성한 것입니다.

반면에 판별망 $D(x)$의 목표는 어떻게 해서든 진짜와 가짜 데이터를 확실하게 판별하는 거겠죠. 판별하는 데이터가 진짜로부터 온 것이라면 $D(x)$는 1이 됩니다. 그리고 생성망 $G(z)$가 만든 가짜라고 판별한다면 $D(G(z))$는 0이 되기 때문에 앞의 식의 첫 번째와 두 번째 항 모두 0이 됩니다. 그렇게 되면 판별망 $D(x)$의 입장에서 가치 함수 $V(D(x), G(z))$를 최대화시키는 목표를 달성한 것입니다.

이처럼 앞의 식을 이용해 판별망과 생성망의 입장을 각각 분리해서 **그림 6-26(a)** 와 같이 해석할 수 있습니다. 그리고 **그림 6-26(b)**는 GAN이 학습을 진행하는 동안 데이터 분포가 어떻게 변하는지를 설명합니다.

$$\max_{D} V(D,G) = \underbrace{E_{x \sim p_{data}(x)}[\log D(x)]}_{D(진짜)의\ Probability를\ 최대화} + \underbrace{E_{x \sim p_z(z)}[\log(1 - D(G(z)))]}_{D(가짜)의\ Probability를\ 최소화}$$

$$\min_{G} V(D,G) = \underbrace{E_{x \sim p_z(z)}[\log(1 - D(G(z)))]}_{D(가짜)의\ Probability를\ 최대화} \cong \max_{G} E_{x \sim p_z(z)}[\log(D(G(z)))]$$

그림 6-26(a) 학습 과정에서 판별망과 생성망의 역할

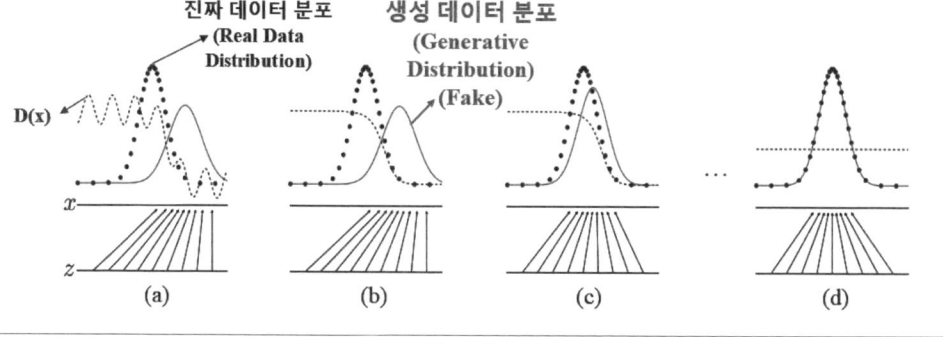

그림 6-26(b) 학습 과정에서 데이터 분포의 변화 (출처: Generative Adversarial Nets, Ian J. Goodfellow, and et al)

먼저 (a)는 판별망의 분포가 흩어져 있음을 알 수 있으며, 생성한 데이터와 진짜 데이터의 분포 차이가 큼을 보여 주고 있습니다.

(b)는 여러 번의 반복 학습을 통해서 판별망이 학습을 하는데 데이터의 분포로부터 생성된 것을 판별하도록 학습됨을 알 수 있습니다.

(c)는 여러 번의 반복 학습을 통해 판별망이 학습을 완료한 상태에서 더 이상 학습을 하지 않는 것입니다. 그 상태에서 생성망이 학습을 진행하는데 그 과정에서 생성망이 생성한 데이터의 분포가 진짜 데이터와 유사해지는 것을 볼 수 있습니다.

(d)는 여러 번의 반복 학습으로 생성망에서 생성된 데이터와 진짜 데이터의 분포가 일치하고 판별망의 데이터는 균일 분포를 나타내고 있음을 알 수 있습니다.

지금까지 GAN에 대한 기본적인 것들을 살펴봤습니다. 이제 GAN의 응용 분야에 대해서 살펴보도록 하겠습니다.

6.4 적대적 생성 신경망의 응용

이번 절에서는 GAN이 어떤 응용 분야에 어떻게 적용되고 있는지 그리고 그중에서 DCGAN과 GAN 기반 자동 데이터 확장GAN Based Automatic Data Augmentation에 대해서 살펴보도록 하겠습니다.

GAN이 가장 화려하게 활약하는 응용 분야 중 하나는 이미지 생성 분야를 들 수 있습니다. 구조와 스타일을 조합해서 진짜 같은 가짜 이미지를 생성하는 것이죠. 이미지 생성에는 스케치에 채색하는 것(**그림 6-27**)도 있습니다. 아무 무늬도 없는 말에 무늬를 채색해 얼룩말 이미지를 만드는 것도 가능하죠. 진짜와 가짜를 구분할 수 없을 정도로 정교하게 채색이 가능합니다.

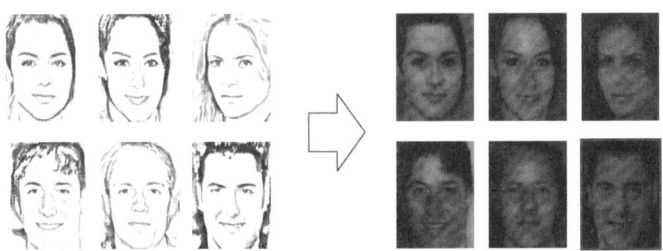

그림 6-27 스케치 이미지에 채색한 결과 (출처: arXiv:1909.11081v2)

GAN을 응용하는 분야 중 재미있는 것은 문장을 이미지로 변환시키는 것도 있으며, 사람의 얼굴을 인식한 후 그 사람의 얼굴이 세월이 지나면 어떻게 변화하는지 예측하여 이미지를 생성하는 기술도 있습니다. 주제나 키워드를 입력해 시나 소설을 창작하기도 하며, 장르에 따라 음악을 만들어 내는 것도 가능합니다.

GAN의 응용 분야는 앞으로 발전 가능성이 클 것으로 기대가 되고 있습니다. 'The GAN Zoo (awesomeopensource.com/project/hindupuravinash/the-gan-zoo)' 사이트를 방문해 보면 GAN을 이용한 수많은 모델의 수에 놀랄 것입니다.

DCGAN

DCGANDeep Convolutional GAN이 발표됐을 당시 수많은 사람이 열광했습니다. DCGAN이 생성하는 진짜 같은 이미지에 흥분하고 지금까지 수없이 시도했지만 성공하지 못했던 CNN과 GAN의 융합이 이뤄졌다는 사실에 열광했죠. 대체 DCGAN이 어떻게 이런 것들을 이뤄냈는지 구조를 하나하나 살펴보겠습니다.

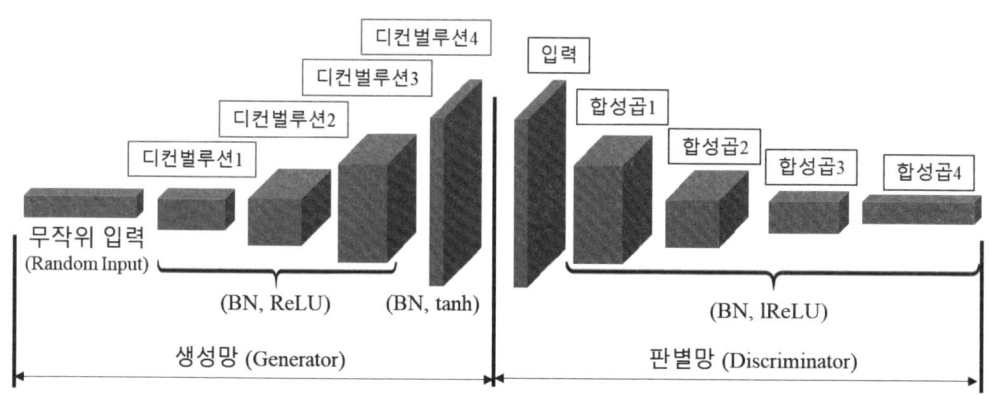

그림 6-28 DCGAN의 구조

DCGAN을 만들기 위해 GAN과 CNN을 병합하는 것은 쉬운 일이 아니었습니다. 단순히 병합하는 것만이 아니라 최적의 조합을 찾기 위해 다양한 실험과 수많은 실패가 있었죠. 어렵게 찾아낸 이 최적의 조합은 다음과 같이 5가지를 들 수 있습니다.

1. 맥스 풀링 층을 사용하지 않고 디컨벌루션 연산을 통해 특징 맵의 크기 조절
2. 배치 정규화(BN) 적용
3. CNN의 완전 연결 신경망 제거
4. 생성망 출력단의 활성화 함수로 탄 함수를 사용하고 나머지 층은 ReLU 함수를 사용
5. 판별망은 LeakyReLU 활성화 함수 사용

생성망은 무작위 입력Random Input으로 받아들여 판별망에서 사용할 수 있는 크기의 데이터(또는 이미지)를 생성해야 합니다. 단, 작은 사이즈의 데이터를 원래 크기의 데이터로 변환해야 합니다. **그림 6-28**에서 보는 것처럼 생성망은 디컨벌루션 연산Deconvolution Operation을 통해 데이터를 원래 크기로 확장시킵니다. 이 과정을 **그림 6-29**에서 설명하고 있습니다.

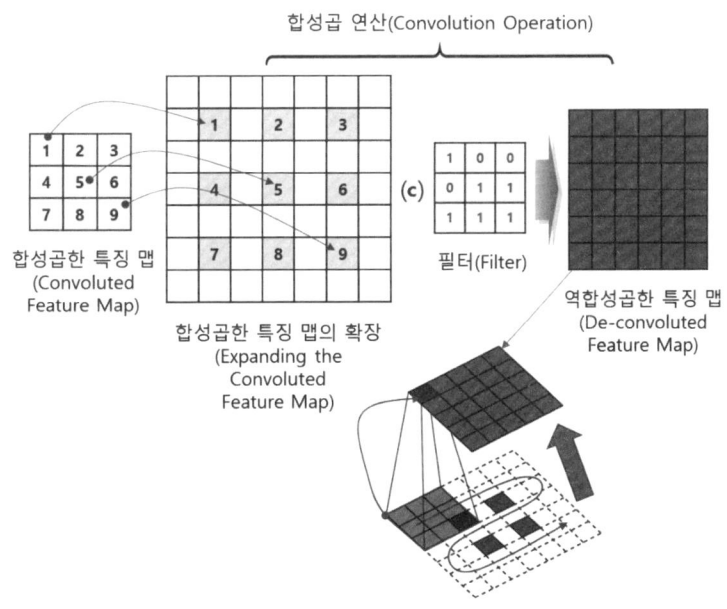

그림 6-29 디컨벌루션 연산

합성곱한 특징 맵Convoluted Feature Map을 먼저 확장시킨 후 CNN에서 적용한 합성곱 연산 Convolution Operation과 동일한 방법으로 연산함으로써 판별망에서 사용하는 입력 데이터를 생성합니다.

앞에서 설명한 디컨벌루션 연산은 압축된 데이터를 업 샘플링함으로써 복원하는 과정임을 알 수 있습니다. 이것을 행렬 형태로 연산을 바꾸어 보겠습니다. **그림 6-29**에서 본 연산이 **그림 6-30**과 같은 행렬 연산으로도 설명됨을 알 수 있습니다.

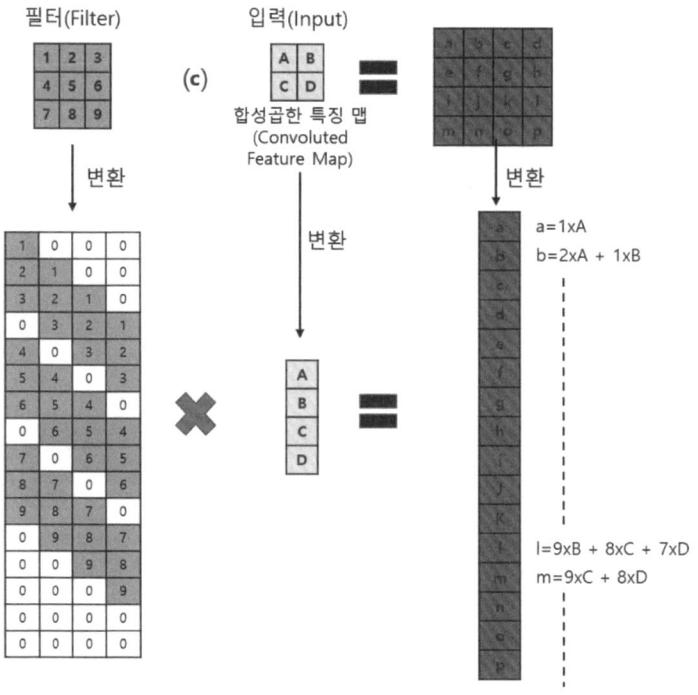

그림 6-30 디컨벌루션 연산의 또 다른 방법

지금까지 간단하게 DCGAN의 구조에 대해 알아보았습니다. 그럼 DCGAN을 통해서 이미지 처리를 했을 때 어떠한 결과가 나왔기에 많은 사람이 그토록 열광했을까요?

예를 들어 '안경 쓴 남자'에서 '안경 쓰지 않은 남자'를 뺀 후 '여자'를 더하는 연산을 하면 산술적으로 '안경'과 '여자'가 남습니다. 그렇다면 다시 '안경'과 '여자'를 더하면 어떻게 될까요? 바로 '안경 쓴 여자'가 결과로 나오겠죠. DCGAN이 컴퓨터로 하여금 이러한 연산을 가능하도록 했죠.

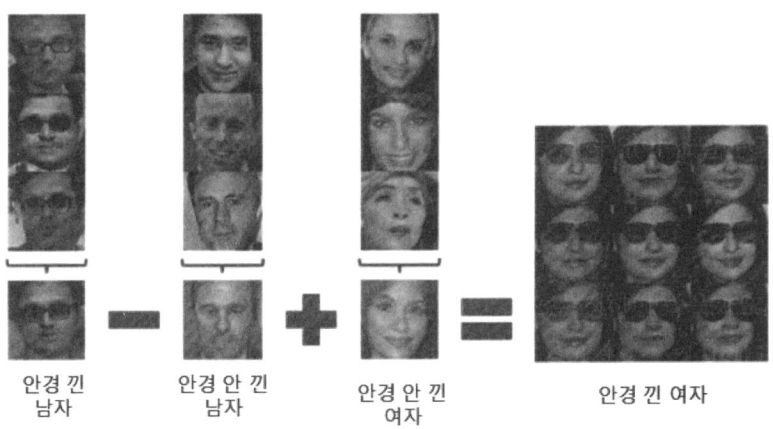

그림 6-31 입력 공간에서 적용한 4칙 연산 (출처 : https://arxiv.org/pdf/1511.06434.pdf)

또 다른 예로 다음 그림은 이미지를 자연스럽게 서서히 바꾸는 과정입니다. 왼쪽을 보고 있는 얼굴 벡터와 오른쪽을 보고 있는 얼굴 벡터에 보간법Interpolation을 적용하면 얼굴 방향이 왼쪽에서 오른쪽으로 서서히 바뀌는 것을 알 수 있습니다. 이러한 작업도 할 수 있다는 것은 놀라운 일이 아닐 수 없습니다.

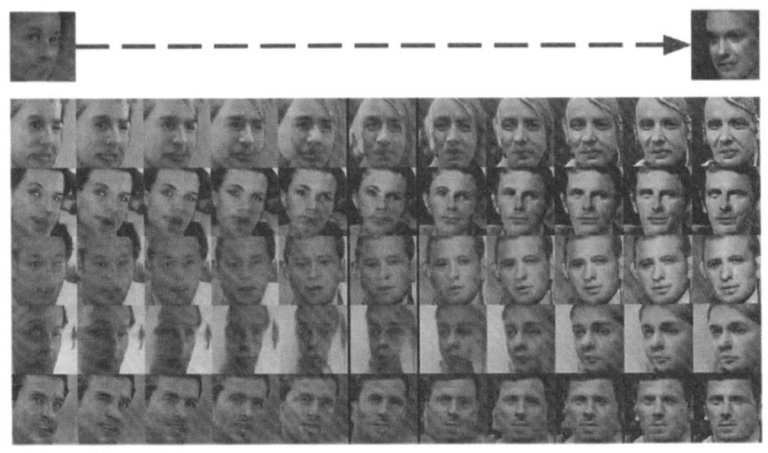

그림 6-32 두 얼굴 벡터의 보간법

지금까지는 시작에 불과합니다. DCGAN 등장 이후 GAN에 대한 새로운 모델들이 쏟아지면서 응용 분야가 무한히 확장되고 큰 잠재력을 보이기 시작했기 때문이죠. 또 다른 예로 2017년 발표된 GAN의 또 다른 모델, 창작성 적대적 신경망CAN, Creative Adversarial Nets 딥러닝 모델이 그린 그림을 보겠습니다.

그림 6-33 창작성 적대적 신경망(CAN)이 그린 그림

CAN이 학습을 하고 그림을 그리는 과정을 블록 다이어그램으로 나타내면 **그림 6-34**와 같습니다.

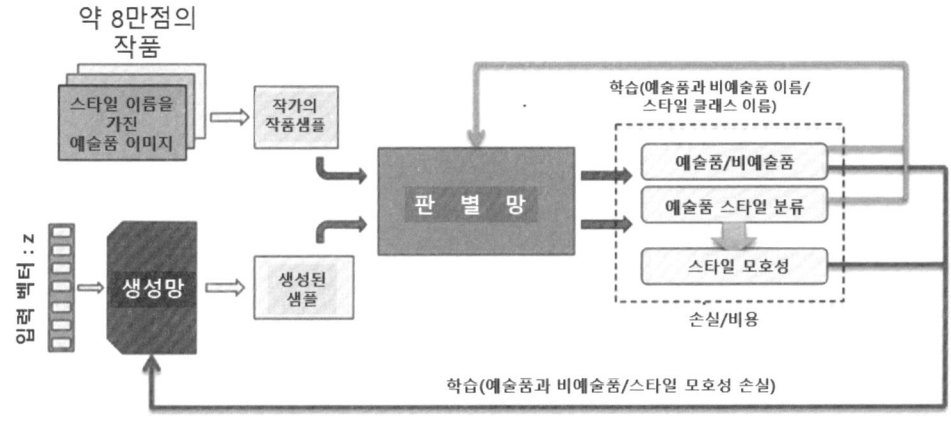

그림 6-34 CAN의 이미지 생성 과정 블록 다이어그램

실제로 CAN이 그린 그림이 사람이 그린 그림인지 아닌지 판단해달라는 한 설문조사에서는 응답자 중 85%가 사람이 그린 그림이라고 응답했습니다. 그렇다면 DCGAN이 기존 화가의 스타일과 화풍을 학습하여 사람은 구별할 수 없을 정도의 정교한 그림을 그릴 수 있다면 이 능력을 또 다른 목적으로 사용할 수 있지 않을까요? 가령 ImageNet이나 CIFAR, MNIST 등의 데이터베이스에 저장된 데이터를 사용하지 않고, 나만의 데이터를 가지고 딥러닝 학습을 실행한다면 어떻게 될까요?

앞서 **Chapter 4. 데이터 전처리 과정 이해하기**에서 우리는 데이터를 수집하는 데 많은 시간과 노력이 필요하다는 것을 알게 되었습니다. 그저 단순히 데이터를 수집하기만 하는 것이 아니라 데이터의 품질도 무척 중요하기 때문이죠. 그래서 **데이터 확장**이라는 기법에 대해서도 배웠습니다. 이 데이터 확장이라는 복잡한 과정을 GAN이 수행하게 한다면 어떨까요? 자, 그럼 GAN 기반 데이터 확장 기법에 대해서 알아보도록 하겠습니다.

GAN 기반 데이터 확장

딥러닝을 학습시키는 데 필요한 데이터는 가능한 한 다양하고도 많이 확보하는 것이 좋습니다. 하지만 늘 많은 데이터를 확보할 수 있는 건 아니죠. 때로는 데이터 확보에 드는 노력과 시간을 줄이기 위해 이미 확보한 데이터를 바탕으로 데이터를 변환/확장시키는 경우도 있습니다. 이 작업이 바로 **데이터 확장**입니다.

앞서 한번 들었던 예로, 딥러닝을 사용한 이미지 분류 예를 다시 들어 보겠습니다. 분류를 위해 확보해야 할 클래스별 학습용 이미지는 보통 500~1,000개 정도입니다. 물론 적은 개수로도 뚜렷한 특징들이 보인다면 이 수는 적을 수도 있습니다. 하지만 클래스당 500개 이상의 이미지를 수집한다고 가정한다면 그리 쉬운 문제가 아니라는 것을 알 수 있을 것입니다.

만약 생산 설비로부터 데이터를 수집한다면 딥러닝 학습에 필요한 데이터를 수집하는 데 데이터의 종류에 따라 일반적으로 6개월 정도 소요됩니다. 경우에 따라 더 오래 걸릴 수도 있습니다. 6개월이라는 기간 내에 결함이 발생하지 않을 수도 있고 발생 빈도가 낮을 수도 있기 때문입니다. 이것이 데이터 확장이라는 기법이 필요한 이유 중 하나입니다. 물론 데이터 확장을 위한 소프트웨어 툴도 있지만, 단순한 데이터 변환에 그치기 때문에 이 또한 한계가 있습니다.

이러한 문제를 해결하기 위해 최근에 많은 연구자가 **GAN 기반 데이터 확장**GAN Based Data Augmentation에 대한 연구 결과를 발표하고 있습니다. 앞으로 다양한 분야에서 적용될 것으로 기대되는 GAN 기반 데이터 확장에 대해서 알아보겠습니다.

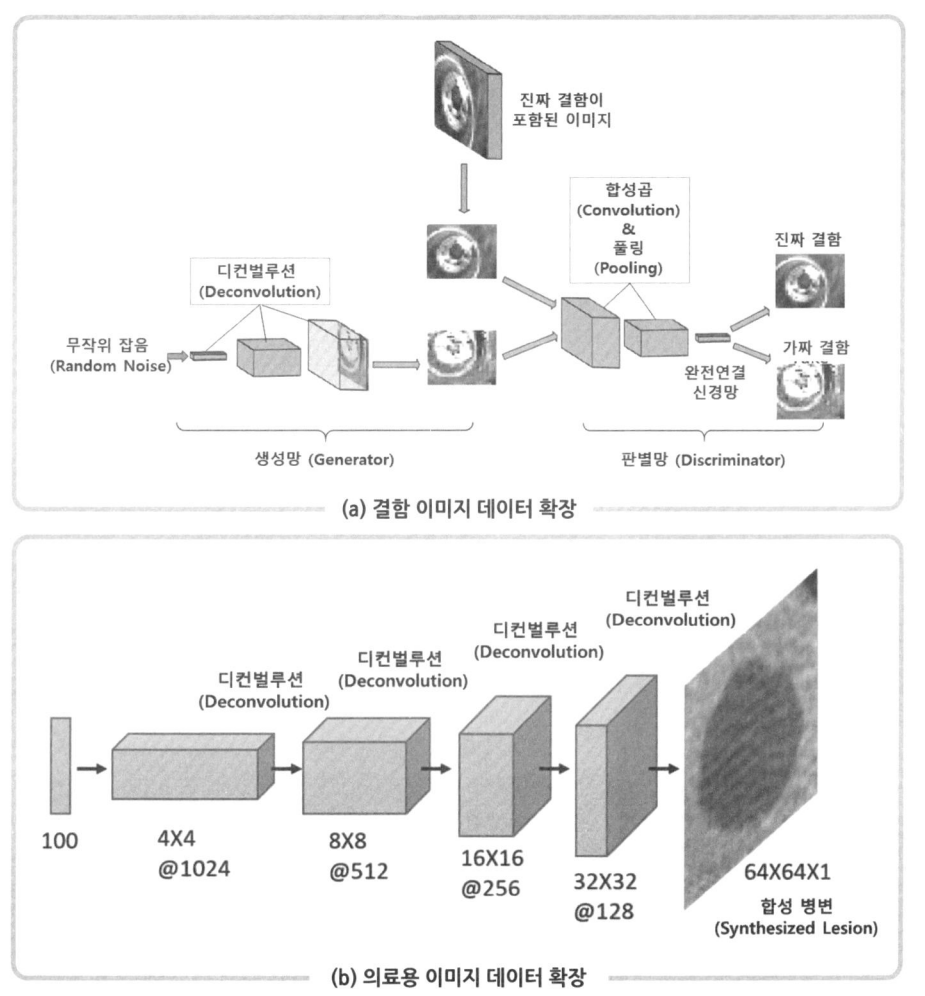

그림 6-35 데이터 확장 딥러닝 모델 (출처 : GAN-based Data Augmentation for Improved Liver Lesion Classification, Maayan Frid-Adar외 3명)

Chapter 4. 데이터 전처리 과정 이해하기에서 설명한 일반적인 데이터 확장법과 DCGAN을 이용한 데이터 확장과는 많은 차이가 있음을 연구자들의 연구를 통해서 분명하게 밝혀지고 있습니다. 예를 들어 의료용 이미지의 경우 2가지 데이터 확장을 통해 딥러닝 학습용 데이터를 확보하였습니다. 간 병변Liver Leision에 대한 CT 이미지로부터 딥러닝 분류 모델을 학습한 후 일반적인 데이터 확장법과 GAN 기반 데이터 확장법의 분류 성능을 비교하였습니다. 그 결과 DCGAN 기반 데이터 확장법을 통해 학습한 CNN 분류 모델이 약 4% 정도 분류 효율이 높았습니다.

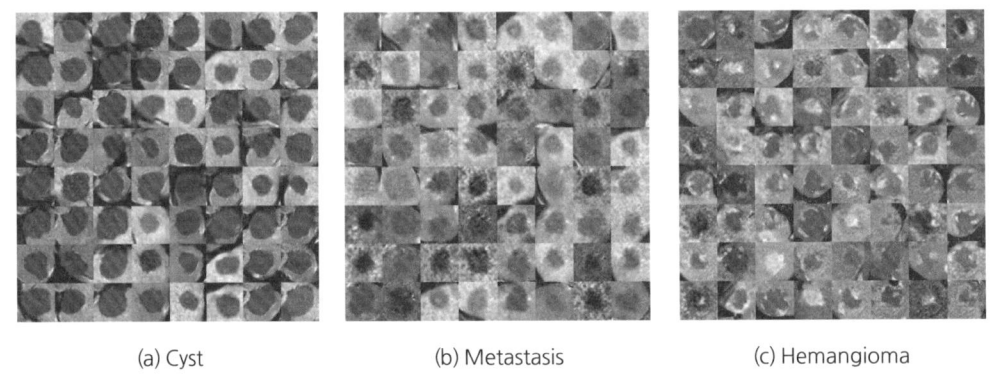

(a) Cyst   (b) Metastasis   (c) Hemangioma

그림 6-36 DCGAN 기반 데이터 확장된 간 병변 인공 이미지 (출처 : arxiv:1803.01229v1)

또 다른 예로, **그림 6-37**을 보면 철강사의 표면 검사 시스템에서 실제로 DCGAN 기반으로 만든 진짜 같은 가짜 결함 이미지를 진짜라고 여기는 것을 볼 수 있습니다.

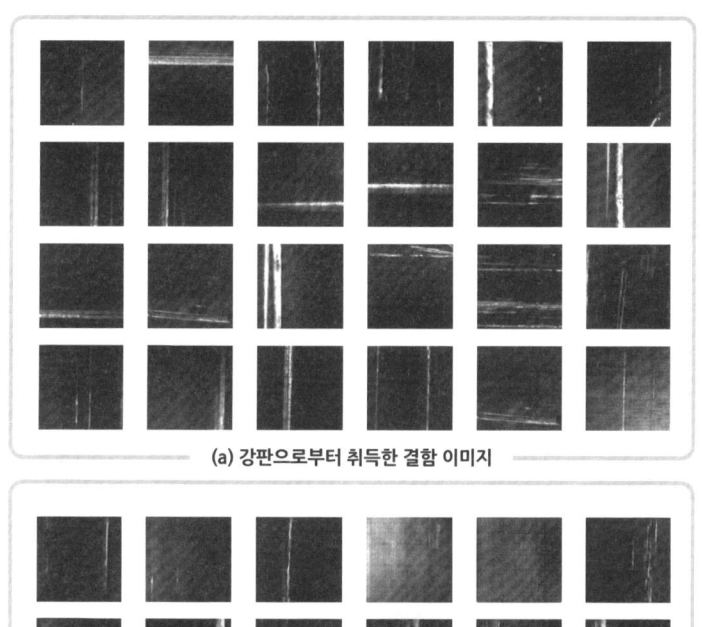

(a) 강판으로부터 취득한 결함 이미지

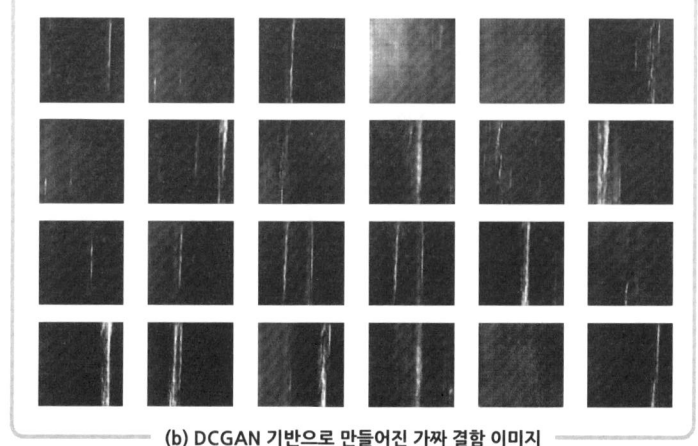

(b) DCGAN 기반으로 만들어진 가짜 결함 이미지

그림 6-37 DCGAN 기반 데이터 확장 성능 (출처 : NEU surface defect database)

이처럼 CNN을 이용해서 결함을 분류하면 분류율 향상뿐만 아니라 데이터 수집에 드는 시간과 노력을 획기적으로 줄일 수 있습니다.

DCGAN 기반 데이터 확장 방법은 CT 이미지뿐만 아니라 다른 의료용 데이터인 X-ray, MRI를 비롯해 다른 응용 분야에서도 확대 적용이 가능할 것으로 기대됩니다.

GAN 기반 이미지 변환

일상생활에 적용할 수 있는 GAN을 이용한 재미있는 이미지 변환에 대해서 알아보겠습니다. 이미지 변환에는 여러 가지가 있지만, 그중에서 **스타일 전이** Style Transfer와 **이미지 심도 변환** Transformation of the Depth of Image Field에 대해 살펴보죠.

그림 6-38 GAN 기반 이미지 전이한 이미지 샘플 (출처 : https://github.com/junyanz/CycleGAN)

그림 6-38은 GAN을 기반으로 이미지 전이가 이루어진 샘플 이미지들입니다. GAN 기반 이미지 전이 모델이 배경이나 색상의 미묘한 변화를 원본 이미지에 전이시킴으로써 전혀 다른 느낌의 이미지를 생성해냄을 알 수 있습니다.

이것은 앞에서도 설명했지만, 앞으로 디자인 영역에서 많이 응용될 여지가 큽니다. 예를 들면, 의류, 핸드백, 구두나 액세서리 등 나만의 디자인을 직접 만들어서 주문하는 형태의 시스템을 생각한다면 바로 GAN 기반 이미지 전이가 그 핵심이 될 것입니다. 마음에 드는 핸드백 스타일을 모델에 입력해서 모양이나 색상 그리고 스타일을 순식간에 만들어 주문하는 식이죠.

그림 6-39 GAN 기반의 이미지 심도 변환된 이미지의 샘플 (출처 : https://github.com/junyanz/CycleGAN)

그림 6-39는 GAN 기반 이미지 심도 변환 모델을 통해서 원본 이미지의 심도가 변환되어 새롭게 생성된 이미지 샘플입니다. 이것은 반대 경우도 가능합니다. 배경이 흐릿한 이미지를 선명하게 생성하는 것이죠. 즉, GAN을 이용해 해상도가 낮은 이미지를 높은 해상도로 변환시킬 수 있음을 뜻합니다.

이 기능을 활용한다면 6, 70년대의 저해상도 사진이나 영상을 고해상도로 변환시킬 수 있을 뿐만 아니라 이미지 변이를 통해서 색상을 입히는 채색 작업도 가능합니다. 이 뿐만이 아닙니다. 의료용 이미지에도 GAN 기반 이미지 심도 변환 모델을 사용해 CT나 MRI에 비해 해상도가 상대적으로 낮은 X-ray 이미지를 고해상도로 변환시킨다면 질병 진단에 획기적인 변화를 가져올 수도 있죠.

이제까지 딥러닝 모델 중 가장 기본이 되는 CNN과 GAN에 대해서 살펴보았습니다. 그리고 CNN과 GAN이 융합된 DCGAN에 대해서도 배웠습니다. CNN과 GAN은 우리의 일상 생활을 획기적으로 바꿔줄 수 있는 또 다른 딥러닝 모델의 기본이죠.

예를 들면, 이미지뿐만 아니라 음성이나 문장 등을 입력해서 학습하고 결과를 추론하는 다양식 딥러닝이 그것입니다. 이미지 하나만을 사용해서 학습한 결과보다는 더 좋은 결과를 추론해낼 수 있기 때문에 최근에 각광받고 있는 딥러닝 모델 중 하나입니다.

또 다른 예로는 노드와 노드가 연결된 그래프 형태의 데이터가 있습니다. 분자 모델Molecule Model이나 도시의 신호등을 연결한 교통 신호 체계 등 많은 것이 이러한 그래프 형태의 데이터를 형성하고 있습니다. 이러한 것을 효과적으로 학습하고 결과를 추론하는 것으로 그래프 딥러닝 모델Graph Deep Learning Model이 있습니다. 신약 개발이나 지능형 도시 신호 제어 등 그래프 딥러닝 모델을 응용하는 분야도 최근 점점 많아지고 있습니다.

이외에도 수많은 딥러닝 모델이 있습니다. VAEVariational Autoencoder, RNNRecurrent Neural Networks, 순환신경회로망, 강화학습Reinforcement Learning, GNNGraph Neural Networks 등 다양한 모델이 있습니다. 각 딥러닝 모델에 대한 자세한 것은 앞으로 시리즈로 출간할 예정입니다.

Chapter 07 딥러닝 모델 가속화

지금까지 우리는 딥러닝에 대해서 배웠습니다. 딥러닝 모델은 컴퓨터 비전Computer Vision, 자연어 처리Natural Language Processing 등과 같은 다양한 분야에 적용됩니다.

Chapter 5에서 딥 신경회로망인 딥러닝은 다층 신경회로망의 기본 구조에서 층 수와 각 층의 뉴런 수를 확장한 것임을 배웠습니다. 즉, 은닉층의 수를 2개 이상 깊게 그리고 각 층의 뉴런 수를 더 많이 확장한 신경회로망인 셈이죠.

문제는 딥러닝 모델은 매우 깊은 층 구조와 수백 메가 바이트(MB)가 넘는 수의 파라미터를 가지고 있어서 학습할 때뿐만 아니라 실제 서비스에 적용할 때도 많은 연산이 필요하다는 것입니다. 이 때문에 실시간 처리가 필요한 응용이나 모바일 기기와 같이 자원이 제한될 때는 처리 속도 문제로 원하는 결과를 얻지 못할 수도 있습니다.

예를 들면, 롤투롤Roll to Roll 공정 중 속도가 분당 1,000m에(또는 17 meters/sec)에 이를 정도로 매우 빠른 처리 공정에 딥러닝 이미지 분류 모델을 적용해 제품의 표면 결함을 검출하고 결함의 종류를 분류한다고 가정해 보겠습니다. 이때 딥러닝 모델이 받는 이미지는 초당 40프레임이고 최소 5개의 결함이 있다고 가정한다면 초당 200개의 결함을 실시간으로 검출하고 분류해야 합니다. 물론 GPU와 같이 고성능 컴퓨터 하드웨어를 여러 개 사용한다면 가능한 일입니다. 하지만 실제 산업 현장에서는 투자비도 원가 상승의 요인이 되기 때문에 값비싼 고성능 컴퓨터 하드웨어를 추가하는 것은 해결책이 아닐 수도 있습니다.

그렇기 때문에 적은 연산으로 딥러닝 인퍼런스 모델Inference Model이 실시간으로 결과를 계산해야 합니다. 학습한 딥러닝 모델의 정확도를 유지하면서 딥러닝 모델의 구조를 바꾸거나 연산을 가볍게 함으로써 딥러닝 모델 처리 속도 가속화가 필요하죠.

따라서 Chapter 7에서는 성능은 유지하되 빠른 속도로 결과를 도출할 수 있도록 딥러닝 모델이 수행해야 할 연산을 줄이는 방법을 알아보겠습니다. 딥러닝 모델 가속화에는 크게 두 가지 기법이 있습니다. 하드웨어 기법과 소프트웨어 기법이죠. 그중에서도 우리는 소프트웨어 기법을 위주로 살펴보겠습니다.

7.1 딥러닝 모델 압축

딥러닝 모델의 성능을 높이기 위해서는 수많은 가중치와 뉴런이 필요합니다. 하지만 이로 인해 엄청난 규모의 연산량과 메모리가 필요하죠. 일반적으로 한 번 학습된 딥러닝 모델의 구조는 학습이 끝난 후에도 그대로 유지됩니다.

더군다나 수많은 가중치와 뉴런을 가지고 있는 딥러닝 모델은 학습 과정에서 과적합의 원인이 됩니다(**Chapter 5. 딥러닝 기본기 다지기** 참고). 그래서 학습 과정뿐만 아니라 인퍼런스 모델 적용 시 효과적으로 연산 수를 줄이되 성능은 유지되도록 가중치와 뉴런의 수를 최소화하는 것이 필요합니다. 이것을 **딥러닝 모델 압축**이라고 부릅니다. 여기에 사용되는 기법으로는 딥러닝 모델의 가지치기Pruning, 가중치 공유Weight Sharing 그리고 양자화Quantization 등이 있습니다. 각 기법에 대해 하나씩 알아보겠습니다.

가지치기

학습된 딥러닝 모델의 가중치와 뉴런을 제거함으로써 딥러닝 모델의 구조를 바꾸는 것을 **가지치기**라고 합니다. 가지치기는 말 그대로 불필요하거나 덜 중요한 가중치나 뉴런은 제거하고 꼭 필요한 것만 남겨 둠으로써 학습된 딥러닝 모델의 구조를 변경하는 것입니다. 그러면서도 딥러닝 모델의 성능은 유지해야 하죠. 그런 점에서 가지치기는 드롭아웃과 비슷한 개념으로 이해할 수 있습니다.

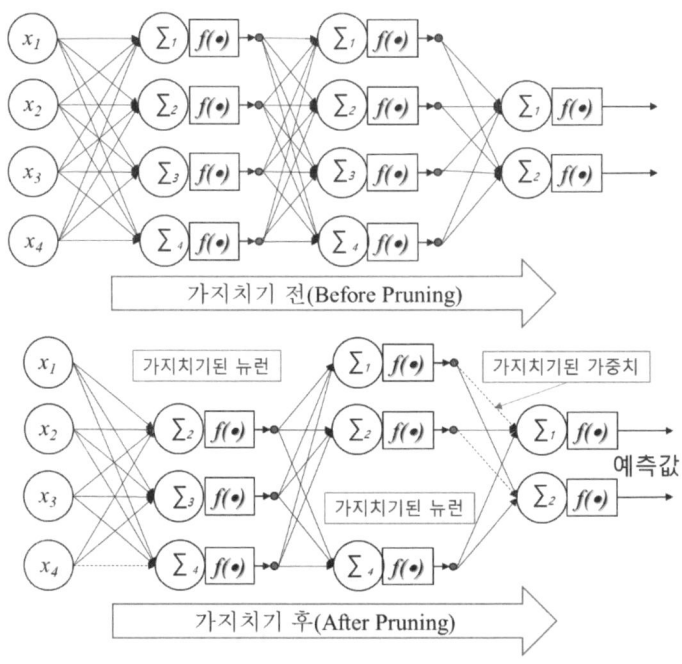

그림 7-1 딥러닝 신경회로망의 가지치기 개념

그림 7-1에서 보는 것처럼 가지치기 전의 딥러닝 모델은 완전 연결된 **조밀한 연결 구조**Densely Connected입니다. 반면 가지치기 후의 딥러닝 모델은 **듬성한 연결 구조**Sparsely Connected죠. 즉, 성능은 가능한 한 유지한 상태에서 조밀한 연결 구조를 띤 딥러닝 모델을 듬성한 연결 구조로 변경합니다.

가지치기된 딥러닝 모델은 듬성한 연결 구조가 되어 연산 속도가 높고 에너지 소모가 적습니다. 그리고 적은 용량의 메모리로 연산을 할 수 있으며 모바일 기기에서는 전송 속도도 빨라지죠.

가지치기는 초기 학습을 한 딥러닝 모델의 가중치가 기준값 이하가 되면 그 가중치나 뉴런을 제거하는 방식으로 진행됩니다. 이렇게 가지치기를 한 딥러닝 모델은 듬성한 연결 구조를 띠고 남아 있는 가중치와 뉴런은 제거된 것들의 몫까지 함으로써 성능 저하가 없어야 합니다. 이것이 가지치기의 핵심 요소입니다.

이 과정은 몇 번이고 반복할 수 있습니다. 반복하면 할수록 복잡도가 낮아진 '더 듬성한 연결 구조'가 되죠. 실제로 ImageNet 데이터 세트를 사용한 AlexNet의 경우 가지치기로 인해 초기 가중치 수가 6천 백만 개에서 9배나 줄어든 6백 7십만 개가 되고도 초기 성능은 거의 변하지 않았습니다. VGG-16 모델 역시 가지치기로 무려 13배나 적은 가중치 수를 가진 듬성한 연결 구조의 모델이 되고도 성능을 유지했죠. 그럼 좀 더 구체적으로 성능 저하 없이 딥러닝 모델을 가지치기하는 방법을 살펴보겠습니다.

일반적으로 가지치기는 다음과 같은 3단계를 거칩니다.

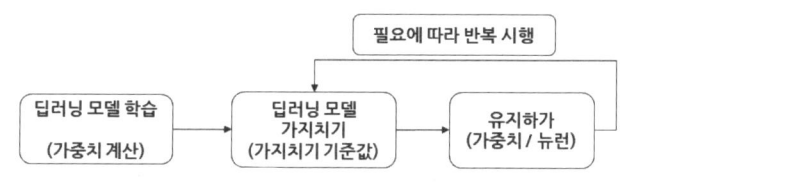

그림 7-2 딥러닝 신경회로망의 가지치기 개념 (출처: Song Han, September 2017)

1단계 딥러닝 모델 학습

일반적인 딥러닝 모델 학습 과정과 동일합니다. 차이점은 일반적인 학습과 달리 가지치기 목적의 딥러닝 모델 학습은 최적의 가중치를 찾는 것이 아니라 어떤 가중치가 중요한지를 파악한다는 것입니다.

어떤 가중치가 중요한지를 파악하기 위해 가중치의 절댓값과 기준값이라는 단순한 방법을 사용합니다. 만약 가중치의 절댓값이 기준값보다 크다면 그 가중치는 중요한 것으로 간주하는 식이죠.

2단계 딥러닝 모델 가지치기

가중치의 절댓값이 기준값보다 작을 때 그 가중치를 제거하는 가지치기를 수행합니다. 가중치를 제거한다는 것은 뉴런 간의 연결을 제거한다는 것을 의미합니다. 그렇게 되면 앞서 언급한 것처럼 딥러닝 모델의 성능 저하 없이 조밀한 연결 구조에서 듬성한 연결 구조로 탈바꿈할 수 있습니다(**그림 7-1** 참조).

그렇다면 기준값은 어떤 값으로 정하면 좋을까요? 기준값은 하이퍼 파라미터Hyperparameter로서 성능과 압축비 등에 따라 경험적으로 결정합니다. 2단계는 응용 분야에 따라 많은 시간과 노력이 필요합니다. 이 단계를 좀 더 간편하게 할 수 있는 방법이 **이중화 모드**Dual Mode입니다.

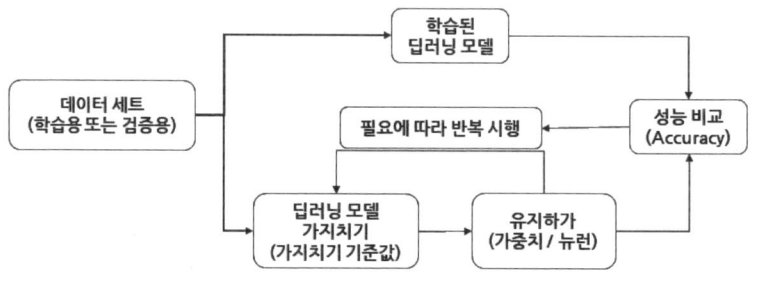

그림 7-3 딥러닝 모델 가지치기 이중화 모드 흐름도

이중화 모드란, 검증용 데이터 세트를 이용해 '가지치기를 하지 않은 학습된 딥러닝 모델'과 '가지치기를 한 딥러닝 모델'의 예측값을 비교하면서 추가로 가지치기를 진행하는 것입니다.

이중화 모드를 통해 두 모델의 성능을 비교하면서 중요하지 않은 가중치는 0으로, 중요한 가중치는 1로 마스킹한 마스크 벡터를 구합니다. 그리고 마스크 벡터와 가중치 벡터의 내적을 다음 식과 같이 계산합니다.

$$Mask = 1(|W| > threshold)$$
$$W = W.Mask;$$

이 식을 이용한 계산 결과 중요하지 않은 가중치는 0으로 설정해 가지치기가 이뤄집니다. 이렇게 이중화 모드를 이용하면 가지치기 과정에서 딥러닝 모델의 성능을 알 수 있기 때문에 시간과 노력을 절약할 수 있습니다.

3단계 성능 유지하기

가장 중요한 단계입니다. 앞의 두 단계를 거쳐 가지치기가 된 딥러닝 모델을 **그림 7-3**과 같이 이중화 모드에서 학습 데이터를 가지고 추가적으로 학습을 진행합니다. 이를 통해 듬성한 연결 구조를 가진 딥러닝 모델의 성능을 유지할 수 있습니다.

마지막 단계에서 가지치기가 되지 않은 딥러닝 모델의 가중치 수인 nODL에 대해 가지치기한 딥러닝 모델의 가중치 수인 nPDL의 비인 (nPDL×100)/nODL을 압축비Compression Ratio 라고 합니다. 이 압축비는 단순한 가지치기에만 해당합니다. 가중치 공유나 양자화 기법을 사용할 땐 다른 계산법이 필요합니다.

가지치기한 딥러닝 모델의 성능은 유지하되 원하는 압축비를 얻으려면 1단계와 2단계를 반복합니다. 딥러닝 모델의 경량화와 가속화를 위해 가지치기가 완료된 딥러닝 모델에 가중치 공유라는 기법을 적용하면 또 한번 압축할 수 있죠.

가중치 공유

가중치 공유Weights Sharing는 가지치기와 함께 추가로 압축이 가능한 딥러닝 모델 기법입니다. 가지치기 기법으로 압축비를 높이고 비슷한 값을 가지고 있는 가중치를 근사화한 후 함께 공유하는 방법이죠.

일반적으로 딥러닝 모델은 내부 변수인 가중치가 어느 정도 변할지라도 예측값은 변하지 않는 강인한 시스템입니다. 그래서 비슷한 값을 가지고 있는 가중치를 근사화해도 딥러닝 모델의 예측값은 차이가 나지 않습니다. 하지만 딥러닝 모델의 처리 속도를 높이고 메모리 용량도 줄일 수 있다는 장점을 가지고 있습니다.

조금 더 수월한 이해를 돕기 위해 그림을 통해 가중치 공유 방법을 살펴보겠습니다. 다음 **그림 7-4**는 입력층과 출력층에 각각 4개의 뉴런을 가지고 있는 간단한 신경회로망입니다.

이 신경회로망의 가중치 벡터는 4 × 4 행렬입니다. 그리고 가중치 벡터와 더불어 기울기 벡터도 4 × 4 행렬입니다. 가중치 벡터에서 비슷한 값을 가진 가중치들끼리 군집화합니다. 예를 들면, 연한 회색으로 군집화된 가중치는 각각 −0.98, −1.08, −0.91, −1.03입니다. 이 4개의 가중치 평균을 구하면 −1.0이 되고 이 값은 같은 색 가중치끼리 공유합니다. 다른 군집화 가중치 집단도 마찬가지입니다. 비슷한 값을 가진 가중치끼리 군집화된 가중치의 평균을 공유하는 식이죠.

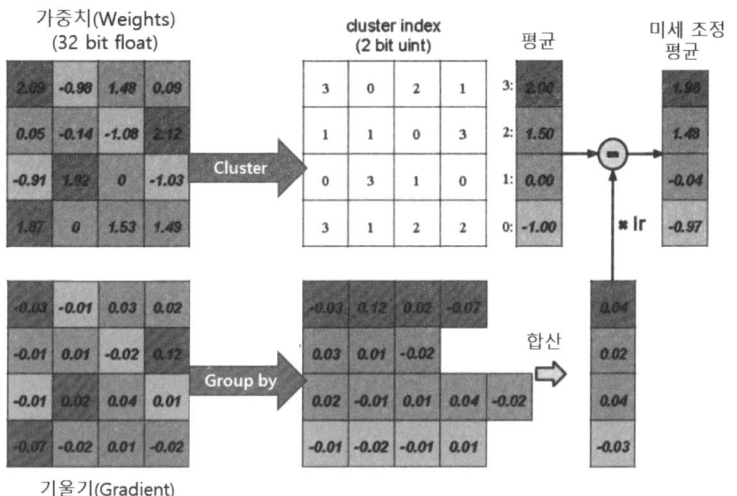

그림 7-4 딥러닝 모델 가중치 공유 계산 (출처: Song Han 외 2명, ICLR 2016)

가중치 군집화 방법은 여러 가지가 있지만(분할 방법, 계층적 군집화, 퍼지 군집화, 밀도 기반 군집화, 모델 기반 군집화 등) 그중 가장 간단한 방법으로 접근해 보겠습니다. 가중치 벡터를 그래프로 표현하면 비슷한 값을 가진 그룹을 발견할 수 있습니다.

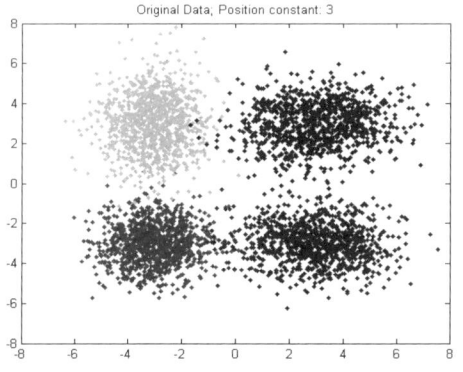

그림 7-5 가중치 벡터 군집화의 예

가중치 군집화 방법은 이렇습니다. 먼저 동일한 가중치는 코드북codebook에 인덱스Index만 저장합니다. 인덱스는 아주 작은 비트로도 표현할 수 있죠. **그림 7-4**와 **그림 7-5**에서 4가지 색깔의 가중치 군집이 있기 때문에 32나 64비트가 아닌 2비트만으로 가중치를 표현할 수 있습니다. 그리고 코드북이 차지하는 메모리 공간은 매우 작기 때문에 딥러닝 모델 경량화와 가속화가 가능합니다.

군집화된 각 가중치는 평균값으로 가중치를 공유하게 되는데, 기울기를 통해 미세 조정을 합니다. 예를 들면, 파란색으로 군집화된 4개의 기울기를 더하면 0.04입니다. 이렇게 구한 값은 학습 계수를 곱해서 최종적으로 공유할 가중치를 미세 조정합니다.

실제로 가중치 공유 기법은 다음에 설명할 양자화 기법보다 압축 정도와 정확도 측면에서 뛰어나다는 것이 여러 실험을 통해서 검증된 바 있죠.

양자화

학습된 딥러닝 모델의 가중치는 32비트나 64비트 부동 소수점Floating Point을 가지고 있는 값입니다. 하지만 실질적으로 이만큼 정밀도가 높은 부동 소수점은 필요하지 않을 수 있습니다.

양자화Quantization는 가중치의 소수점 정밀도를 적절한 상태로 줄여서 연산 효율을 높이는 방법입니다. 예를 들면, 16비트나 8비트의 정밀도로 가중치의 소수점 정밀도를 사용해도 딥러닝 모델의 성능인 정확도는 저하하지 않는 경우가 있습니다. 또 소프트웨어 기능(함수) 간, 기기 간 데이터 전달 속도도 높일 수 있습니다. 앞서 설명한 이중화 모드로 과감하게 더 낮은 비트(4비트, 2비트 등)를 사용해 최적의 양자화 결과를 얻을 수 있습니다.

양자화를 확장한 개념으로 가중치를 0과 1 중의 하나로 설정하는 이진화Binarization 기법도 있습니다. 이 기법은 딥러닝 모델의 정확도 손실을 어느 정도 감수하면서 저장 공간을 획기적으로 줄이거나 데이터 전달 속도를 높인다는 장점이 있습니다.

이처럼 가지치기와 양자화를 이용하면 연산량이 줄어들어 실시간 처리가 필요한 응용이나 경량형 딥러닝 모델이 필요한 모바일 응용Mobile Applications 등에 적용할 수 있습니다. 그럼 다음으로 딥러닝 모델을 가속화할 수 있는 낮은 차수 행렬 분해에 대해 알아보겠습니다

7.2 낮은 차수 행렬 분해

합성곱 신경망Convolutional Neural Networks은 딥러닝 모델 중 가장 활발하게 사용하는 신경망으로, 합성곱 안에서 엄청난 양의 연산이 이루어집니다. 일반적인 합성곱 연산의 차원을 그림으로 표현하자면 다음과 같습니다.

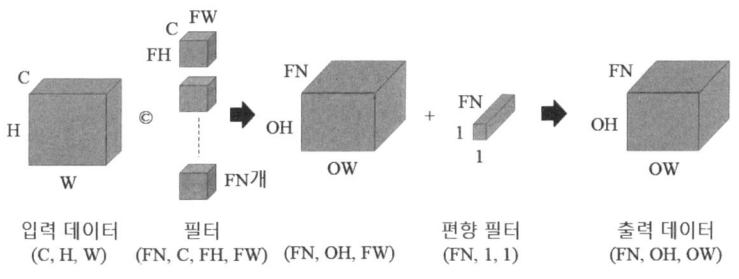

그림 7-6 합성곱 연산과 관련된 차원

그림 7-6은 필터의 수를 고려한 것으로, 4차원 데이터(출력 채널 수 FN, 입력 채널 수 C, 높이 FH, 너비 FW)와 3차원 필터 사이에 합성곱 연산이 이뤄지는 것을 보여 줍니다. 여기서 입력 크기는 H×W, 필터 크기는 FH×FW, 출력 크기는 OH×OW입니다.

합성곱 층을 간략하게 만들 수만 있다면, 합성곱 신경망의 연산 처리 속도를 높일 수 있습니다. 예를 들어, 합성곱 연산에서도 전체 합성곱 신경망인 CNN의 성능에 영향을 주지 않는 많은 수의 인자들이 있다고 가정해 볼까요. 이렇게 불필요한 인자들을 제거할 방법 중에서 행렬

곱 연산 시 차수를 줄여서 연산을 하는 행렬 분해를 들 수 있습니다. 행렬 분해는 Matrix Factorization이라고 하며 Tensor Decomposition이나 Tensor Factorization이라고도 부릅니다. 여기서 'Tensor'는 벡터와 행렬의 확장으로 볼 수 있기 때문입니다

또한 합성곱 신경망 구성(**그림 6-1** 참조) 중에서 완전 연결 신경망은 가중치 벡터가 2차원이기 때문에 차수를 줄여 합성곱 신경망의 연산 속도를 더 높일 수 있습니다.

행렬의 차수를 줄이는 방법 중에서는 $m \times n$ 행렬의 고유값과 고유 벡터를 이용해 분해하는 **고유값(특이값) 분해**Singular Value Decomposition가 가장 널리 사용됩니다. 특이값 분해와 고유값 분해는 약간의 차이가 있습니다. 고유값 분해가 $m \times n$ 정사각 행렬에서 적용되었다면, 특이값 분해는 정사각 행렬일 필요 없이 $m \times n$과 같이 임의의 행렬에도 적용할 수 있습니다. 즉, **특이값 분해는 고유값 분해의 일반화**라고 볼 수 있습니다. 특이값 분해를 통해 행렬을 분해하고 원래 행렬과 비슷한 성능을 보이는 작은 차수의 행렬을 사용합니다.

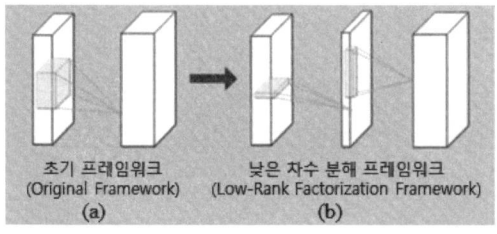

그림 7-7 낮은 차수 조정화 기법 (출처: Yu Cheng, and et al, IEEE Signal Proc. Mag., Jan. 2018)

그림7-7의 (a)는 초기 합성곱 층을 나타내며 (b)는 차수가 K인, 즉 낮은 차수의 제약 조건을 가지고 있는 합성곱 층을 나타냅니다. 하나의 합성곱 층에서 초기 합성곱 필터가 낮은 차수로 근사화하면 그 층의 계수를 고정시킵니다. 그리고 이 과정이 층별Layer by Layer로 이뤄집니다.

이 방법은 연산 속도는 4.5배 높아졌시만, 성능 저하는 1%에 그칠 정도로 탁월한 결과를 보였습니다.

7.3 지식 증류/전수

지식 증류Knowledge Distillation는 '조밀한 연결 구조'의 스승망Teacher Network이 먼저 학습한 지식을 실제 운용하는 '듬성한 연결 구조'의 제자망Student Network으로 전수하는 기법입니다.

예를 들어 학습 데이터 세트 D가 있을 때 규모가 큰 스승망 T가 먼저 학습합니다. 학습된 스승망 T보다 작은 규모의 제자망 S가 스승망 T를 통해 데이터 세트 D를 학습(**그림 7-8**)합니다. 이 과정을 증류Distillatio 또는 족집게 과외Pinpoint Tutoring라고 표현하기도 합니다.

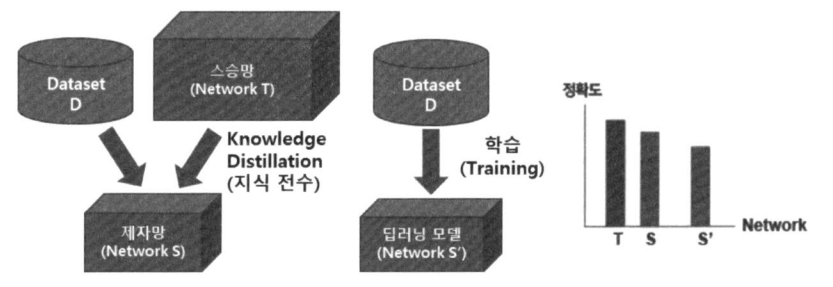

그림 7-8 학습 지식 전수와 일반 학습 비교 (출처: NIPS Jeffrey Hinton외 2명, 2014)

족집게 과외를 받은 제자망 S는 스승망 T 없이 데이터 세트 D를 직접 학습한 S'보다 더 높은 성능을 보인다고 보고된 바 있습니다. 즉, 스승망 T의 지식이 제자망 S로 전수될 때 핵심만 전수되었다고 하여 이를 가리켜 '지식 증류'라고 합니다.

물론 스승망 T와 제자망 S가 반드시 같은 딥러닝 모델을 사용할 필요는 없습니다(**그림 7-9**).

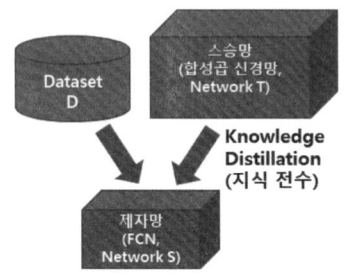

그림 7-9 서로 다른 모델 간 학습 지식 전수

앞서 **7.2 낮은 차수 행렬 분해**에서 합성곱 신경망은 합성곱 층과 완전 연결 신경망에서 엄청난 규모의 연산량이 필요함을 배웠습니다. 그래서 스승망 T는 합성곱 신경망 모델로 학습한 후 완전 연결 신경망으로 구성된 제자망 S에 지식을 전수하면 연산 속도가 빨라질 뿐만 아니라 메모리 용량도 줄일 수 있죠.

이렇게 지식을 전수받은 제자망 S는 양자화 기법이나 가지치기 기법을 추가 적용함으로써 모델을 가속화할 수 있습니다. 물론 이중화 모드 기법을 이용하면 시간과 노력을 줄일 수 있습니다.

7.4 딥러닝 모델 구조 자동 탐색

이제까지 소개한 딥러닝 모델 가속화 기법들은 경험과 노력에 의존하는 수동적 방법Heuristic Method입니다. 수동적 방법이 가지는 특징을 살리면서 자동으로 딥러닝 모델을 가속화할 수 있는 방법이 필요합니다. 이를 **경량 모델 자동 탐색**이라고도 하고 **모델 구조 자동 탐색**이라고도 합니다.

그중 AutoML_{Automated Machine Learning}은 딥러닝 모델을 만들기 위해 또 다른 딥러닝 모델을 이용해 딥러닝 모델의 전부 또는 일부를 자동화하는 기법입니다. AutoML은 정확도를 떨어뜨리지 않고 딥러닝 모델의 일부 또는 전부를 자동으로 구현하며 전문 지식이 없어도 손쉽게 설계를 하고 활용할 수 있도록 돕는 기술입니다. 다시 말해 수많은 연구자가 꿈꾸는 '누구나 딥러닝 모델을 설계하고 응용할 수 있는 기술'이죠.

AutoML은 크게 3가지로 분류할 수 있습니다. 자동 특징값 학습Automated Feature Learning, 하이퍼 파라미터 최적화Hyperparameter Optimization, 딥러닝 모델 구조 탐색Architecture Search입니다.

특징값 추출이란 의미 있는 특징값을 추출해서 딥러닝 모델에 입력하는 데 사용하는 것으로, 딥러닝에서 중요한 부분을 차지합니다. 이전에는 특징값 추출을 수동으로 했기 때문에 추출하는 사람과 그 사람의 도메인 지식이 어느 정도냐에 따라 추출되는 특징값이 달라지기도 했고 무엇보다도 응용 분야에 따라 최적의 특징값을 추출하는 데 많은 시간과 노력이 필요했었습니다. 이러한 문제를 해결하기 위해 등장한 것이 **자동 특징값 학습 기법**입니다. 자동 특징값 학습은 최적의 특징값 추출 방법을 딥러닝 모델 학습으로 찾는 것입니다.

하이퍼 파라미터 최적화란 딥러닝 모델을 학습하는 데 필요한 하이퍼 파라미터를 또 다른 딥러닝 모델 학습으로 찾는 것을 의미합니다. 단, 자동으로 최적값을 계산하는 것이 아니라 학습 초기에 수동으로 미리 설정하는 파라미터를 의미합니다. 그 예로 학습 계수나 배치 크기 등을 들 수 있습니다. 딥러닝 모델의 층 수나 뉴런의 수도 어떤 의미에서 하이퍼 파라미터라고 할 수 있습니다. 하이퍼 파라미터는 딥러닝 모델 학습에 큰 영향을 주고 있지만 경험에 의존해 수동으로 작업되었습니다. 덧붙여 하이퍼 파라미터 최적화란 하이퍼 파라미터를 딥러닝 모델을 통해 최적의 값으로 설정하는 기법을 가리킵니다.

딥러닝 모델 구조 탐색이란 AlexNet, VGG Net, ResNet, DenseNet 등 CNN과 LSTM, GRU와 같이 순환 신경망RNN, Recurrent Neural Networks을 구성하는 딥러닝 모델의 구조 설계를

수동이 아니라 또 다른 딥러닝 모델 학습을 통해 최적의 모델 구조로 설계하는 것을 의미합니다. 주로 강화학습이나 유전자 알고리즘 기법을 이용하고 있습니다.

이번 장에서 우리는 학습한 모델을 가속화하는 방법을 다루고 있기 때문에 딥러닝 모델 자체를 자동으로 설계하는 것은 다루지 않을 것입니다. 대신 학습된 딥러닝 모델의 경량화와 가속화를 위해 AutoML의 기법을 응용해 최적의 모델 구조를 찾아 보겠습니다.

딥러닝 모델 가속화를 위해서 모델의 규모인 깊이나 넓이, 처리 속도, 정확도는 최적의 균형 Optimal Trade-off을 유지해야 합니다. 물론 모든 조건을 맞춰 최적의 결과를 도출하는 것은 어렵고 힘든 과정입니다. 응용분야에 따라 정확도를 희생하고 처리 속도가 높은 모델이 필요할 수 있습니다.

이렇게 복잡한 과정을 줄이고 원하는 최적의 균형을 찾기 위해 여러 연구 그룹이 강화학습을 사용해 자동화한 사례를 발표했습니다. 그중 구글 연구원인 바렛 조프Barret Zoph 외 1명이 2017년에 발표한 〈강화학습을 이용한 신경 구조망 탐색Neural Architecture Search with Reinforcement Learning〉과 위후이 흐Yihui He 외 5명이 발표한 〈모바일 기기에서 모델 압축과 가속화를 위한 AutoMLAMC: AutoML for Model Compression and Acceleration on Mobile Devices〉 논문 등이 있습니다. 이 논문들을 기초로 모델 구조 자동 탐색 기법을 살펴보겠습니다.

먼저 위후이 흐 외 5명이 발표한 논문을 살펴보자면 우선 딥러닝 모델의 구조를 탐색하기 위해 학습된 딥러닝 모델(예, MobileNet-V1)이 필요합니다. 이 모델을 층별로 순차적으로 처리합니다. 강화학습 모델로는 심층 결정 정책 기울기DDPG, Deep Deterministic Policy Gradient 에이전트Agent를 사용하는데, 이 에이전트는 t번째 층의 임베딩 상태Embedding State를 입력으로 받아서 동작Action을 위해 희소성 비율Sparsity Ratio를 계산합니다. 그리고 (t + 1)번째 층의 임베딩 상태를 받아서 희소성 비율을 계산합니다. 이 과정을 마지막 층까지 수행한 후 검증 세트Validation Set로 보상 정확도Reward Accuracy를 계산합니다. 그리고 이것을 에이전트로 출력합니다. 동작 공간Action Space은 연속형을 사용합니다.

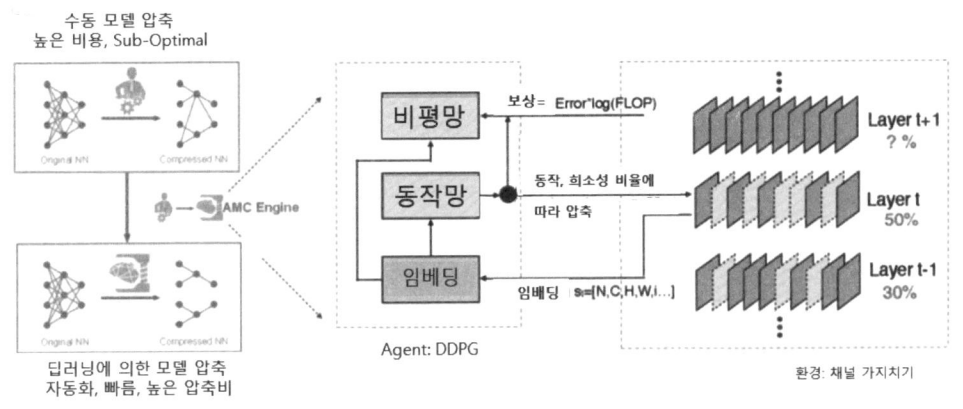

그림 7-10 딥러닝 모델 자동 탐색 기법 (출처: 위후이 흐 외 5명, ECCV, 2018)

이 방법을 사용했을 때 ResNet 50 모델은 성능 저하 없이 5배나 압축된 반면, 수동으로 수행한 결과는 3.4배 압축되었습니다. 또 다른 딥러닝 모델인 MobileNet-V1은 처리 속도가 1.95배나 향상되고 메모리는 34%까지 줄일 수 있었습니다.

바렛 조프(외 1인)의 논문에 따르면 딥러닝 모델의 구조 요소에는 합성곱 층의 필터 크기Filter Size와 스트라이드Stride 등이 있습니다. 이 구성 요소의 값을 예측하기 위해 순환 신경망 제어기를 사용합니다. 그 결과를 바탕으로 구성한 모델을 학습시켜 얻은 검증 정확도를 보상으로 순환신경망 제어기를 학습하는 강화학습 모델을 구성합니다(**그림 7-11**).

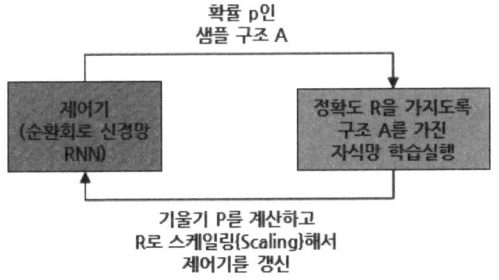

그림 7-11 딥러닝 모델 자동 탐색 기법 (출처: Barret Zoph and Quoc V. Le, ICLR, 2017)

일반적으로 전체 데이터 세트를 이용하여 학습을 한 뒤 성능을 측정하기까지 많은 시간이 필요합니다. 실제로 데이터 세트인 CIFAR-10을 이용해서 최적의 모델을 찾기까지 최상급 GPU를 장착한 컴퓨터 800대로 거의 한 달을 소요하기도 했습니다. 이렇게 해서 찾은 모델은 성능 면에서 ResNet보다는 좋고 DenseNet과는 거의 유사했습니다.

하지만 CIFAR-10 데이터 세트는 이미지의 크기가 32×32로 작습니다. 만약 ImageNet과 같이 이미지의 크기가 클 경우 최적의 모델을 찾기까지 더 많은 시간이 걸리겠죠. 물론 강화학습을 기반으로 수동으로 설계한 딥러닝 모델 구조와 비슷한 성능을 가진 모델을 찾았다는 것에도 충분한 의미가 있습니다.

앞으로도 이 분야에 대한 연구는 끊임없이 지속될 것입니다. 가까운 미래에는 각종 응용 분야에 최적화된 딥러닝 모델의 구조를 또 다른 딥러닝 모델로 찾는 '딥러닝 모델 구조 자동 탐색 기술'이 설계 플랫폼 형태로 등장하리라 생각합니다.

7.5 딥러닝 실행 가속화 플랫폼

4차 산업혁명이 정상 궤도에 오름과 함께 딥러닝 모델의 도입과 활용 역시 매우 빠르게 확산되고 있습니다. 하지만 실제 산업 현장에서 적용하는 단계에서 처리 속도 문제로 인해 어려움을 겪고 있습니다. 일반적으로 글로벌 업체인 구글, 엔비디아 등은 텐서플로TensorFlow, 카페Caffe, 파이토치Pytorch 등을 통해 모델 주Model Zoo라는 응용 프로그램 인터페이스인 API Application Program Interface 창고를 제공하고 있습니다.

딥러닝 모델 개발자는 이러한 API를 이용해 딥러닝 모델을 설계하고 학습시킨 후 적용합니다. 하지만 통합 환경에서 딥러닝 모델이 실행되기 때문에 실제 적용 시에 불필요한 모듈이 메모리를 사용하도록 환경이 구성됩니다. 그래서 처리 속도가 느려지고 원하는 목적을 이루기가 어렵죠.

그리하여 국내 기업인 소이넷사에서 학습과 실행이 통합된 환경에서 학습 엔진을 떼어 내고 오직 실행 서비스를 위한 환경을 구현했습니다. 또한 메모리, CPU, GPU 등 딥러닝 연산 환경을 최적화하는 기술을 적용하고 모든 모듈을 CUDA 및 OpenCL 코드로 변환하여 성능을 가속화했습니다.

특히 메모리, CPU, GPU 간의 데이터 흐름과 순서를 최적화하거나 가지치기함으로써 실행 시 가속화가 가능하도록 했습니다. 그리고 학습이 끝난 딥러닝 모델의 가중치를 추출하고 이것을 가속 실행 파일 설정 모듈과 결합함으로써 실행 가속 모듈을 구성했습니다(**그림 7-12**).

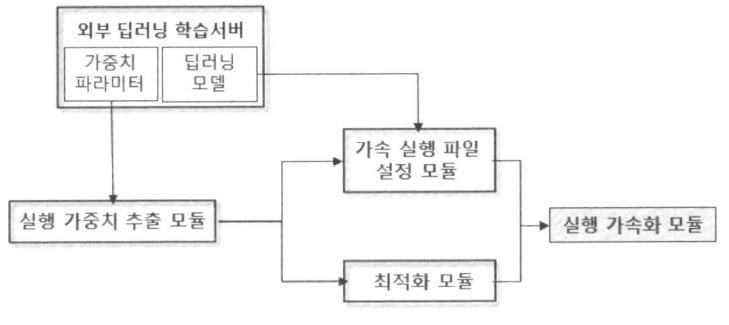

그림 7-12 소이넷 실행 가속화 모듈 플로 차트 (출처: www.soynet.io)

이렇게 최적화한 결과를 보면 CPU 메모리 점유율 측면에서 3.5배 낮은 0.8GB를, GPU 부하 측면에서 9배 적은 0.9GB가 실행 시 필요합니다. 그래서 에지 기기Edge Device에서도 딥러닝 모델을 적용할 수 있는 환경을 가지게 되었습니다. 이것을 그림을 살펴보겠습니다.

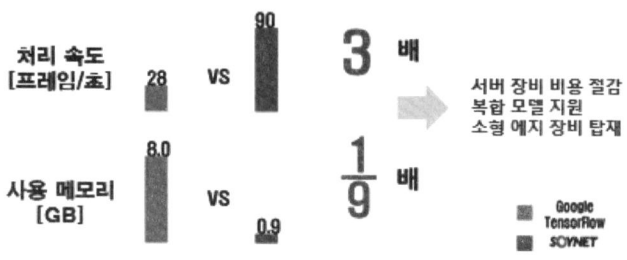

그림 7-13 소이넷 성능 비교 (출처: www.soynet.io)

지금까지 딥러닝 모델 가속화에 대해서 살펴보았습니다. 앞에서 설명한 것처럼 아무리 성능이 뛰어난 딥러닝 모델일지라도 실제 적용할 때 처리 속도에 문제가 있거나 또는 처리 속도를 해결하기 위해 수많은 GPU를 장착한 컴퓨터를 사용한다면 비용 문제로 적용하기 어렵겠죠. 이때 필요한 것이 **Chapter 5. 딥러닝 기본기 다지기**에서 학습한 최적의 딥러닝 모델 설계법입니다. 그리고 이번 장에서 소개한 방법으로 딥러닝 모델을 경량화하고 가속화함으로써 적은 비용으로 적용할 수 있습니다. 이 분야는 전망이 밝은 기술이기 때문에 지속적으로 관심을 가지고 지켜보는 것이 좋습니다.

책을 마무리하면서

이 책을 끝까지 읽어 주신 독자 여러분께 감사를 드립니다. 앞으로 딥러닝을 통해 변화하는 미래에 동참할 수 있어서 기쁘지 않을 수 없습니다.

딥러닝을 정점으로 한 인공지능 기술 덕에 세상은 지금 하루가 다르게 급속도로 변하고 있습니다. 이제까지 제가 소개한 딥러닝을 이용한 적용 사례는 극히 일부분에 불과합니다. 이 책이 여러분이 딥러닝을 공부하는 데 작은 디딤돌이 되었으면 합니다.

마지막으로 딥러닝을 통해 5년에서 10년 후 우리가 사는 세상에 대한 그림을 그려보고 이것을 성취하는 대열의 전면에 여러분이 있길 바랍니다. 여러분이 딥러닝 기술을 바탕으로 세상을 변화시킬 기술을 개발하기를 간절히 바라면서 이 책을 마치고자 합니다.

마지막으로 딥러닝을 적용한
최고의 기술에 대해서 소개하고자 합니다.

이것은 아직 개발 중입니다.
이 기술의 미래는 여러분의 손에 달려있습니다.
It is up to you.
It is in your hands!

참고문헌

Books

A Course in Machine Learning, Hal Daume III, TODO

Convex Optimization, Stephen Boyd and Lieven Vandenberghe, Cambridge University Press

Deep Learning Methods and Applications, Li Deng and Dong Yu, Now The Essence of Knowledge

Deep Learning Tutorial, LISA Lab., University of Montreal, 2015

Deep Learning, Ian Goodfellow, Yoshua Bengio, and Aaron Courville

Dive into Deep Learning, Aston Zhang, and et al.,

Introduction to Applied Linear Algebra, Stephen Boyd and Lieven Vandenberghe, Cambrige U. Press

Linear Algebra and Its Applications, David C. Lay, and et al, Pearson

Mathematics for Machine Learning, Marc Peter Deisenroth, and et al., Cambridge University Press

Introduction to Probability, Charles M. Grinstead (Swarthmore) and J. Laurie Snell (Dartmouth)

Machine Learning, a Bayesian and Optimization Perspective, Sergios Theodoridis, Elsevier

Machine Learning, a Probabilistic Perspective, Kevin P. Murphy, The MIT Press

The Elements of Statistical Learning, Trevor Hastie, and et al., Springer

강화학습, 이웅원, 양혁렬, 김건우, 이영무, 이의령 위키북스

그로킹 딥러닝, 엔드루 트라스크 지음, 박상현 옮김, 한빛미디어

딥러닝을 위한 최적화와 수치해석, 황윤구, 양한별 지음, 남가람북스

모두의 딥러닝, 조태호 지음, 길벗

블록과 함께 하는 파이썬 딥러닝 케라스, 김태영, Digital Books(디지털북스)

파이썬 케라스로 배우는 대소니의 딥러닝 기초, 김철우, Digital Books(디지털북스)

파이썬으로 배우는 미신러닝의 교과서, 이토 마코토 지음, 박광수 옮김, 한빛미디어

Papers

- A Convolutional Neural Networks Approach to Devise Controller, Xiangdi Liu and Yunlong Dong, MATEC Web of Conferences 139, 00168, 2017
- A Deep Learning Architecture for Predictive Control, Steven Spielberg, and et al., IFAC PapersOnLine 51-18 (2018) 512-517
- A Novel Approach to Feedback Control with Deep Reinforcement Learning, Yuan Wang, and et al., IFAC PapersOnLine 51-18 (2018) 31-36
- A Survey on Data Collection for Machine Learning, Yuji Roh, and et al., arXiv:1811.03402v2 [cs.LG] 12 Aug 2019
- A survey on Image Data Augmentation for Deep Learning, Connor Shorten and Taghi M. Khoshgoftaar, Shorten and Khoshgoftaar J Big Data (2019) 6:60 https://doi.org/10.1186/s40537-019-0197-0
- An Integrated Energy System Operating Scenarios Generator Based on Generative Adversarial Network, Suyang Zhou, and et al., Sustainability 2019, 11, 6699; doi:10.3390/su11236699, MDPI
- An Overview of Overfitting and its Solutions, Xue Ying, CISAT 2018
- Analysis of Dropout Learning Regarded as Ensemble Learning, Kazuyuki Hara., and et al., arXiv:1706.06859v1 [cs.LG] 20 Jun 2017
- Applications of Convolutional Neural Networks, Ashwin Bhandare, and et al., IJCSIT, Vol. 7 (5), 2016
- CAN: Creative Adversarial Networks Generating "Art" by Learning About Styles and Deviating from Style Norms, Ahmed Elgammal, and et al., arXiv: 1706.07068v1 [cs.AI] 21 Jun 2017-
- Chapter 16 - Wavelets; Multiscale Activity in Physiological Signals, Ali shoeb and Gari Clifford, Biomedical Signal and Image Processing Spring 2005
- Comparative Analysis of Applying Deep-learning on PID Process, Farzin M. Khortabi, and et al., AST 2017, St. Petersburg, Russia
- Convolutional Neural Network for Combined Classification of Fluorescent Biomarkers and Expert Annotations using White Light Images, Gregory Yauney, and et al., 2017 IEEE 17th International Conference on Bioinformatics and Bioengineering

- DATA AUGMENTATION GENERATIVE ADVERSARIAL NETWORKS, Antreas Antoniou and et al., arXiv:1711.04340v3 [stat.ML] 21 Mar 2018

- Deep Convolutional Neural Network with Scalogram for Audio Scene Modeling, Hangting Chen, and et al., Interspeech 2018 2-6 September 2018, Hyderabad

- Deep Learning and Model Predictive Control for Self-Tuning Mode-Locked Lasers, Thomas Baumeister, and et al., arXiv:1711.02702v1 [cs.LG] 2 Nov 2017

- DEEP LEARNING BASED AUTOMATIC VOLUME CONTROL AND LIMITER SYSTEM, Jun Yang, and et al., ICASSP 2017

- Deep Learning Enabled Fault Diagnosis Using Time-Frequency Image Analysis of Rolling Element Bearings, David Verstraete, and et al., Hindawi Shock and Vibration Volume 2017, Article ID 5067651, 17 pages

- Deep Metallic Surface Defect Detection: The New Benchmark and Detection Network, Xiaoming Lv, and et al., Sensors 2020, 20, 1562; doi:10.3390/s20061562, MDPI

- Deep Reinforcement Learning Approaches for Process Control, S.P.K. Spielberg, and et al., 6th International Symposium on AdCONIP, May 28-31, 2017

- Deep Residual Learning for Image Recognition, Kaiming He, and et al., arXiv:1512.03385v1 [cs.CV] 10 Dec 2015

- Design of "Deep Learning Controller", Koksal Erenturk, IJEAS, volume 5, Issue 10, October 2018

- Dropout: A Simple Way to Prevent Neural Networks from Overfitting, Nitish Srivastava, and et al., Journal of Machine Learning Research 15 (2014) 1929-1958

- GAN-based Synthetic Medical Image Augmentation for increased CNN Performance in Liver Lesion Classification, Maayan Frid-Adar, and et al., arXiv:1803.01229v1 [cs.CV] 3 Mar 2018

- Generative Adversarial Nets, Ian J. Goodfellow, and et al., arXiv:1406.2661v1 [stat.ML] 10 Jun 2014

- Generative Adversarial Networks: An Overview, Antonia Creswell, and et al., IEEE-SPM, APRIL 2017

- Going deeper with convolutions, Christian Szegedy, and et al., arXiv:1409.4842v1 [cs.CV] 17 Sep 2014

- How Convolutional Neural Networks Diagnose Plant Disease, Yosuke Toda and Fumio Okura, AAAS Plant Phenomics Volume 2019,

- ImageNet Classification with Deep Convolutional Neural Networks, Alex Krizhevsky, and et al.
- Improving Neural Networks with Dropout, Nitish Srivastava, A thesis submitted in conformity with the requirements for the degree of Master of Science Graduate Department of Computer Science, University of Toronto
- Machine Learning and Deep Learning Algorithms for Bearing Fault Diagnostics - A Comprehensive Review, Shen Zhang, and et al., arXiv:1901.08247v2 [cs.LG] 11 Aug 2019
- Multi-Agent Diverse Generative Adversarial Networks, Arnab Ghosh, and et al., CvF, IEEE Xplore
- Multilayer Convolution Neural Network for the Classification of Mango Leaves Infected by Anthracnose Disease, Uday Pratap Singh, and et al., Volume 7, IEEE Access, 2019
- On Replacing PID Controller with Deep Learning Controller for DC Motor System, Kangbeom Cheon, and et al., Journal of Automation and Control Engineering Vol. 3, No. 6, December 2015
- Research report: Comparison of different time-frequency representations, Mariia Fedotenkova and Axel Hutt, HAL Id: hal-01092552 https://hal.inria.fr/hal-01092552
- Robust Feature Extraction on Vibration Data under Deep-Learning Framework: An Application for Fault Identification in Rotary Machines, Ahmad Shaheryar, and et al., International Journal of Computer Applications (0975 - 8887) Volume 167 - No.4, June 2017
- Study on Machine Learning Based Intelligent Defect Detection System, Chung-Chi Huang and Xin-Pu Lin, ICI 2017
- Survey of Dropout Methods for Deep Neural Networks, Alex Labch, and et al., arXiv:1904.13310v2 [cs.NE] 25 Oct 2019
- UNSUPERVISED REPRESENTATION LEARNING WITH DEEP CONVOLUTIONAL GENERATIVE ADVERSARIAL NETWORKS, Alec Radford, and et al., arXiv:1511.06434v2 [cs.LG] 7 Jan 2016
- Variational Approaches for Auto-Encoding Generative Adversarial Networks, Mihaela Rosca, and et al., arXiv:1706.04987v2 [stat.ML] 21 Oct 2017
- VERY DEEP CONVOLUTIONAL NETWORKS FOR LARGE-SCALE IMAGE RECOGNITION, Karen Simonyan and Andrew Zisserman, arXiv:1409.1556v6 [cs.CV] 10 Apr 2015

찾아보기

ㄱ

가중치 감쇠	201
가중치 공유	301
가중치 공유	306
가중치 군집화	307
가중치를 갱신	187
가중치 벡터 정규화	223
가중합	173
가지치기	301
감정 상태 판단	271
강화학습	314
갭 주	286
결정 트리	275
경량 모델 자동 탐색	312
경사 하강법	105
계단 반응	159
과적합	189, 194
그래프 딥러닝 모델	298
그린 존	219
기술의 미래	319
기울기 소실 문제	212
기울기 소실	189
기울기 포화	247
기울기 폭증 문제	192

ㄴ

내부 공변량 이동	219
네오코그니트론	257

ㄷ

능형 회귀	96
다수결 보팅	209
다양식 딥러닝	298
다양식	253
다중 공선성	95
다층 신경회로망	172
단기 기억	230
단일 뉴런	166
데이터 추출	115
데이터 확장	278, 294
델타	236
드롭아웃 마스크	206
드롭아웃	204
듬성한 연결 구조	302
디컨벌루션 연산	287
디컨벌루션	263
딥러닝 모델 가속화	314
딥러닝 모델 구조 탐색	313
딥러닝 모델 구조 탐색	313
딥러닝 모델 압축	301
딥러닝	185
딥 신경회로망	185

ㄹ

라소 회귀	202
로그 유사도	101

로지스틱 함수	247
롤투롤	300
르쿤 정규 초기화	193
릿지 회귀	201

ㅁ

맥컬록-피츠 뉴런 모델	167
멜 스펙트로그램	143
멜 필터 묶음	143
모델 구조 자동 탐색	312
모멘텀	159, 228
모바일 응용	309
목적 함수	91
미니 배치 경사 하강법	226
미니 배치	220
미분 제어값	155
미적합	194

ㅂ

배치 경사 하강법	226
배치 정규화	218
병충해	274
보편적 근사 정리	246
불변성	265
비례 제어값	155
비용 함수	91
비활성화 뉴런	205

ㅅ

사전 정보	90
사전 확률 밀도	104
사후 확률 밀도	104
생성망	280
서브 네트워크	206
선형 예측치 모델	98
선형 외삽법	161
선형 회귀 분석	93
소벨 에지 필터	260
소이넷사	317
스승망	311
스쿼싱 함수	247
스타일 전이	296
스트라이드	265
시그모이드 함수	178
실행 가속 모듈	317

ㅇ

아다그라드	234
아다델타	236
아다바운드	239
아담	237
아폴로 신드롬	204
앙상블 네트워크	208
얀 르쿤	257
양자화	301, 308
에러 함수	91

영양 결핍 증상	274	족집게 과외	311
예방 정비	271	죽은 뉴런	249
예측치	97	증류	311
오차 역전파법	179	지식 증류	311
완전 연결 신경망	258		
유클리디안 노옴	108		
은닉층	172		

ㅊ

창작	286
창작성 적대적 신경망	290
최고의 기술	319
최대 경사 하강법	106
최대 유사도 추정법/예측법	100
최소 자승법에 대한 손실 함수	91
최소 자승 추정치	112
최적의 해	99
최적점	234
출력층	172

음의 기울기 방향	171, 181
이미지 심도 변환	296
이상 상태 판정	270
이중화 모드	304
이진화	308
인접성	259
인퍼런스 모델	301
일반화	197
입력층	172

ㅋ

코드북	308
코쉬 슈바르츠 부등식	108
쿠니히코 후쿠시마	257

ㅈ

자동 특징값 학습	313
자비에르 초기화	193
적대적 생성 신경망	278
적분기 와인드업	159
적분 제어값	155
적합	196
전치 합성곱	263
정규화	95
제자망	311
조기 종료	199
조밀한 연결 구조	302
조정화 계수	204
조정화	201

ㅌ

탐색 방향	107
터스틴 근사화	157
테일러 급수 전개	160
특징값 추출	313
특징 맵	262

ㅍ

판별망	280
패딩	265
평균 제곱오차 예측	97
표면 품질 검사	275
풀링 층	265
플래트닝	267

ㅎ

하강법	106
하다마드 곱	235
하이퍼볼릭 탄젠트 함수	248
하이퍼 파라미터 최적화	313
하이퍼 파라미터 최적화	313
학습	151
학습 과정	150
학습 방법	169
합성곱 신경망	256
합성곱 층	261
합성곱한 특징 맵	288
핵심 인자	115
행렬 분해	310
헤시안	228
확률적 경사 하강법	227
활성화 함수	174, 245
회귀 분석	92
흐 초기화	193

A

arg min	90
AutoML	313

D

DCGAN	286

E

Elu 활성화 함수	252

G

GAN	279
GAN 기반 데이터 확장	292
GAN 기반 자동 데이터 확장	285

L

LeNet-5	257
LReLU 함수	250

M

Max 풀링	266

N

NAG 경사 하강법	231

P

PID 제어기	153
PID 제어 기법	242
PReLU 함수	251

R

ReLU 함수	249
ReLU 활성화 함수	216
RMSProp	235

S

Softmax 층	268
Softmax 함수	268